企业税收筹划

主 编 周颖 任力

大连理工大学出版社

图书在版编目(CIP)数据

企业税收筹划 / 周颖，任力主编. —大连：大连
理工大学出版社，2013.2(2016.3 重印)
现代远程教育系列教材
ISBN 978-7-5611-7683-2

Ⅰ. ①企… Ⅱ. ①周… ②任… Ⅲ. ①企业管理－税
收筹划－远程教育－教材 Ⅳ. ①F810.423

中国版本图书馆 CIP 数据核字(2013)第 039217 号

大连理工大学出版社出版
地址：大连市软件园路 80 号　邮政编码：116023
发行：0411-84706041　传真：0411-84707403　邮购：0411-84706041
E-mail:dutp@dutp.cn　URL:http://www.dutp.cn
大连理工印刷有限公司印刷　　大连理工大学出版社发行

幅面尺寸：185mm×260mm　　印张：11.25　　字数：280 千字
2013 年 2 月第 1 版　　2016 年 3 月第 2 次印刷

责任编辑：王晓玲　　　　　　　　责任校对：杨雪娇
封面设计：戴筱冬

ISBN 978-7-5611-7683-2　　　　　　　定　价：29.50 元

出版说明

　　基于计算机网络条件下的远程教育，即网络教育，亦称现代远程教育，已经成为当今推进我国高等教育大众化的新途径。经批准，大连理工大学于 2002 年 2 月成为全国 68 所现代远程教育试点高校之一。大连理工大学现代远程教育以"面向社会、服务社会"为宗旨，以"规范管理、提高质量、突出特色、创建品牌"为指导思想，在传承大连理工大学优秀的教育传统与文化的同时，依托校内外优秀的教育资源，借助于现代教育技术手段，在国家终身教育体系中为社会提供了多层次、高质量的教育服务，已形成具有大连理工大学特色的现代远程教育品牌。

　　为了进一步提高现代远程教育的教学质量，我院在继续做好现代远程教育网络资源建设、开展好网上学习支持服务的同时，积极组织编写具有远程教育特色的高水平纸介教材。大连理工大学自 2007 年开始将现代远程教育系列纸介教材的编辑出版工作列入"现代远程教育类教学改革基金项目"加以实施。

　　现代远程教育系列纸介教材建设立足于现代远程教育的特色，为培养应用型人才服务。现代远程教育系列纸介教材以网络课程的教学大纲为基础进行编写，在内容取舍、理论深度、文字处理上适合现代远程教育学生的实际接受能力，适应现代远程教育学生自主学习的需要。现代远程教育系列纸介教材的编者要求具有较高的学术水平、丰富的教学经验、较好的文字功底，原则上优先选聘本课程网络课件的主讲教师担任编写工作。

　　目前，经过不断的努力，现代远程教育系列纸介教材已陆续出版问世，特向各位编者及审稿专家表示感谢，同时敬请社会各界同行对不足之处给予批评指正。

大连理工大学远程与继续教育学院

2013 年 8 月

前　言

　　税收筹划不仅是纳税人生存和发展的必然选择,也是社会主义市场经济的客观要求。因为随着经济的不断发展,市场竞争日趋激烈,企业要在激烈的竞争环境中有所发展,不仅要扩大生产规模、提高劳动生产率,也要降低生产成本。在经济资源有限、生产力水平相对稳定的条件下,收入的增长、生产成本的降低都有一定的限度,故通过税收筹划降低税收成本成为纳税人的必然选择。纳税人可以通过研究政府的税收政策及立法精神,针对自身的经营特点,进行有效的税收筹划,找到能够为自己所利用的途径,在依法纳税的前提下,减轻税收负担。

　　本书在介绍税收筹划相关理论的基础上,以我国现行税收体制为基础,以实体税法为主线,按照由易到难的顺序探讨企业如何进行税收筹划。考虑到本书是面向网络教育的学生,在编写过程中力求简单明了地说明问题,并通过大量详实的案例进行佐证。企业税收筹划的实践性强,要依据企业的实际情况具体问题具体分析,并且具体的税收筹划方式方法要随着税法的更新而改变。因此,本书试图通过介绍企业税收筹划的路径来阐明税收筹划的一般思路,目的在于培养学生形成灵活的税收筹划的思维方式。

　　实施企业税收筹划需要熟知税法,因为此前曾出版过根据我国现行税法体系编写的现代远程教育系列教材《税法》(2012 年 3 月出版),因此本书没有对相关税种的法律制度进行回顾,并且所论述的税收筹划方法都以《税法》一书的规定为基础。

　　本书由大连理工大学周颖和大连科技学院任力两位作者完成。在本书编写过程中得到了大连理工大学网络教育学院和大连理工大学出版社的大力支持,东北财经大学迟美华老师审阅了本书,并提出了许多宝贵意见,在此对他们表示诚挚的感谢!

　　尽管我们力求完美,但疏漏之处在所难免,恳请各位读者批评指正。请将您的宝贵意见以邮件形式发往 dgzhouying@gmail.com,非常感谢您的关注与支持!

编　者

2013 年 1 月

目　录

第1章 税收筹划基本理论

✎ **课程内容**

税收筹划概念与特点、企业税收筹划的动因及筹划目标、税收筹划原则、税收筹划原理、税收筹划路径。

✎ **基本要求**

通过本章的学习,要求理解税收筹划的含义,理解企业为什么要进行税收筹划;掌握企业进行税收筹划应遵循的基本原则以及税收筹划的路径有哪些。

1.1 税收筹划概述

1.1.1 税收筹划的概念与特点

企业税收筹划是以企业作为主体的税收筹划。税收筹划(Tax planning),又称税务筹划,在西方国家由来已久,但是在我国的出现和发展却是最近十几年来的事,随着我国经济的发展,税收制度不断完善,人们对税收筹划的关注程度也越来越高。

有关税收筹划的概念,学术界并未达成一致。国内的盖地教授认为:税收筹划是纳税人依据所涉及的现行税法及相关法规,遵循税收国际惯例,在遵守税法、尊重税法的前提下,根据税法中的"允许"、"不允许"以及"非不允许"项目和内容等,对企业的组建、经营、投资、筹资等活动进行的旨在减轻税负、实现企业财务目标的谋划、对策与安排。

国内的张中秀教授认为:税收筹划应包括一切采用合法和非违法手段进行的纳税方面的策划和有利于纳税人的财务安排,主要包括节税筹划、避税筹划、转退筹划和实现涉税零风险。

一般,税收筹划具有如下特点:

第一,税收筹划是合法的筹划与安排,筹划需把握"不违法"这个界限。

第二,税收筹划是在熟知税法规定的基础上,事先估计、预见某些事务的发生及其结果并提前进行安排、规划以达到目的的行为。或者说,税收筹划的成功依赖于应税行为发生之前进行的规划、设计和安排,需要经过预知方案、方案比较、方案选择等几个过程,"事先知道并可以选择"是其实现的要件之一。在经济活动中,纳税义务通常具有滞后性。比如,销售商品后产生增值税纳税义务,税收筹划应于纳税义务发生前进行,纳税义务已经产生再去安排少缴税或不缴税的行为，不是税收筹划。

第三，税收筹划的范围，不仅包括筹划和安排纳税人日常生产经营过程中本身的事务，还包括从整体战略角度考虑安排利益相关者的事务，前提是不损伤对方利益。也就是说，税收筹划，"筹划"的不仅仅是企业自身事务。

第四，进行税收筹划要达到的根本目的，或者是税负降低，或者是推迟缴税时间，最终目标是企业税后利润最大化。

鉴于税收筹划的特点，我们将其定义为：税收筹划是企业在不违法的前提下，事先对自身或利益相关者的事务进行筹划、安排以达到少缴税或延期缴税，从而获益的一种行为。

我们定义的税收筹划，是广义上的税收筹划，包括节税、避税和税负转嫁。

节税是在税法规定的范围内，当存在多种税收政策、计税方法可供选择时，纳税人以税负最低为目的，对企业经营、投资、筹资等经济活动进行的涉税选择行为。节税具有合法性、符合政府政策导向、普遍性和多样性的特点。

避税是纳税人在熟知相关税收法规的基础上，在不直接触犯税法的前提下，利用税法等有关法律的疏漏、模糊之处，通过对经营活动、筹资活动、投资活动等涉税事务进行精心安排，达到规避或减轻税负的行为。

税负转嫁是纳税人通过价格的调整与变动，将应纳税款转嫁给他人负担的过程。税负转嫁只适用于流转税，即只适用于纳税人与负税人分离的税种。税负转嫁能否成功，关键是看价格定得是否适当，但价格的高低归根结底是看产品在市场上的竞争能力和供求弹性。与其他方式相比，税负转嫁具有以下特点：不存在法律上的问题，不承担法律责任；方法单一，主要通过价格的调整；直接受商品、劳务供求弹性的影响。

1.1.2 企业税收筹划的动因及筹划目标

在市场经济条件下，企业是生产经营的主体，自主经营、自负盈亏，有独立的、排他的经济利益。尽管税收是国家财政收入的重要来源，企业纳税对国家来讲至关重要，但对每个企业而言，纳税毕竟是其经济利益的一种减少，而企业从政府对税收的利用中获益程度又具有非对等性、非直接相关性等特点，这是企业要进行税收筹划的主观动因。

税收筹划的基本目标是：降低税负，力争税后利润最大化。具体可细分为：

1. 恰当履行纳税义务

这一目标旨在规避纳税风险，规避任何法定纳税义务之外纳税成本的发生，即依法纳税，实现涉税零风险。因为税收具有强制性特点，如果偏离了纳税遵从，企业面临涉税风险。我国的税收制度又处于不断地完善过程中，纳税人必须不断学习，及时、正确掌握现行税法，并随之进行相应的筹划，才能恰当履行纳税义务。

2. 降低纳税成本

纳税成本包括直接纳税成本和间接纳税成本。直接纳税成本是指纳税人为履行纳税义务而付出的人力、物力和财力，即在计税、缴税、退税及办理有关税务手续时发生的各项成本费用；间接纳税成本是指纳税人在履行纳税义务过程中所承受的精神负担、心理压力等。税制公平，纳税人的心理就比较平衡；税收负担在纳税人的承受能力之内，其心理压力就小。纳税成本的降低，除了纳税人要提高其自身业务素质、加强企业管理之外,不断健全、完善税制及提高税收征管人员的执业水平、业务素质,也是降低纳税成本的重要方面。

3.降低税收负担

毋庸置疑,税收负担最低化是企业税收筹划的根本目标。而企业税收筹划是企业管理的重要组成部分,其目标应该服从于、服务于企业财务管理目标。关于企业财务管理目标,当前主要有利润最大化、企业价值最大化、每股盈利最大化、相关者利益最大化等几种观点。企业财务目标之所以有多重表述,是因为企业在不同发展阶段的侧重点不同,或企业的组织形式不同,或所站的角度不同。从税收筹划的角度看,税收负担最低化是实现税后利润(价值)最大化的基础和前提。无论如何表述,当今企业实现其财务目标都是一项复杂的系统工程,需要对企业的涉税事项进行总体运筹和安排,争取在涉税零风险的前提下实现企业利润(价值)最大化。因此,企业的税收筹划不能只考虑个别税种缴纳的多与少,不能单纯以眼前税负的高低作为判断标准,而应以企业整体和长远利益作为判断标准。

1.1.3　税收筹划的原则

1.守法原则

税收筹划的前提是不违法,因此企业的税收筹划必须以现行税法及相关法律、国际惯例等作为依据,在熟知税法的前提下,利用税制构成要素中的税负弹性进行谋划和安排,通过比较选择最优的方案。符合税法或者说不违反税法是企业税收筹划的最基本原则,这是税收筹划与逃税、欠税、抗税、骗税的本质区别。

2.保护性原则

针对税法规定进行税收筹划时要做好保护性措施,否则,有可能出现税负不减反加的情况。比如,增值税法规定:兼营不同税率的货物销售,能分开核算的,分别适用税率;不能分开核算的,从高适用税率。这就要求企业如果想降低税负,应将适用不同税率的货物分开核算,否则税负加重。

3.时效性原则

时效性原则体现在充分利用资金的时间价值上,比如销售收入的确认、准予扣除项目的确认、减免税期限等,都是时效性问题。

4.整体性原则

在进行某一税种的筹划时,还要考虑与之相关的其他税种的税负效应,整体筹划,综合衡量,以求整体税负最轻、长期税负最轻,防止顾此失彼、前轻后重。

1.1.4　税收筹划的作用

1.有利于企业利益的最大化

对于企业来说,国家税收作为一种强制性、无偿性、单向的现金流出,税收筹划可以在一定程度上实现纳税人的利益最大化。

2.有利于在税企纠纷中占据有利的地位

税收筹划通过事先的筹划按计划施行,既可以使企业在税法的规定下操作自己的经济行为，又可以使得企业的财务人员熟悉税法的规定并进行潜在的税务风险防范，做到合情、合理、合法。在与税务局的纠纷中，容易在法理上、实践上占据有利的地位进而进行有效的沟通，从而规避税务风险。

3. 有利于税收代理行业的发展

由于种种因素的制约，税收筹划为第三者即税收代理行业提供了较好的市场空间，一般税务师事务所等专业代理的行业总是随时随地、密切地注意着国家法律法规和最新税收政策的出台，从而提高企业的税务知识水平，从这个角度来说，税收筹划利于税收代理行业的发展。

4. 有利于国家税收政策的完善与健全

税收筹划可以及时发现税法中不成熟的地方，在利用税法纰漏谋取企业自身利益的同时，也在无形之中提醒着税务机关要注意税法的缺陷，使得国家在立法和执法过程中周全考虑，防止国家税收的流失。

1.2　税收筹划原理

税收筹划原理分析的是税收筹划如何实现收益获取，从而有助于实现企业利润（价值）最大化。分析企业进行税收筹划要达到的根本目的可以解决这一问题。企业进行税收筹划，其根本目的在于：降低税负（少缴税款），或者是推迟缴税时间（晚缴税款），最终目标是企业税后利润最大化。因此，税收筹划原理可以分为两大类：绝对收益筹划原理和相对收益筹划原理。

1.2.1　绝对收益筹划原理

绝对收益筹划原理是指企业通过税收筹划使其自身或利益相关者的应纳税额绝对减少，获得绝对收益从而实现税后利润（企业价值）最大化。通过筹划使其自身应纳税额绝对减少，可称为直接收益筹划原理；通过筹划使其利益相关者应纳税额绝对减少，可称为间接收益筹划原理。

【案例 1-1】 某大型超市为增值税一般纳税人，销售的货物既包括适用 17% 税率的衣物、家电等，也包括适用 13% 税率的粮食、食用植物油、鲜奶、图书、音像制品，还包括免税范围的避孕药品和用具。对于货物零售额的核算，有两种方案可供选择：

A 方案：该超市只核算所销售货物的零售额，不区分销售的货物是否免税、如不免税适用何种税率，本月零售额合计为 155.1 万元，则该超市的增值税销项税额为

$$155.1 \div (1+17\%) \times 17\% = 22.5（万元）$$

B 方案：该超市分别核算免税货物零售额、适用低税率（13%）货物零售额和适用一般税率（17%）零售额，提供的本月销售明细如下：

免税货物零售额：5 万元

适用 13% 税率货物零售额：56.5 万元

适用 17% 税率货物零售额：93.6 万元

则该超市的增值税销项税额为

$$56.5 \div (1+13\%) \times 13\% + 93.6 \div (1+17\%) \times 17\% = 20.1（万元）$$

通过 A、B 方案的比较可知,B 方案比 A 方案少缴税款 2.4 万元,这是纳税人本身应纳税额的一种绝对减少,体现了绝对收益筹划原理中的直接收益筹划原理。

【案例 1-2】　乙企业在 6～12 月份请张先生为企业内部工人进行技术指导,12 月份乙企业支付了张先生 6 万元报酬。乙企业的纳税申报有两种方案可供选择:

A 方案:12 月份一次申报

则张先生应纳税所得额如下:

应纳税所得额＝60 000－60 000×20％＝48 000(元)

属于劳务报酬一次收入畸高,应按应纳税额加征五成,应纳税额如下:

应纳税额＝48 000×20％×(1＋50％)＝14 400(元)

乙企业属于代扣代缴义务人,实际付给张先生款项为

60 000－14 400＝45 600(元)。

B 方案:6～12 月份中每个月都按月平均收入 5 000 元分别申报一次

张先生每月应纳税额和全年应纳税额如下:

每月应纳税额＝(5 000－5 000×20％)×20％＝800(元)

全年应纳税额＝800×6＝4 800(元)

企业实际支付给张先生的款项为

60 000－4 800＝55 200(元)

对比两个方案可以发现,两个方案中企业支付总额不变,都是 60 000 元,其中 A 方案支付给张先生的税后款项为 45 600 元,代扣代缴个人所得税 14 400 元;而 B 方案支付给张先生的税后款项是 55 200 元,代扣代缴个人所得税 4 800 元。对于乙企业来说,选择方案 B 即是绝对收益筹划原理中的间接收益筹划原理的体现。

1.2.2　相对收益筹划原理

相对收益筹划原理是指纳税人一定时期内的纳税总额并没有减少,但是某些纳税期的纳税义务递延到以后的纳税期实现,取得了递延纳税额的时间价值,从而取得了相对收益。这一原理是货币时间价值理论的体现。

【案例 1-3】　如果不进行税收筹划,甲企业将在 1 月份产生一笔 5 万元的纳税义务,经过税收筹划,5 万元的纳税义务在 4 月份发生,则企业支付的税款总额没变,但是因为可以延期支付三个月,使企业获取了 5 万元资金的三个月期使用权,是一种相对收益的获取。

1.3　税收筹划路径

税收筹划的基本路径从易到难,大体包括以下四个方面:利用税收优惠政策、利用税法的制度设计、避免不利的税收负担、利用税法的“漏洞”合理避税。

1.3.1　利用税收优惠政策

1.税收优惠政策类型

税收优惠是国家税制的一个重要组成部分,是国家给予特定纳税人的税收减免的优

惠,实际上表明了国家对于特定行为的鼓励,是通过政策导向影响人们生产与消费偏好来实现的,是国家调控经济的重要手段。因此,利用税收优惠政策不仅能减轻自身的税收负担,而且属于国家鼓励的行为,没有任何法律风险。

税收优惠政策主要有以下几种形式:免税、减税、税率差异、税收扣除、税收抵免、优惠退税和亏损抵补。

免税是指税法规定特定的地区、行业、企业、项目或情况(特定纳税人或纳税人的特定应税项目,或由于纳税人的特殊情况)完全免予缴税的情况。利用免税税收优惠政策的关键是尽量争取更多的免税待遇,尽量使免税期最长化。

减税是出于照顾或奖励目的,特定的行业、企业、项目或情况只需缴纳部分税收而非全部税收。纳税人利用减税条款进行税收筹划的关键在于尽量申请减税待遇并使可减税部分最大化,尽量享受较长的减税期。

税率差异是只对性质相同或相似的税种实施不同的税率。例如,对增值税一般纳税人销售货物适用的税率有17%和13%。利用税率差异进行税收筹划的关键在于按税法要求尽可能地享受低税率纳税,并尽量争取税率差异的稳定性和长期性。

税收扣除是指从计税金额中减去一部分,与减税、免税不一样,税收扣除适用于所有纳税人。利用税收扣除进行税收筹划的关键在于尽可能地享受税收扣除优惠,争取扣除金额最大化,争取扣除最早化。

税收抵免是指从应纳税额中扣除税收抵免额。如企业所得税法中的税额抵免优惠:企业购置并实际使用《环境保护专用设备企业所得税优惠目录》、《节能节水专用设备企业所得税优惠目录》和《安全生产专用设备企业所得税优惠目录》规定的环境保护、节能节水、安全生产等专用设备的,该专用设备的投资额的10%可以从企业当年的应纳税额中抵免;当年不足抵免的,可以在以后五个纳税年度结转抵免。世界上很多国家都实行投资抵免所得税政策。利用税收抵免来获得税收利益最大化的关键在于争取抵免项目最多化,争取抵免金额最大化。

优惠退税是指政府将纳税人已经缴纳或实际承担的税款退还给规定的受益人。优惠退税一般适用于对商品课税和对所得课税。在对外贸易中,出口退税是奖励出口的一种措施。世界各国奖励出口的退税措施大致有两种:一是退还进口税,即用进口原料或半成品加工制成成品出口时,退还已纳的进口税;二是退还已纳的国内销售税、消费税和增值税等,即在商品出口时退还国内已纳税款,使其以不含税价格进入国际市场,从而增强其竞争力。利用退税获得税收利益最大化的关键在于争取退税项目最多化,争取退税额最大化。

亏损抵补是指当年经营亏损在次年或其他年度经营盈利中抵补,以减少以后年度的应纳税额。这种优惠形式对扶持新办企业的发展具有一定的作用,对具有风险的投资激励效果明显,对盈余不确定的企业尤其具有均衡税负的积极作用。为了鼓励投资者进行长期风险投资,各国税法大多规定,允许投资者将年度亏损结转,即以一定年度的盈余互抵后的差额计征所得税。

2.利用税收优惠政策进行税收筹划的方法

(1)符合优惠政策的应当积极申请

很多税收优惠政策都需要纳税人主动申请,税务机关不会主动给予纳税人某项优惠政策,即使纳税人已经符合了某项优惠政策所规定的条件。

例如,国家对于符合条件的小型微利企业给予20%的税收优惠。相关条件是:工业企业,年度应纳税所得额不超过30万元,从业人数不超过100人,资产总额不超过3 000万元;其他企业,年度应纳税所得额不超过30万元,从业人数不超过80人,资产总额不超过1 000万元。符合上述条件的企业很多,但实际上并不是所有企业都享受了上述优惠政策,因为要享受这一政策,首先应当由企业主动向税务机关提交相关材料。

为此,企业应当经常关注国家出台的最新税收优惠政策,可以通过购买相关书籍、到国家税务总局网站查找以及关注主管税务机关的通知和宣传单等方式来获取最新税收优惠政策的信息。

(2)创造条件享受税收优惠政策

所有的税收优惠政策都有适用的条件,企业必须满足该条件才能享受,因此,那些具备部分条件但尚未具备全部条件的企业可以考虑通过创造条件来享受税收优惠政策。

例如,刚开始享受上述小型微利企业的税收优惠政策有三个条件,后来,财政部和国家税务总局还规定了第四个条件,即企业必须是实行查账征收的企业,实行核定征收的企业无权享受。

如果企业的应纳税所得额为31万元,应当缴纳企业所得税:31×25%=7.75(万元),税后利润为:31-7.75=23.25(万元)。如果将该1万元在年底之前开支出去,如支付专家咨询费、购置办公用品等,则企业应纳税所得额为30万元,应当缴纳企业所得税:30×20%=6(万元),税后利润为:30-6=24(万元)。

3.利用税收优惠政策应注意的问题

利用税收优惠政策获取税收利益,以实现税后利润最大化,是企业实施税收筹划常用的方式。由于税收优惠政策条款繁杂,适用要求高,不同的优惠政策所带来的预期税收利益和筹划成本以及对税后利润总额的影响是不一样的。

(1)在适用多项税收优惠政策时,必须进行比较分析,通过综合平衡后做出选择

税收优惠政策筹划的重点在于根据自身的情况和现行税收优惠政策的规定,通过合理选择和运用,以达到节税或其他税收筹划的目的。

当企业同时适用多项税收优惠政策,并要在其中做出相应选择时,必须通过比较分析,综合平衡后,以获取税后利益最大化或特定税收目标效率最大化为标准做出选择。由于某项税收优惠政策是针对特定的税种而设计的,而企业一般需要同时缴纳多种税,这些税之间又往往存在此消彼长的关系。因此,评价某项税收优惠政策带来的税收利益,主要是通过实施该项政策后所产生的税后总收益或优惠期内产生的税后总收益的现值等指标来反映。

(2)充分考虑税收优惠政策的筹划成本

税收优惠政策的筹划成本包括直接成本和间接成本。直接成本主要是指为满足某一税收优惠政策的要求,对改变目前企业经济状况而发生的经济资源的消耗。此外,直接成本还包括税收筹划中实际发生的费用。直接成本一般可用货币表示。

间接成本主要是指税收优惠政策实施过程中可能出现的不确定因素而造成的风险费用。例如,因社会经济因素的变化而使正在执行的优惠政策突然被取消而给企业带来的损失,或者在税收优惠政策实施过程中,因企业经营策略的改变,或其他意外因素使企

业不再具备或不再完全符合税收优惠政策的条件,而被迫取消享受优惠政策的资格。间接成本的发生一般具有不确定性。因此,在筹划过程中难以用货币予以计量,但在进行方案选择时应予以充分考虑。

当税收利益大于筹划成本时,税收优惠政策的运用才具有可行性。税收利益一般根据优惠政策带来的净收益现值与筹划成本现值的差额确定。

(3)跨国纳税人关注收益来源国与居住国是否签订税收饶让协议

税收饶让是指纳税人在收益来源国取得的税收优惠被视为已纳税收,在向居住国政府申报纳税时,这部分被视为已纳税收入允许从应税收入中抵免。跨国纳税人在收益来源国享受的税收优惠待遇,能否拥有这种税收饶让待遇,关键是看收益来源国与居住国政府是否签订了税收饶让协议,如果签订了这一协议,则跨国纳税人在收益来源国享受的税收优惠,便可最终获取其税收利益;如果没有签订这一协议,则在收益来源国获得的减免税,在向居住国政府申报纳税时,必须依法把该减免税额缴纳。因此,跨国纳税人在进行税收优惠政策筹划之前,必须搞清楚居住国与收益来源国之间是否已签订税收饶让协议。如果没有签订这一协议,一般收益来源国的税收优惠,并不能给跨国纳税人带来实际的税收利益;如果已经签订这一协议,还应仔细研读有关的条款,搞清饶让的方法,以便更好地确定税收利益的预期。

1.3.2　利用税法的制度设计

国家在设计征税制度时,有时出于各种原因的考虑,会有各种差异。熟悉并利用征税制度的各种差异,企业可进行相应的税收筹划。如某些实体税税种将部分行为作为征税对象,而将其他行为不作为征税对象,如果企业通过不属于征税对象的行为可以实现通过属于征税对象的行为所能实现的目的,则企业可以通过转化行为来避免成为征税对象。

例如,根据相关税法的规定,转让无形资产需要缴纳营业税、城市维护建设税、教育费附加、印花税和所得税,购买方需要缴纳印花税;转让不动产则需要缴纳营业税、城市维护建设税、教育费附加、土地增值税、印花税和所得税,购买方需要缴纳印花税和契税;股权转让需要缴纳印花税和所得税,购买方需要缴纳印花税。

煤矿转让可以采取两种方式:资产转让和股权转让。资产转让包括无形资产(采矿权)转让和不动产转让。假设煤矿净资产为 10 亿元,其中无形资产约 5 亿元,不动产约 3 亿元,则该资产转让交易所承担的营业税及其附加大约:$8×5.5\%=0.44$(亿元),土地增值税需要根据增值情况而定,可以假定为标的 10%:$3×10\%=0.3$(亿元),另外,购买方需缴纳契税:$3×3\%=0.09$(亿元),双方需缴纳印花税:$8×0.05\%×2=0.008$(亿元),不考虑所得税,合计税收负担:$0.44+0.3+0.09+0.008=0.838$(亿元)。如果采取股权转让,则双方只需要缴纳印花税:$10×0.05\%×2=0.01$(亿元)。在不考虑所得税的情况下,节税达到 0.828 亿元。

1.3.3　避免不利的税收负担

税法的设计并非尽善尽美,也有很多不尽如人意之处,即税法也会给一些合法经营、正常经营的纳税人增加一些不合理的税收负担。此时,纳税人就应当通过转换经营方式来避免这些不利的税收负担。

例如,除旅游业、运输业、建筑业、金融业等特定行业以外,其余营业税的纳税人一般都是按照取得收入的全额来缴纳营业税的,不允许扣除支付给其他单位和个人的费用,这一制度就大大增加了那些靠转包服务的形式来提供劳务的纳税人的税收负担。

例如,某展览公司组织一次展销会,每位参展商向该展览公司支付2万元参展费,展览公司再向场地提供单位支付每位参展商1万元的租赁费。假设该展览公司每年收取的参展费合计为1 000万元,则应当缴纳营业税及其附加:1 000×5.5%＝55(万元)。场地提供单位就其收取的500万元租赁费需要缴纳营业税及其附加:500×5.5%＝27.5(万元)。两个单位合计纳税82.5万元。如果该展览公司改变收费模式,自己向每位参展商收取1万元参展费,同时由每位参展商向场地提供单位支付1万元租赁费,此时,该展览公司缴纳营业税及其附加:500×5.5%＝27.5(万元)。场地提供单位缴纳营业税及其附加:500×5.5%＝27.5(万元)。两个单位合计纳税55万元。不考虑企业所得税,节税额达27.5万元。

1.3.4　利用税法的"漏洞"合理避税

任何税法在设计时都存在"漏洞",由于税法强调税收法定原则,税法无明文规定则不纳税。因此,纳税人可以利用税法设计的"漏洞"来减轻自己的税收负担。

例如,税法规定,以下情形的房屋产权无偿赠与,对当事双方不征收个人所得税:①房屋产权所有人将房屋产权无偿赠与配偶、父母、子女、祖父母、外祖父母、孙子女、外孙子女、兄弟姐妹;②房屋产权所有人将房屋产权无偿赠与对其承担直接抚养或者赡养义务的抚养人或者赡养人;③房屋产权所有人死亡,依法取得房屋产权的法定继承人、遗嘱继承人或者受遗赠人。除上述情形以外,房屋产权所有人将房屋产权无偿赠与他人的,受赠人因无偿受赠房屋取得的受赠所得,按照"经国务院财政部门确定征税的其他所得"项目缴纳个人所得税,税率为20%。

此时纳税人可以通过以下两种方法来规避缴纳"受赠所得税":第一,赠送房屋以外的物品或者现金;第二,赠送房屋的永久居住权,而非房屋的所有权。

纳税人钻税法的"漏洞"可以促进税法的完善,在一定程度上也算对社会有利的行为。当然,钻税法"漏洞"不能突破法律所设定的界限。例如,不能偷税,否则就要承担相应的法律责任,受到法律的制裁。

练习题

一、单项选择题

1. 企业税收筹划的目标是(　　　)。

　　A. 避免税务稽查　　　　　　　　　B. 降低税负,力争税后利润最大化

　　C. 偷逃税款　　　　　　　　　　　D. 延期纳税

2. 关于企业税收筹划,以下观点正确的是(　　　)。

　　A. 只需考虑个别税种缴纳的多与少　　B. 以眼前税负的高低作为判断标准

C.以企业整体和长远利益作为判断标准　　D.没必要筹划,纳税越多越好

3.推迟缴税时间体现了(　　)。

　　A.绝对筹划原理　　　　　　　　　　B.相对筹划原理

　　C.未体现税收筹划原理　　　　　　　D.不是税收筹划

二、多项选择题

1.广义上的税收筹划,包括(　　)。

　　A.节税　　　　　　B.避税　　　　　C.税负转嫁　　　　　D.偷税

2.税收筹划原则包括(　　)

　　A.守法原则　　　　B.保护性原则　　　C.时效性原则　　　　D.整体性原则

3.税收筹划路径包括(　　)。

　　A.利用税收优惠政策　　　　　　　　B.利用税法制度设计

　　C.避免不利的税收负担　　　　　　　D.利用税法的"漏洞"

三、判断题

1.利用税收优惠政策不仅能减轻自身的税收负担,而且属于国家鼓励的行为,没有任何法律风险。　　　　　　　　　　　　　　　　　　　　　　　　　　　　(　　)

2.利用税法"漏洞"进行税收筹划实际上就是偷税。　　　　　　　　　　　(　　)

四、简答题

1.什么是税收筹划?有何特点?

2.税收筹划的目标是什么?

第2章　财产行为税类筹划

课程内容

印花税筹划、房产税筹划、契税筹划、城镇土地使用税筹划、车船使用税筹划、车辆购置税筹划。

基本要求

一、结合税收筹划的路径和方法,逐步形成财产行为税类筹划思路。

二、掌握利用税收优惠政策、利用税法制度设计、利用税法"漏洞"和避免不利的税收负担四种筹划路径在财产行为税类筹划中的具体应用。

2.1　印花税筹划

印花税属于一种行为课税,根据《中华人民共和国印花税暂行条例》(以下简称《印花税暂行条例》)的规定,在中华人民共和国境内书立、领受本条例所列举凭证的单位和个人,都是印花税的纳税义务人,应当按照该条例规定缴纳印花税。纳税人根据应纳税凭证的性质,分别按比例税率或者按件定额计算应纳税额。具体税率、税额的确定,依照该条例所附《印花税税目税率表》执行。

相对于企业所要缴纳的各类流转税、所得税来说,印花税计算方法简便,税款支出金额不大,所以一直以来并未受到企业财务的足够重视。但是,随着企业交易活动的频繁、交易规模的扩大以及对合同重视程度的加强,企业印花税的支出也必然随之增加,在这种情况下,从节省税收成本的角度出发,企业也应加强对印花税税收筹划的研究与思考,以便减轻自身的税收负担。针对企业印花税纳税的特点与方法,印花税税收筹划可以按以下几种路径进行。

1.利用印花税优惠政策

印花税的税收优惠政策包括:

①对已缴纳印花税凭证的副本或者抄本免税。

②对财产所有人将财产赠给政府、社会福利单位、学校所立的书据免税。

③对国家指定的收购部门与村民委员会、农民个人书立的农副产品收购合同免税。

④对无息、贴息贷款合同免税。

⑤对外国政府或者国际金融组织向我国政府及国家金融机构提供优惠贷款所书立

的合同免税。

⑥对房地产管理部门与个人签订的用于生活居住的租赁合同免税。

⑦对特殊货运凭证免税。这类凭证有：军事物资运输凭证、抢险救灾物资运输凭证、新建铁路的工程临管线运输凭证。

⑧个人出租、承租住房暂免印花税；个人出售住房暂免印花税。

纳税人发生税收优惠政策所列举的行为时，应注意申报免税，避免缴纳税款。

2. 利用印花税法制度设计

利用印花税法相关规定，可以通过选择不同的方式进行税收筹划。

(1)选择交易金额少的合同订立方式

根据《中华人民共和国印花税暂行条例施行细则》(以下简称《印花税暂行条例施行细则》)第十七条的规定，同一凭证，因载有两个或者两个以上经济事项而适用不同税目税率，如分别记载金额的，应分别计算应纳税额，相加后按合计税额贴花；如未分别记载金额的，按税率高的计税贴花。当纳税人的一份合同涉及若干经济业务时，应当分别记载金额，这样可以减轻税收负担。

【案例 2-1】 甲公司和乙公司是长年业务合作单位，2010 年 2 月，甲公司的一批货物租用乙公司的仓库保管一年，约定仓储保管费为 120 万元；另约定甲公司购买乙公司的包装箱 1 000 个，每个 0.1 万元，合计 100 万元。在签订合同时，甲公司和乙公司签署了一份保管合同，其中约定了上述保管和购买包装箱的事项，但未分别记载相应金额，仅规定甲公司向乙公司支付款项 220 万元。请计算甲公司和乙公司应当缴纳的印花税，并提出税收筹划方案。

由于上述两项交易没有分别记载金额，应当按照较高的税率合并缴纳印花税。购销合同的印花税税率为 0.3‰，仓储保管合同的印花税税率为 1‰。甲公司和乙公司应当分别按照 1‰ 的税率缴纳印花税，分别缴纳印花税：$220×1‰=0.22$(万元)，合计缴纳印花税：$0.22×2=0.44$(万元)。

根据税法的规定，如果上述两项交易分别记载金额或者签订两个合同，则可以分别适用各自税率计算印花税。两个公司分别缴纳印花税：$120×1‰+100×0.3‰=0.15$(万元)，合计缴纳印花税：$0.15×2=0.3$(万元)。减轻税收负担：$0.44-0.3=0.14$(万元)。

(2)减少合同金额

印花税是对在我国境内设立、领受应税凭证的单位和个人，就其设立、领受的凭证征收的一种税。由于各种经济合同的纳税人是订立合同的双方或多方当事人，其计税依据是合同所载的金额，因而出于共同利益，双方或多方当事人可以经过合理筹划，使各项费用及原材料等的金额通过非违法的途径从合同所载金额中得以减除，从而压缩合同的表面金额，达到少缴税款的目的。

【案例 2-2】 A 企业有一项加工产品配件的业务需要由 B 企业承担，于是双方签订一份加工承揽合同，合同金额为 400 万元，其中包括由受托方 B 企业提供的辅助材料费用 200 万元。就此双方各自应对其签订的合同按照加工承揽合同缴纳印花税：$400×0.5‰=0.2$(万元)。两家企业希望能有办法减少该项业务的印花税支出，对于这项业务有操作的空间吗？

分析:由于加工承揽合同的计税依据是加工承揽收入,而且这里的加工承揽收入是指合同中规定的受托方的加工费收入和提供的辅助材料费用之和。因此,如果双方当事人能想办法将辅助材料费用压缩,问题便解决了。具体的做法就是由委托方自己提供辅助材料。如果委托方自己无法提供或是无法完全自己提供,也可以由受托方提供,这时的筹划就要分两步进行。

第一步,双方签订一份购销合同,由于购销合同的适用税率为0.3‰,比加工承揽合同适用税率0.5‰要低,因此只要双方将辅助材料先行转移所有权,加工承揽合同和购销合同要缴纳的印花税之和便会下降。

第二步,双方签订加工承揽合同,其合同金额仅包括加工承揽收入,而不包括辅助材料金额。按照这种思路,该项业务可以按如下操作:

①企业B将辅助材料卖给企业A,双方签订购销合同,这时各自应缴纳印花税:$200×0.3‰=0.06$(万元)。

②双方企业再签订加工承揽合同,合同金额为200万元。这时各自应缴纳的印花税:$200×0.5‰=0.1$(万元)。

可见,通过这种筹划,双方各自能节省印花税支出0.04万元。如果这种合同的数量较多的话,将为企业节省一笔不小的税收支出。

在日常生活中,如果经济交易活动能当面解决,一般是不用签订合同的,上面所说的筹划中,辅助材料的购销不用订立购销合同,这也会省去部分税款。如果企业双方信誉较好,不签订加工承揽合同当然更能节省税款,但这样可能会带来一些不必要的经济纠纷。

在合同设计时,双方当事人应充分考虑工程施工过程中可能遇到的情况,确定保守的合同价格,待工程竣工后,按结算价计算缴纳税金。这样就可以避免多缴印花税。

【案例2-3】　施工企业A与建设单位甲签订工程施工合同,合同金额5 000万元,合同签订后,即应缴纳印花税为$5 000×0.3‰=1.5$(万元)。2009年10月工程竣工,经审定实际工程决算价为4 500万元。

《印花税暂行条例施行细则》第十四条规定:"条例第七条所说的书立或者领受时贴花,是指在合同的签订时、书据的立据时、账簿的启用时和证照的领受时贴花……",应税合同在签订时纳税义务即已产生,无论合同是否兑现或是否按期兑现,均应贴花。对已履行并贴花的合同,所载金额与合同履行后实际结算金额不一致的,只要双方未修改合同金额,一般不再办理完税手续。因此在本例中,由于合同金额不准确,施工企业A多缴纳印花税$(5 000-4 500)×0.3‰=0.15$(万元),若在合同签订时对合同金额做一个相对保守的估计为4 000万元,只需贴$4 000×0.3‰=1.2$(万元),而经过补贴印花税也只需再缴纳:$500×0.3‰=0.15$(万元),总共缴纳印花税:$1.2+0.15=1.35$(万元),节税:$1.5-1.35=0.15$(万元)。

(3)分开核算不同事项

按照印花税法规定,同一凭证,因载有两个或两个以上经济事项而适用不同税目税率,如分别记载金额的,应分别计算应纳税额,相加后按合计税额贴花;如未分别记载金额的,按税率高的计税贴花。这里,如果纳税人不明白这一点,不分别确定交易金额的,则会造成税收支出的增加,但是,从另一个方面看,这也给我们提供了一种筹划的思路。

【案例 2-4】 丙企业 2010 年 9 月与 C 公司签订运输合同,合同中所载运输费及保管费共计 400 万元。由于该合同中涉及货物运输合同和仓储保管合同两个印花税税目,而且两者税率不相同,前者为 0.5‰,后者为 1‰。根据上述规定,未分别记载金额的,按税率高的计税贴花,即按 1‰税率计算印花税,其应纳税额:400×1‰=0.4(万元)。

分析:纳税人只要进行一下简单的筹划,便可以节省不少税款。假定这份运输保管合同包含货物运输费 250 万元,仓储保管费 150 万元,如果纳税人能在合同上详细地注明各项费用及具体数额,根据印花税法规定,便可以分别适用税率,其应纳印花税:250×0.5‰+150×1‰=0.275(万元),订立合同的双方均可节省 1 250 元税款。

(4)变换借款方式

变换借款方式筹划策略是指利用一定的筹资技术使企业达到最大获利水平和最小税负的方法。对任何企业来说,筹资是其进行一系列生产经营活动的先决条件。没有资金,任何有益的经济活动和经营项目都无法进行,更谈不上与经营相关的盈利和税收了。

一般来说,企业筹资方法主要有:争取财政拨款和补贴、金融机构贷款、自我积累、社会集资、企业间拆借、企业内部集资。从资金角度看,所有这些筹资方法,如果可行的话,都可以满足企业从事生产经营活动对资金的需求。从纳税的角度看,这些筹资方式产生的税收后果却有很大的差异,某些筹资方式最终的实行效果比其他方式要好。

根据印花税的规定,银行及其他金融机构与借款人(不包括银行同业拆借)所签订的合同,以及只填开借据并作为合同使用,取得银行借款的借据应按照"借款合同"税目缴纳印花税,而企业之间的借款合同则不用贴花。因而对企业来说,和金融机构签订借款合同,其效果与和企业(其他企业)签订借款合同在抵扣利息支出上是一样的,而前者要缴纳印花税,后者不用缴纳印花税。如果两者的借款利率是相同的,则向企业借款效果会更好。不过企业在筹划时应注意,企业向企业提供的借款,其利率一般比金融机构提供借款的利率高,因而企业应权衡综合成本后决定。

(5)缓定交易金额

在现实经济生活中,各种经济合同的当事人在签订合同时,有时会遇到计税金额无法最终确定的情况。而我国印花税的计税依据大多数是根据合同所记载金额和具体适用税率确定,计税依据无法最终确定时,纳税人的应纳印花税税额也就相应地无法确定。而根据《印花税暂行条例》第七条的规定,应纳税凭证应当于书立或者领受时贴花。也就是说,企业在书立合同之时,其纳税义务便已经发生,应该根据税法规定缴纳应纳税额。为保证国家税款及时足额入库,税法采取了一些变通方法。税法规定,有些合同在签订时无法确定计税金额,如技术转让合同中的转让收入,是按销售收入的一定比例收取的或是按其实现利润多少进行分成的;财产租赁合同,只是规定了月(天)租金标准而无租赁期限的。对这类合同,可在签订时先按定额 5 元贴花,以后结算时再按照实际的金额计税,补贴印花。这便给纳税人进行税收筹划创造了条件。

在经济交往活动中,企业签订的合同如果本身金额就较小,自然没有筹划的必要;但如果金额相对较大、应纳税额较大时,筹划便有意义了。缓定交易金额策略,具体来说是指企业在签订数额较大的合同时,有意地使合同上所载金额在能够明确的条件下不最终确定,以达到少缴印花税税款目的的一种行为。

【案例 2-5】 B 设备租赁公司欲和 C 生产企业签订一份租赁合同,由于租赁设备较多,而且设备本身比较昂贵,租金每年为300万元。

分析:如果在签订合同时明确规定年租金300万元,则两企业均应缴纳印花税:300×1‰＝0.3(万元)。

按照缓定交易金额的筹划策略,如果两企业在签订合同时仅规定每天的租金数,而不具体确定租赁合同的执行时限,则根据上述规定,两企业只需各自先缴纳5元钱的印花税,余下部分等到最终结算时才缴纳,从而获得了这部分缓缴税款的货币时间价值,对企业来说有利无弊,而且筹划操作极其简单,筹划成本低,利于企业操作。

3.避免不利的税收负担

(1)保守预测交易金额

由于理论与现实的差距,理论上认为可能实现或完全能实现的合同,可能在现实中由于种种原因无法实现或无法完全实现。这样,最终合同履行的结果会与签订合同时有些出入。由于我国印花税是一种行为税,是对企业的书立、领受及使用应税凭证的行为课征的税收,因而只要有签订应税合同的行为发生,双方或多方企业的纳税义务便已产生,应该计算应纳税额并贴花。根据税法规定,无论合同是否兑现或是否按期兑现,均应贴花,而且对已履行并贴花的合同,所载金额与合同履行后实际结算金额不一致的,只要双方未修改合同金额,一般不再办理完税手续。

假如两企业订立合同之初认为履行合同数额为1 000万元,而实际最终结算时发现只履行800万元或甚至因为其他原因没有办法履行,则双方当事人就会无益地多负担一笔印花税税款。如果再考虑其他税种比如增值税,便会代垫很大一笔税款,人为地造成自己企业资金的短缺。因而在合同设计时,双方当事人应充分地考虑以后经济交往中可能会遇到的种种情况,根据这些可能情况,确定比较合理、比较保守的金额。如果这些合同属于金额难以确定的,也可以采用前面说过的缓定交易金额策略,等到合同最终实现后,根据实际结算情况再补贴印花,这样也能达到同样的效果。

除此之外,企业还可以采取其他办法弥补多贴印花税票的损失,比如在合同中注上:"如果一方有过错导致合同不能履行或不能完全履行,有过错方负责赔偿无过错方多缴纳的税款。"这样一来,税收负担问题就很好地解决了。

(2)减少合同主体

根据印花税相关法规,对于应税凭证,凡是由两方或两方以上当事人共同书立的,其当事人各方都是印花税的纳税人。如果几方当事人在书立合同时,能够不在合同上出现的当事人不以当事人身份出现在合同上,就实现了少缴税的税收筹划。比如甲、乙、丙、丁四人签订一合同,乙、丙、丁三人基本利益一致,就可以任意选派一名代表,让其和甲签订合同,则合同的印花税纳税人便只有甲和代表人。

这种筹划策略也可以应用到书立产权转移书据的立据人。一般来说,产权转移书据的纳税人只有立据人,不包括持据人,持据人只有在立据人未贴或少贴印花税票时,才负责补贴印花税票。但是如果立据人和持据人双方当事人以合同形式签订产权转移书据,双方都应缴纳印花税。因而这时采取适当的方式,使尽量少的当事人成为纳税人,税款自然就会减少。

(3)减少环节

转包环节建筑安装工程承包合同是印花税中的一种应税凭证,该种合同的计税依据为合同上记载的承包金额,其适用税率为 0.3‰。根据印花税的规定,施工单位将自己承包的建设项目分包或者转包给其他施工单位所签订的分包合同或者转包合同,应按照新的分包合同或者转包合同上所记载的金额再次计算应纳税额。这里因为印花税是一种行为性质的税种,只要有应税行为发生,则应按税法规定纳税。因此尽管总承包合同已依法计税贴花,但新的分包合同或转包合同又是一种新的应税凭证,又发生了新的纳税义务。

【案例 2-6】 某城建公司 A 与某商城签订一份建筑合同,总计金额为 1 亿元,该城建公司因业务需要又分别与建筑公司 B 和 C 签订分包合同,其合同记载金额分别为 4 000 万元和 4 000 万元,B 和 C 又分别将 2 000 万元转包给 D 和 E。则各方印花税应纳税额分别为

①A 与商域签订合同时,双方各应纳税额:

$10\ 000 \times 0.3‰ = 3$(万元)

②A 与 B、C 签订合同时,各方应纳税额:

A 应纳税额 $= (4\ 000 + 4\ 000) \times 0.3‰ = 2.4$(万元)

B、C 各应纳税额 $= 4\ 000 \times 0.3‰ = 1.2$(万元)

③B、C 与 D、E 签订合同时,各方应纳税额:

$2\ 000 \times 0.3‰ = 0.6$(万元)

④这五家建筑公司共应纳印花税税额:

$3 \times 2 + 2.4 + 1.2 \times 2 + 0.6 \times 4 = 13.2$(万元)

分析:如果这几方进行合理筹划,减少转包环节,采取商城分别与 A、B、C、D、E 五家建筑公司签订 2 000 万元承包合同的策略,则这五家公司共应纳印花税:$2\ 000 \times 0.3‰ \times 5 = 3$(万元),从而可以节省 10.2 万元税款。

可见,这种筹划策略的核心就是尽量减少签订承包合同的环节,以最少的可能书立应税凭证,从而达到节约部分应缴税款的目的。

2.2 房产税筹划

2.2.1 利用税收优惠政策筹划房产税

房产税的税收优惠是根据国家政策需要和纳税人的负担能力制定的。由于房产税属于地方税,因此给予地方一定的减免权限,有利于地方因地制宜处理问题。

目前,房产税的税收优惠政策主要有:

(1)国家机关、人民团体、军队自用的房产免征房产税。但上述免税单位的出租房产以及非自身业务使用的生产、营业用房,不属于免税范围。

(2)由国家财政部门拨付事业经费的单位,如学校、医疗卫生单位、托儿所、幼儿园、敬老院、文化、体育、艺术这些实行全额或差额预算管理的事业单位所有的,本身业务范围内使用的房产免征房产税。

为了鼓励事业单位经济独立,由国家财政部门拨付事业经费的单位,其经费来源实行自收自支后,从事业单位实行自收自支的年度起,免征房产税三年。事业单位自用的

房产,是指这些单位本身的业务用房。

上述单位所属的附属工厂、商店、招待所等不属于单位公务、业务的用房,应照章纳税。

(3)宗教寺庙、公园、名胜古迹自用的房产免征房产税。

宗教寺庙自用的房产,是指举行宗教仪式等的房屋和宗教人员使用的生活用房屋。公园、名胜古迹自用的房产,是指供公共参观游览的房屋及其管理单位的办公用房屋。

宗教寺庙、公园、名胜古迹中附设的营业单位,如影剧院、饮食部、茶社、照相馆等所使用的房产及出租的房产,不属于免税范围,应照章纳税。

(4)个人所有非营业用的房产免征房产税。

个人所有的非营业用房产,主要是指居民住房,不分面积多少,一律免征房产税。

对个人拥有的营业用房产或者出租的房产,不属于免税房产,应照章纳税。

(5)对行使国家行政管理职能的中国人民银行总行(含国家外汇管理局)所属分支机构自用的房产,免征房产税。

(6)经财政部批准免税的其他房产。

这类免税房产,情况特殊,范围较小,是根据实际情况确定的。主要有:

①损坏不堪使用的房屋和危险房屋,经有关部门鉴定,在停止使用后,可免征房产税。

②纳税人因房屋大修导致连续停用半年以上的,在房屋大修期间免征房产税,免征税额由纳税人在申报缴纳房产税时自行计算扣除,并在申报表附表或备注栏中作相应说明。

纳税人房屋大修停用半年以上需要免征房产税的,应在房屋大修前向主管税务机关报送相关的证明材料,包括大修房屋的名称、坐落地点、产权证编号、房产原值、用途、房屋大修的原因、大修合同及大修的起止时间等信息和资料,以备税务机关查验。具体报送材料由各省、自治区、直辖市和计划单列市地方税务局确定。

③在基建工地为基建工地服务的各种工棚、材料棚、休息棚和办公室、食堂、茶炉房、汽车房等临时性房屋,在施工期间,一律免征房产税。但工程结束后,施工企业将这种临时性房屋交还或估价转让给基建单位的,应从基建单位接收的次月起,照章纳税。

④为鼓励利用地下人防设施,暂不征收房产税。

⑤对非营利性医疗机构、疾病控制机构和妇幼保健机构等卫生机构自用的房产,免征房产税。

⑥老年服务机构自用的房产。老年服务机构是指专门为老年人提供生活照料、文化、护理、健身等多方面服务的福利性、非营利性的机构,主要包括:老年社会福利院、敬老院(养老院)、老年服务中心、老年公寓(含老年护理院、康复中心、托老所)等。

⑦从2001年1月1日起,对按政府规定价格出租的公有住房和廉租住房,包括企业和自收自支事业单位向职工出租的单位自有住房,房管部门向居民出租的公有住房,落实私房政策中带户发还产权并以政府规定租金标准向居民出租的私有住房等,暂免征收房产税。

⑧对邮政部门坐落在城市、县城、建制镇、工矿区范围内的房产,应当依法征收房产税;对坐落在城市、县城、建制镇、工矿区范围以外的尚在县邮政局内核算的房产,在单位财务账中划分清楚的,从2001年1月1日起不再征收房产税。

除上面提到的可以免纳房产税的情况以外,如纳税人确有困难的,可由省、自治区、直辖市人民政府确定,定期减征或者免征房产税。

⑨向居民供热并向居民收取采暖费的供热企业暂免征收房产税。供热企业包括专业供热企业、兼营供热企业、单位自供热及为小区居民供热的物业公司等,不包括从事热力生产但不直接向居民供热的企业。

对于免征房产税的生产用房,是指上述企业为居民供热所使用的厂房。对既向居民供热,又向非居民供热的企业,可按向居民供热收取的收入占其总供热收入的比例划分征免税界限;对于兼营供热的企业,可按向居民供热收取的收入占其生产经营总收入的比例划分征免税界限。

2.2.2 利用税法制度设计筹划房产税

1. 经营方式选择的税收筹划

房产税对经营用房产征税,按经营方式不同,房产税的计征方式有两种:一是从价计征,适用于企业将房产用于自营,以房产余值为计税依据,即按房产原值一次减除 10%~30%后的余值计征,税率为 1.2%;二是从租计征,适用于企业出租房产,以房屋出租取得的租金收入作为计税依据,税率为 12%。由于房产税计税方式不同,不同经营方式会导致应纳税额的差异,当两种经营方式可选时,就为税收筹划提供了空间。企业可以根据实际情况通过筹划选择计征方式,通过比较税负的大小,从而选择税负低的计征方式,达到节税的目的。

设房产原值为 M,年租金收入为 N。政府规定扣除比例为 30%,纳税人所在地为市区,若从价计征,则应纳房产税 $= M \times (1-30\%) \times 1.2\%$,若从租计征,则应纳房产税 $= N \times 12\%$,但如果出租的话会产生新增的营业税及其附加:$N \times 5\% \times (1+10\%)$,当从价计征和从租计征的税负水平相等时,有

$$M \times (1-30\%) \times 1.2\% = N \times 12\% + N \times 5\% \times (1+10\%)$$

可得出关系式 $N/M = 4.8\%$。当 $N/M < 4.8\%$ 时,从租计征税负较轻;$N/M > 4.8\%$ 时,从价计征税负较轻。也可以通过直接比较各方案所纳税额的多少进行税收筹划。

【案例 2-7】 位于市区的丙企业现有闲置的仓库 3 座,房产原值 2 000 万元,当地房产税扣除比率为 30%。该企业欲将闲置的仓库用于经营,有两方案可供选择:

方案一:将仓库对外出租,则每年可收取租金 200 万元。

方案二:将仓库用于仓储服务自营,为仓库配备保管人员一名,每年支付给保管人员薪酬 2 万元,对外提供仓储服务,每年可收取仓储费 200 万元。

哪个方案企业的税负低?

方案一:采用出租库房方案,则

应纳房产税＝200×12%＝24(万元)

应纳营业税(服务业中的租赁业)＝200×5%＝10(万元)

应纳的城市维护建设税和教育费附加＝10×(7%＋3%)＝1(万元)

方案一应纳税合计为 35 万元,支出合计 35 万元。

方案二:采用提供仓储服务方案,则

应纳房产税＝2 000×(1－30%)×1.2%＝16.8(万元)

应纳营业税(服务业中的租赁业)=200×5%=10(万元)

应纳的城市维护建设税和教育费附加=10×(7%+3%)=1(万元)

方案二应纳税合计为27.8万元,支出合计29.8万元。

对比方案一和方案二会发现,选择方案二企业会少支出5.2万元,因此企业应选择方案二。

2. 利用转租政策

《中华人民共和国房产税暂行条例》(以下简称《房产税暂行条例》)规定,房产税以在征税范围内的房屋产权所有人为纳税人,由于转租房不是房产产权所有人,因此,转租人不是房产税的纳税人,转租人转租房产时,只要按转租价格缴纳营业税,不需要缴纳房产税。

出租人先成立一个资产管理公司,将未改造的房产以较低的租金 X 出租给资产管理公司,然后由资产管理公司对租入的房产进行翻新、装修改造后再统一按市场价格 Y 转租出去。因此,该税收筹划方案会多出一部分营业税为 $X \times 5\%$,节省一部分房产税为 $(Y-X) \times 12\%$,只有当 $Y/X > 1.417$ 时,该纳税方案才可行;或者通过比较两个方案应纳税额的大小从而做出选择。

【案例 2-8】 M 集团公司拥有房产原值为 8 000 万元,当地房产税的扣除比例为 30%,如果自用,可能每年只缴 67.2 万元房产税,但因经营需要,须对部分厂房对外出租,收取租金 2 500 万元。如果按租金来缴税,房产税每年达到 300 万元。

筹划过程如下:M 集团公司成立 A 公司,作为房产所有人;再成立 B 公司,作为市场管理公司;再成立 C 公司,作为市场物业管理公司。

首先由 A 公司以 67.2÷12%=560(万元)的价格出租给 B 公司,这样作为 A 公司,房产税就只缴 67.2 万元,等同于按房产余值缴税,缴纳营业税 560×5%=28(万元)。

再 B 公司和 C 公司联合将房产出租给下家,B 公司收取租金及市场管理费 2 000 万元,C 公司收取物业管理费 500 万元(成立物业公司主要是用于代收付水电费,年水电费耗量约为 450 万元)。由于 B、C 公司是转租性质,又没有房产的所有权,所以不征收房产税,B 公司缴纳营业税 2 000×5%=100(万元),C 公司缴纳营业税为(500-450)×5%=2.5(万元)。

这样,不考虑其他税费,A、B、C 公司总体税负金额=67.2+28+100+2.5=197.7(万元),而如果由 A 公司直接租赁,则税负金额=300+2 500×5%=425(万元)。

M 集团公司少纳房产税:425-197.7=227.3(万元)。

3. 合理选择房产所在地

《房产税暂行条例》规定,房产税征税范围为城市、县城、建制镇和工矿区,但是房产税征税范围不包括广大农村。随着农村集体经济快速发展,农村部分地区已具备良好的投资环境,企业可以将部分生产厂房和车间转移到农村去,这样企业可以免缴房产税,同时也不用缴纳城镇土地使用税和城市建设维护税,会为企业省去相当可观的支出。

4. 自建自用房产的税收筹划

根据税法的规定,企业购入或者以支付土地出让金的方式取得的土地使用权,在尚未开发或者建造自用房产之前,作为无形资产核算,并按税法规定的期限分期摊销。在建造房产以后,企业应将土地使用权的账面价值全部转入在建工程成本,在结转时,企业应当对房产占用的土地面积按比例结转,对于非房产占用的土地,应当予以摊销,这样可以减少房产的价值,从而减轻房产税的负担。

【案例2-9】 某公司在2008年年初新建了一栋办公楼,工程建设成本为8 000万元,本次建设土地账面价值为2 000万元(该办公楼占该土地的一半),全部工程完成后办公楼的成本为10 000万元。该办公楼的计划使用期限为50年。请计算该办公楼50年应当缴纳的房产税,并提出税收筹划方案。

该公司每年应当缴纳房产税:10 000×(1−30%)×1.2%=84(万元),50年应当缴纳房产税:84×50=4 200(万元)。由于该办公楼仅仅占该土地的一半,因此,可以将另一半土地单独作为无形资产予以摊销,这样,该办公楼的成本就变为9 000万元。每年应当缴纳房产税:9 000×(1−30%)×1.2%=75.6(万元),50年应当缴纳房产税:75.6×50=3 780(万元)。减轻税收负担:4 200−3 780=420(万元)。

2.2.3 避免不利的税收负担

1.会计核算区分房产与非房产

根据房产税法规定,房产税的征税对象是房产。所谓房产,是指有屋面和围护结构(有墙或两边有柱),能够遮风避雨,可供人们在其中生产、学习、工作、娱乐、居住或贮藏物资的场所。企业拥有的独立于房屋之外的建筑物,如酒窖、菜窖、地下冷库、室外游泳池等不属于房产。如果企业在建设期间即将房产与房产的建造成本区分,在会计账簿中单独核算,则非房产不计入房产原值,不缴纳房产税。

【案例2-10】 甲企业位于某市市区,企业除厂房、办公用房外,还包括厂区围墙、烟囱、水塔等,工程造价8 000万元,房产以外的建筑工程造价2 000万元。当地政府规定的房产税扣除比例为30%。

如果企业在会计核算中只核算工程总造价,不区分房产与非房产,则每年应缴纳的房产税为

8 000×(1−30%)×1.2%=67.2(万元)

如果企业在会计核算中区分房产与非房产,则每年应缴纳的房产税为

6 000×(1−30%)×1.2%=50.4(万元)

通过比较可知,会计核算中区分房产与非房产核算,企业每年可少缴纳16.8万元的房产税。

2.减少出租房屋的附属设施降低租金

在企业出租房屋业务中,出租的往往不仅是房屋设施本身,还有房屋内部或外部的一些附属设施,比如机器设备、生产线、办公家具、附属用品等。税法对这些设施并不征收房产税,但是,如果把这些设施与房产不加区别地同时写在一张租赁合同里,那些设施也要缴纳房产税。此时,应分别就租赁的房产与非房产签订租赁合同,则可以达到税收筹划的目的,降低税负。

【案例2-11】 A公司要把下属一家闲置的工厂出租给B公司,双方商定厂房连同生产线、机器设备等年租金合计2 000万元,并据此签订了租赁合同。

按照这一租赁合同,A公司应缴纳的税款如下:

应纳房产税金额=2 000×12%=240(万元)

应纳营业税金额＝2 000×5％＝100(万元)

也就是说,依据这份租赁合同,生产线、机器设备也缴纳了12％的房产税。如果进行税收筹划,A公司与B公司签订两个租赁合同:厂房租赁合同和生产线、机器设备租赁合同,租金按市价计,厂房年租金1 000万元,生产线、机器设备年租金1 000万元。这样,A公司应缴纳的税款如下:

应纳房产税金额＝1 000×12％＝120(万元)

应纳营业税金额＝2 000×5％＝100(万元)

这样,A公司收取的生产线、机器设备年租金就无需缴纳房产税,税负明显降低。

2.3　契税筹划

2.3.1　利用税收优惠政策筹划契税

1.契税税收优惠内容

(1)契税优惠的一般规定

①国家机关、事业单位、社会团体、军事单位承受土地、房屋用于办公、教学、医疗、科研和军事设施的,免征契税。

②城镇职工按规定第一次购买公有住房,免征契税。

此外,财政部、国家税务总局规定:自2000年11月29日起,对各类公有制单位为解决职工住房而采取集资建房方式建成的普通住房,或由单位购买的普通商品住房,经当地县以上人民政府房改部门批准、按照国家房改政策出售给本单位职工的,如属职工首次购买住房,均可免征契税。

自2008年11月1日起对个人首次购买90平方米以下普通住房且该住房属于家庭唯一住房的,契税税率暂统一下调到1％。

③因不可抗力灭失住房而重新购买住房的,酌情减免。不可抗力是指自然灾害、战争等不能预见、不可避免,并且不能克服的客观情况。

④土地、房屋被县级以上人民政府征用、占用后,重新承受土地、房屋权属的,由省级人民政府确定是否减免。

⑤承受荒山、荒沟、荒丘、荒滩土地使用权,并用于农、林、牧、渔业生产的,免征契税。

⑥经外交部确认,依照我国有关法律规定以及我国缔结或参加的双边和多边条约或协定,对外国驻华使馆、领事馆、联合国驻华机构及其外交代表、领事官员和其他外交人员承受土地、房屋权属,应当予以免税。

(2)契税优惠的特殊规定

①企业公司制改造

非公司制企业,按照《中华人民共和国公司法》(以下简称《公司法》)的规定,整体改建为有限责任公司(含国有独资公司)或股份有限公司,或者有限责任公司整体改建为股份有限公司的,对改建后的公司承受原企业的土地、房屋权属,免征契税。

非公司制国有独资企业或国有独资有限责任公司,以其部分资产与他人组建新公司,且该国有独资企业(公司)在新设公司中所占股份超过50％的,对新设公司承受该国有独资企业(公司)的土地、房屋权属,免征契税。

②企业股权重组

在股权转让中,单位、个人承受企业股权,企业土地、房屋权属不发生转移,免征契税。

国有、集体企业实施企业股份合作制改造,由职工买断企业产权,或向其职工转让部分产权,或者通过其职工投资增资扩股,将原企业改造为股份合作制企业的,对改造后的股份合作制企业承受原企业的土地、房屋权属,免征契税。

为进一步支持国有企业改制重组,国有控股公司投资组建新公司有关契税政策规定如下:

A. 对国有控股公司以部分资产投资组建新公司,且该国有控股公司占新公司股份85%以上的,对新公司承受该国有控股公司的土地、房屋权属,免征契税。上述所称国有控股公司,是指国家出资额占有限责任公司资本总额50%以上,或国有股份占股份有限公司股本总额50%以上的国有控股公司。

B. 以出让方式承受原国有控股公司土地使用权的,不属于本规定的范围。

③企业合并

两个或两个以上的企业,依据法律规定、合同约定;合并改建为一个企业,对其合并后的企业承受原合并各方的土地、房屋权属,免征契税。

④企业分立

企业依照法律规定、合同约定,分设为两个或两个以上投资主体相同的企业,对派生方、新设方承受原企业的土地、房屋权属,免征契税。

⑤企业出售

国有、集体企业出售,被出售企业法人予以注销,并且买受人按照《中华人民共和国劳动法》等国家有关法律法规政策妥善安置原企业全部职工,其中与原企业30%以上职工签订服务年限不少于三年的劳动合同的,对其承受所购企业的土地、房地权属,减半征收契税;与原企业全部职工签订服务年限不少于三年的劳动用工合同的,免征契税。

⑥企业注销、破产

企业依照有关法律、法规的规定实施注销、破产后,债权人(包括注销、破产企业职工)承受注销、破产企业土地、房产权属以抵偿债务的,免征契税;对非债权人承受注销、破产企业土地、房屋权属,凡按照《劳动法》等国家有关法律法规政策妥善安置原来企业全部职工,其中与原来企业30%以上职工签订服务年限不少于三年的劳动合同的,对其承受所购企业的土地、房屋权属,减半征收契税;与原企业全部职工签订服务年限不少于三年的劳动合同的,免征契税。

⑦房屋的附属设施

对于承受与房屋相关的附属设施(包括停车位、汽车库、自行车库、顶层阁楼以及储藏室,下同)所有权或土地使用权的行为,按照契税法律、法规的规定征收契税;对于不涉及土地使用权和房屋所有权转移变动的,免征契税。

⑧继承土地、房屋权属

对于《中华人民共和国继承法》规定的法定继承人(包括配偶、子女、父母、兄弟姐妹、祖父母、外祖父母)继承土地、房屋权属,免征契税。

按照《中华人民共和国继承法》规定,非法定继承人根据遗嘱承受死者生前的土地、房屋权属,属于赠与行为,应征收契税。

⑨其他

A.经国务院批准实施债权转股权的企业,对债权转股权后新设立的公司承受原企业的土地、房屋权属,免征契税。

B.政府主管部门对国有资产进行行政性调整和划转过程中发生的土地、房屋权属转移,免征契税。

C.企业改制重组过程中,同一投资主体内部所属企业之间土地、房屋权属的无偿划转,包括母公司与其全资子公司之间,同一公司所属全资子公司之间,同一自然人与其设立的个人独资企业、一人有限公司之间土地、房屋权属的无偿划转,免征契税。

D.对拆迁居民因拆迁重新购置住房的,对购房成交价格中相当于拆迁补偿款的部分,免征契税,成交价格超过拆迁补偿款的,对超过部分征收契税。

E.公司制企业在重组过程中,以名下土地、房屋权属对其全资子公司进行增资,属同一投资主体内部资产划转,对全资子公司承受母公司土地、房屋权属的行为,免征契税。

2.利用契税税收优惠进行税收筹划

(1)签订等价交换合同,享受免征契税政策

【案例2-12】　A公司有一块土地价值3 000万元,拟出售给B公司,然后从B公司购买其另外一块价值3 000万元的土地。双方签订土地销售与购买合同后,A公司应缴纳契税:3 000×4%=120(万元),B公司应缴纳契税:3 000×4%=120(万元)。

税收筹划思路:根据《中华人民共和国契税暂行条例》及其实施细则规定:土地使用权、房屋交换,契税的计税依据为所交换的土地使用权、房屋的价格差额,由多交付货币、实物、无形资产或其他经济利益的一方缴纳税款,交换价格相等的,免征契税。

根据上述文件对于免征契税的规定,提出税收筹划方案如下:A公司与B公司改变合同订立方式,签订土地使用权交换合同,约定以3 000万元的价格等价交换双方土地。根据契税的规定,A公司和B公司各自免征契税120万元。

(2)改变抵债时间,享受免征契税政策

【案例2-13】　C公司因严重亏损准备关闭,尚欠主要债权人D公司5 000万元,准备以公司一块价值5 000万元的土地偿还所欠债务。D公司接受C公司以土地抵债,应缴纳契税金额=5 000×4%=200(万元)。

税收筹划思路:根据《财政部、国家税务总局关于改制重组若干契税政策的通知》财税〔2003〕184号文件的规定:企业按照有关法律、法规的规定实施关闭、破产后,债权人(包括关闭、破产企业职工)承受关闭、破产企业土地、房屋权属以抵偿债务的,免征契税。

根据上述文件对于免征契税的规定,提出税收筹划方案如下:D公司改变接受C公司以土地抵债的时间,先以主要债权人身份到法院申请C公司破产,待C公司破产清算后,再以主要债权人身份承受C公司以价值5 000万元的土地抵偿债务,可享受免征契税政策,节约契税支出200万元。

(3)改变抵债不动产的接收人,享受免征契税政策

【案例2-14】　丙公司欠丁公司货款2 000万元,准备以丙公司原价值2 000万元的商品房偿还所欠债务。丁公司接受丙公司以商品房抵债后又以2 000万元的价格转售给甲公司偿还所欠债务2 000万元,丁公司接受丙公司抵债商品房应缴纳契税:2 000×4%=

80(万元)。

税收筹划思路：由于丁公司最终需将抵债商品房销售给甲公司抵债，丙公司抵债商品房在丁公司账面只是过渡性质，却需多缴纳契税80万元。在三方欠款均相等的情况下，进行税收筹划后，这80万元多缴纳的中间环节契税可免征。可考虑税收筹划方案如下：丙公司与丁公司、甲公司签订债务偿还协议，由丙公司将抵债商品房直接销售给甲公司，甲公司将房款汇给丙公司，丙公司收甲公司房款后再汇给丁公司偿还债务，丁公司收丙公司欠款后再汇给甲公司偿还债务。经上述筹划后，三方欠款清欠完毕，且丁公司可享受免征契税政策，节约契税支出80万元。

（4）改变投资方式，享受免征契税政策

【案例2-15】 王明有一栋商品房价值500万元，李立有货币资金300万元，两人共同投资开办新华有限责任公司，新华公司注册资本为800万元。新华公司接受房产投资后应缴纳契税：$500 \times 4\% = 20$（万元）。

税收筹划思路：根据财税〔2003〕184号文件的规定：非公司制企业，按照《公司法》的规定，整体改建为有限责任公司（含国有独资公司）或股份有限公司的，或者有限责任公司整体改建为股份有限公司的，对改建后的公司承受原企业土地、房屋权属，免征契税。

根据上述文件对于免征契税的规定，提出税收筹划方案如下：

第一步，王明到工商局注册登记成立王明个人独资公司，将自有房产投入王明个人独资公司，由于房屋产权所有人和使用人未发生变化，故无需办理房产变更手续，不需缴纳契税。

第二步，王明对其个人独资公司进行公司制改造，改建为有限责任公司，吸收李立投资，改建为新华有限责任公司，改建后的新华有限责任公司承受王明个人独资公司的房产，免征契税，新华公司减少契税支出20万元。

2.3.2 利用税法制度设计筹划契税

1.签订分立合同，降低契税支出

【案例2-16】 A实业公司有一化肥生产车间拟出售给B化工公司，该化肥生产车间有一栋生产厂房及其他生产厂房附属物，附属物主要为围墙、烟囱、水塔、变电塔、油池油柜、若干油气罐、挡土墙、蓄水池等，化肥生产车间总占地面积3 000平方米，整体评估价为600万元（其中生产厂房评估价为160万元，3 000平方米土地评估价为240万元，其他生产厂房附属物评估价为200万元），B化工公司按整体评估价600万元购买，应缴纳契税：$600 \times 4\% = 24$（万元）。

《财政部、国家税务总局关于房屋附属设施有关契税政策的批复》（财税〔2004〕126号）规定：

①对于承受与房屋相关的附属设施（包括停车位、汽车库、自行车库、顶层阁楼以及储藏室，下同）所有权或土地使用权的行为，按照契税法律、法规的规定征收契税；对于不涉及土地使用权和房屋所有权转移变动的，免征契税。

②采取分期付款方式购买房屋附属设施土地使用权、房屋所有权的，应按合同规定的总价款计征契税。

③承受的房屋附属设施权属如为单独计价的，按照当地确定的适用税率征收契税；

如与房屋统一计价的,适用与房屋相同的契税税率。

根据上述文件对于免征契税的规定,在支付独立于房屋之外的建筑物、构筑物以及地面附着物价款时免征契税,由此提出税收筹划方案如下:A 实业公司与 B 化工公司签订两份销售合同:第一份合同为销售生产厂房及占地 3 000 平方米土地使用权的合同,销售合同价款为 400 万元;第二份合同为销售独立于房屋之外的建筑物、构筑物以及地面附着物(主要包括围墙、烟囱、水塔、变电塔、油池油柜、若干油气罐、挡土墙、蓄水池等),销售合同价款为 200 万元。经上述筹划,B 化工公司只就第一份销售合同缴纳契税,应缴纳契税:400×4％＝16(万元),节约契税支出 8 万元。

2. 利用合理确定计税依据进行税务筹划

契税计税依据为不动产的价格。纳税人可以按照不同情况下的计税依据进行税务筹划。

国有土地使用权出让、土地使用权出售、房屋买卖,计税依据为成交价格。

土地使用权赠与、房屋赠与的计税依据,由缴纳机关参照土地使用权出售、房屋买卖的市场价格核定。

土地使用权交换、房屋交换,计税依据为所交换的土地使用权、房屋价格的差额。

以划拨方式取得土地使用权,经批准转让房地产时,由房地产转让者缴纳契税。

计税依据为补缴的土地使用权出让费用或土地收益。成交价格明显低于市场价格并且无正当理由的,或者所交换土地使用权、房屋的价格的差额明显不合理并且无正当理由的,由缴纳机关参照市场价格核定。

2.4　城镇土地使用税筹划

所谓城镇土地使用税,就是对在城市、县城、建制镇和工矿区内使用土地的单位和个人,以其实际占用的土地面积为计税依据,按照规定的定额税率计算征收的一个税种。对于经营者来说,城镇土地使用税虽然不与经营收入的增减变化相挂钩,但作为一种费用必然是经营纯收益的一个减项,因此,对城镇土地使用税的税收筹划也很重要。

2.4.1　利用税收优惠政策筹划土地使用税

1. 城镇土地使用税税收优惠

城镇土地使用税的税收优惠,包括《中华人民共和国城镇土地使用税暂行条例》(以下简称《城镇土地使用税暂行条例》)及其他法规中规定的统一减免税项目,也包括由省、自治区、直辖市地方税务局确定的减免税项目。

(1)《城镇土地使用税暂行条例》及其他法规中规定的统一减免税项目包括:

①国家机关、人民团体、军队自用的土地,免征城镇土地使用税。

②由国家财政部门拨付事业经费的单位自用的土地,免征城镇土地使用税。

③宗教寺庙、公园、名胜古迹自用的土地,免征城镇土地使用税。

④市政街道、广场、绿化地带等公共用地,免征城镇土地使用税。

⑤直接用于农、林、牧、渔业的生产用地,免征城镇土地使用税。

⑥经批准开山填海整治的土地和改造的废弃土地,从使用的月份起免缴城镇土地使

用税五年至十年。

⑦对非营利性医疗机构、疾病控制机构和妇幼保健机构等卫生机构自用的土地,免征城镇土地使用税。

⑧企业办的学校、医院、托儿所、幼儿园,其用地能与企业其他用地明确区分的,免征城镇土地使用税。

⑨免税单位无偿使用纳税单位的土地(如公安、海关等单位使用铁路、民航等单位的土地),免征城镇土地使用税。纳税单位无偿使用免税单位的土地,纳税单位应照章缴纳城镇土地使用税。纳税单位与免税单位共同使用、共有使用权土地上的多层建筑,对纳税单位可按其占用的建筑面积占建筑总面积的比例计征城镇土地使用税。

⑩对行使国家行政管理职能的中国人民银行总行(含国家外汇管理局)所属分支机构自用的土地,免征城镇土地使用税。

为了体现国家的产业政策,支持重点产业的发展,对石油、电力、煤炭等能源用地,民用港口、铁路等交通用地和水利设施用地,三线调整企业、盐业、采石场、邮电等一些特殊用地,划分了征免税界限和给予政策性减免税照顾,包括:

①对企业的铁路专用线、公路等用地,在厂区以外,与社会公用地段未加隔离的,暂免征收城镇土地使用税。

②对企业厂区以外的公共绿化用地和向社会开放的公园用地,暂免征收城镇土地使用税。

③建材行业的石灰厂、水泥厂、大理石厂、砂石厂等企业的采石场、排土场、炸药库的安全区用地以及采取运岩公路用地,暂免征收城镇土地使用税。

④对林业系统所属林区的育林地、运材道、防火道、防火设施用地,免征城镇土地使用税。

(2)由省、自治区、直辖市地方税务局确定的减免税项目包括:

①个人所有的居住房屋及院落用地,免征城镇土地使用税。

②房产管理部门在房租调整改革前经租的居民住房用地,免征城镇土地使用税。

③免税单位职工家属的宿舍用地,免征城镇土地使用税。

④民政部门举办的安置残疾人占一定比例的福利工厂用地,免征城镇土地使用税。

⑤集体和个人办的各类学校、医院、托儿所、幼儿园用地,免征城镇土地使用税。

⑥对基建项目在建期间使用的土地,原则上应照章征收城镇土地使用税。

⑦城镇内的集贸市场(农贸市场)用地,按规定应征收城镇土地使用税。

⑧房地产开发公司建造商品房的用地,原则上应按规定计征城镇土地使用税。但在商品房出售之前纳税确有困难的,其用地是否给予缓征或减征、免征照顾,可由各省、自治区、直辖市地方税务局根据从严的原则结合具体情况确定。

⑨向居民供热并向居民收取采暖费的供热企业,暂免征收土地使用税。对既向居民供热,又向非居民供热的企业,可按向居民供热收取的收入占其总供热收入的比例划分征免税界限;对于兼营供热的企业,可按向居民供热收取的收入占其生产经营总收入的比例划分征免税界限。

2.利用税收优惠政策进行税收筹划

(1)从所拥有和占用的土地用途上考虑利用优惠政策

纳税人实际占有并使用的土地用途不同,可享受不同的土地使用税政策。主要包括:

①根据国家税务局关于印发《关于土地使用税若干具体问题的补充规定》的通知(国税地字〔1989〕140号)中"对厂区以外的公共绿化和向社会开放的公园用地,暂免征城镇土地使用税"之规定,企业可以把原绿化地只对内专用改成对外公用,即可享受免征城镇土地使用税的政策。

【案例2-17】 某企业厂区外有一块30 000平方米的空地没有利用,由于该地在厂区后面,远离街道、位置不好,目前的商业开发价值不大,所以一直闲置。现在主要是职工家属以及周边的居民将其作为休闲娱乐之用。该地区的年城镇土地使用税为5元/平方米。企业需为该地块每年缴纳城镇土地使用税为30 000×5=150 000(元)。

税收筹划方案:企业把空地改造成公共绿化用地,并对外开放,则可享受暂免征收城镇土地使用税的税收优惠。若改造土地成本不高,企业可权衡改造成本与开发前应纳城镇土地使用税之间孰高孰低之后进行选择。假如改造费用为80 000元,且三年内不会开发该地块,则企业在三年中共可节省城镇土地使用税:150 000×3−80 000=370 000(元)。

②根据《国家税务局关于水利设施用地征免土地使用税问题的规定》(国税地字〔1989〕14号)中"对水利设施及其管护以及对兼有发电的水利设施用地,可免征城镇土地使用税"的规定,企业可以考虑把该类土地的价值在账务核算上明确区分开来,以达到享受税收优惠的目的。

③根据对煤炭、矿山和建材行业的特殊用地可以享受减免城镇土地使用税的规定,企业既可以考虑按政策规定明确划分出采石(矿)厂、排土厂、炸药库等不同用途的用地,也可以把享受免征城镇土地使用税的特定用地在不同的土地等级上进行合理布局,使征税的土地税额最低。

(2)享受征用耕地税收优惠政策

对于新办企业或需要扩大规模的老企业,在征用土地时,可以在是否征用耕地与非耕地之间做筹划。因为有关政策规定,纳税人新征用耕地的,自批准征用之日起满一年时开始缴纳城镇土地使用税;而征用非耕地的,则需自批准征用的次月就缴纳城镇土地使用税。

(3)选择经过改造才可以使用的土地

有关政策规定,经批准开山填海整治的土地和改造的废弃土地,从使用月份起免征城镇土地使用税五年至十年。

2.4.2　利用税收制度设计筹划城镇土地使用税

1.从经营用地的所属区域上考虑节税

我国城镇土地使用税的征税实行幅度税额,只选择在企业分布相对比较集中的城镇地区课税,不包括农村。不同区域的城镇土地使用税税额差别很大。经营者占有并实际使用的土地,其所在区域直接关系到缴纳城镇土地使用税数额的大小。因此经营者可以结合投资项目的实际需要在下列几方面进行选择:

一是在征税区与非征税区之间选择。二是在经济发达省份与经济欠发达省份之间选择。三是在同一省份内的大中小城市、县城和工矿区之间选择。在同一省份内的大中小城市、县城和工矿区内的城镇土地使用税税额同样有差别。四是在同一城市、县城和工矿区之内的不同等级的土地之间选择。例如,广州市的市区土地就划分了十个级别,最高一级与最低一级相差 6.5 元/m²。

2. 从纳税人身份的界定上考虑节税

在经营范围或投资对象上考虑节税。根据《中华人民共和国城镇土地使用税暂行条例》的规定,下列经营用地可以享受减免税的规定:

①市政街道、广场、绿化地带等公共用地;

②直接用于农、林、牧、渔业的生产用地(不包括农副产品加工场地和生活、办公用地);

③能源、交通、水利设施用地和其他用地;

④民政部门举办的安置残疾人占一定比例的福利工厂用地;

⑤集体和个人办的各类学校、医院、托儿所、幼儿园用地;

⑥高校后勤实体。

当经营者租用厂房、公用土地或公用楼层时,在签订合同中要有所考虑。根据国税地字〔1988〕15 号中"土地使用权未确定或权属纠纷未解决的,由实际使用人纳税"以及"土地使用权共有的,由共有各方分别纳税"之规定,经营者在签订合同时,应该把是否成为土地的法定纳税人这一因素考虑进去。

3. 从纳税义务发生的时间上考虑节税

一是发生涉及购置房屋的业务时考虑节税。涉及房屋购置业务时,城镇土地使用税规定了如下纳税义务发生时间:

①纳税人购置新建商品房的,自房屋交付使用的次月起纳税;

②纳税人购置存量房,自办理房屋权属转移、变更登记手续,房地产权属登记机关签发房屋权属证书之次月起纳税。

因此,对于购置方来说,应尽量缩短取得房屋所有权与实际经营运行之间的时间差。

4. 从纳税地点上考虑节税

关于城镇土地使用税的纳税地点,政策规定"原则上在土地所在地缴纳"。但对于跨省份或虽在同一个省份、自治区、直辖市但跨地区的纳税人的纳税地点上,也是有文章可做的。这里的节税途径的实质就是尽可能选择税额标准最低的地方纳税。这对于目前不断扩大规模的集团性公司显得尤为必要。

2.5　车船使用税筹划

2.5.1　利用税收优惠政策筹划车船使用税

1. 车船使用税税收优惠政策

车船使用税是以车船为征税对象,向拥有车船的单位和个人征收的一种税。根据车船使用税相关法律,下列车船免征车船使用税:

(1)捕捞、养殖渔船,是指在渔业船舶管理部门登记为捕捞船或者养殖船的渔业船舶,不包括在渔业船舶管理部门登记为捕捞船或者养殖船以外类型的渔业船舶。

（2）军队、武装警察部队专用的车船。

（3）警用车船，是指按照规定在军队、武警车船管理部门登记，并领取军用牌照、武警牌照的车船。

（4）依照法律规定应当予以免税的外国驻华使领馆、国际组织驻华代表机构及其有关人员的车船。

（5）对节约能源、使用新能源的车船可以减征或者免征车船使用税；具体来说，对节约能源的车船，减半征收车船使用税；对使用新能源的车船免征车船使用税。对受严重自然灾害影响纳税困难以及有其他特殊原因确需减税、免税的，可以减征或者免征车船使用税。具体办法由国务院规定，并报全国人民代表大会常务委员会备案。

（6）省、自治区、直辖市人民政府根据当地实际情况，可以对公共交通车船，农村居民拥有并主要在农村地区使用的摩托车、三轮汽车和低速载货汽车定期减征或者免征车船使用税。

另外，纯电动乘用车、燃料电池乘用车不属于车船使用税的征税范围。

2. 利用税收优惠政策筹划车船使用税方法

（1）通过清楚划分享受税收优惠

我国车船使用税有关法规规定，企业办学校、医院、托儿所、幼儿园自用的车船，如果能够准确核算，明确划分清楚是完全自用的，可以享受免税待遇；划分不清的，应照章纳税。免税单位与纳税单位合并办公，所有车辆，能划分者分别征免车船使用税，不能划分者，应一律照章征收车船使用税。因此，对纳税人来说，最好的筹划方法就是将适用不同税目税率及免税项目的课税对象清楚地区分开，以便最大限度地节省税款。

【案例 2-18】 某企业自己创办一所学校，该企业共有 8 辆 3 吨的载货汽车，8 辆乘人汽车（每辆可载 25 人），其中有两辆载货汽车经常在学校里使用，3 辆载人汽车也基本用于学校师生组织各项活动。当地政府规定上述规格的载货汽车每净吨位 60 元，乘人汽车每辆 320 元。如果不能划分清楚，则该企业应纳车船使用税税额为

$8 \times 3 \times 60 + 8 \times 320 = 4\,000$（元）

如果能够准确划分，学校自用的汽车可免征车船使用税，则该企业每年应纳车船使用税税额为

应纳税额 $= 6 \times 3 \times 60 + 5 \times 320 = 2\,680$（元），可以节省税款 1 320 元。

（2）通过挂靠法享受税收优惠

车船使用税相关法律中规定了一些车船可以免征车船使用税，如果企业或个人的车船能够以这种免税车船的形式出现，无疑可以节省不少税款。当然，许多企业和个人使用车船并非从一开始便具备享受优惠政策的条件，这就需要企业和个人为自己创造条件，来达到利用优惠政策合理节税的目的，这种方式即为我们经常所说的挂靠。

2.5.2 利用税法制度设计筹划车船使用税

企业在购买车船时一般都会从价格、性能等方面进行考虑，而往往忽略了这些车船将来可能缴纳的税款，实际上，这些税款也应该在购买车船时予以充分考虑。我国对同一类船舶按吨位计税，使吨位多、收益高、负担能力强、享受航道等设施利益多的船舶，多负担一些税款；使吨位小、收益低、负担能力弱、受益于航道等设施少的船舶，少负担一些

税款。实际上对机动船和非机动船而言,均相当于全额累进税额,即应纳车船使用税的税额随着其"净吨位"或"载重吨位"的增加而增加,吨位数越大,适用税额也越大。正因为其适用单位税额的上述特点,产生了应纳车船使用税税额相对吨位数变化的临界点。在临界点以下和在临界点以上,吨位数虽然相差不大,但临界点两边的税额却有很大变化,这种现象的存在使纳税筹划成为必要。企业和个人在选择购买船只时,一定要考虑该种吨位的船只所能带来的收益和因吨位发生变化所引起的税负增加之间的关系,然后选择最佳吨位的船只。

2.6 车辆购置税筹划

2.6.1 利用税收优惠政策筹划车辆购置税

企业在购置车辆时,要注意对特定群体及单位缴纳车辆购置税可享受免税待遇。车辆购置税法规定的减税、免税主要有:

①外国驻华使馆、领事馆和国际组织驻华机构及其外交人员自用车辆免税;

②中国人民解放军和中国人民武装警察部队列入军队武器装备订货计划的车辆免税;

③设有固定装置的非运输车辆免税;

④有国务院规定予以免税或者减税的其他情形的,按照规定免税或减税。

根据现行政策规定,上述"其他情形"的车辆,目前主要有以下几种:

A.防汛部门和森林消防部门用于指挥、检查、调度、报汛(警)、联络的设有固定装置的指定型号的车辆。

B.回国服务的留学人员用现汇购买1辆自用国产小汽车。

C.长期来华定居专家进口1辆自用小汽车。

2.6.2 利用税收制度设计筹划车辆购置税

1.正确区分代收款项与价外费用

《车辆购置税征收管理办法》(国家税务总局令第15号)中明确:《中华人民共和国车辆购置税暂行条例》所说的价外费用是指销售方价外向购买方收取的基金、集资费、返还利润、补贴、违约金(延期付款利息)和手续费、包装费、储存费、优质费、运输装卸费、保管费、代收款项、代垫款项以及其他各种性质的价外收费,但购车一族应对现行税收政策理解透彻,按现行税收政策规定,对代收款项与价外费用应区别征税,凡使用代收单位的票据收取的款项,应视为代收单位的价外费用,并入计税价格计算征收车辆购置税;凡使用委托方的票据收取,受托方只履行代收义务或收取手续费的款项,代收款项不并入价外费用计征车辆购置税,另外,《财政部、国家税务总局关于增值税若干政策的通知》(财税〔2005〕165号)明确代办保险费、车辆购置税、牌照费征税问题:纳税人销售货物的同时代办保险而向购买方收取的保险费,以及从事汽车销售的纳税人向购买方收取的代购买方缴纳的车辆购置税、牌照费,不作为价外费用征收增值税,由于使用委托方票据,当然也就不征收车辆购置税了。

【案例2-19】 甲某于2011年4月23日从南昌市某汽车销售公司购买一辆轿车供自己使用,支付车款150 000元(不含税);另外支付的各项费用有:临时牌照费用200元,代收保险金350元,车辆购置税15 000元。上述费用合计165 550元,上述款项全部由汽车销售公司开具机动车销售发票,则

应纳车辆购置税税额＝165 550×10％＝16 555(元)

若汽车销售公司采取支付车款150 000元开具机动车销售发票,收取的代办临时牌照费、代收保险金、车辆购置税分别开具交通部门、保险机构及税务机关的税票给甲某,则甲某应纳车辆购置税税额＝150 000×10％＝15 000(元),两者相差1 555元。

2.选择计税依据低的经销商

由于目前汽车经销方式灵活多样,汽车经销商一般采用两种经销方式:一是经销商自己从厂家或上级经销商购进再卖给消费者,以自己名义开具机动车销售发票,并按规定纳税;二是以收取手续费形式代理卖车,即由上级经销商直接开具机动车销售发票给消费者,本级经销商以收取代理费形式从事中介服务。由于目前车辆购置税征收以机动车销售发票上注明金额为计税依据,因此,两种不同购进方式对消费者缴纳车辆购置税的影响较大,采用付手续费方式进行购车,将支付给本级经销商的报酬从车辆购置税计税价格中剥离,从而消费者可少缴车辆购置税,因此,购车一族应把握购进方式利润平衡点,多选择付手续费方式购车,同时从减少车辆流通环节入手进行购车,所以消费者要尽量向上级经销商或生产厂家购车,以获得价格优惠的同时少缴车辆购置税。

【案例2-20】 甲某从江西赣州市某汽车经销商购买一辆某品牌轿车,该级经销商开给甲某机动车销售发票,注明价格为180 341元(不含税),乙某也从同一经销商处购买同型号车,不过乙某以支付手续费10 000元由经销商到江西南昌经销商处购车,乙某另外支付购车款170 341元(不含税)给南昌经销商,由南昌经销商向乙某开具机动车销售发票,则

甲某应缴车辆购置税税额＝180 341×10％＝18 034.1(元)

乙某应缴车辆购置税税额＝170 341×10％＝17 034.1(元)

两者相差1 000元。

3.延后与车辆相关部分商品购进时间或选择别家购进

对购买者随车购买的工具件或零件款、支付的车辆美容费用等应于缴纳车辆购置税后再购进,或选择别家经销商处进行购买,因按现行税法规定,对消费者随车购买的工具件、零件、车辆装饰费等,若付车款时同时付款且开具在机动车销售发票中,应作为购车款的一部分作为价外费用并入计税价格,征收车辆购置税,但若不同时间或销售方不同,则不并入计征车辆购置税,因此建议购买者对车辆维修工具及汽车美容等可采取日后再配或到另外经销商处购买,以少缴车辆购置税。

【案例2-20】 甲某在一家汽车经销商(增值税一般纳税人)购买了一辆本田轿车,车辆价格为234 000元,他还购买了工具用具6 000元,汽车美容费用25 000元,三项价款由汽车经销商开具了机动车销售统一发票,发票合计金额265 000元,则

其应缴车辆购置税税额＝(234 000＋6 000＋25 000)÷(1＋17％)×10％＝22 649.57(元)

若甲某在购车过程中,除了购车款,没有支付其他任何费用,而是在缴纳车辆购置税

后再购买工具用具、对车辆进行美容。则

其应缴车辆购置税税额＝234 000÷(1＋17％)×10％＝20 000(元)

两者相差 2 649.57 元。

练习题

一、单项选择题

1. 下列各项中,不属于印花税应税凭证的是(　　)。

　A. 无息、贴息贷款合同

　B. 发电厂与电网之间签订的电力购销合同

　C. 产权所有人将财产赠与社会福利单位的书据

　D. 银行内部因管理需要设置的现金收付登记簿

2. 某国有粮食收购站与农民签订的农副产品收购合同(　　)。

　A. 免纳印花税

　B. 按购销合同由收购站贴花,农民免于贴花

　C. 按购销合同双方各自贴花

　D. 按购销合同农民贴花,收购站免于贴花

3. 下列应缴纳城镇土地使用税的是(　　)。

　A. 某县城军事仓库用地　　　　　　B. 某工矿基地矿山仓库用地

　C. 某村农产品收购站用地　　　　　D. 某镇标志性广场用地

4. 下列情况免征房产税的有(　　)。

　A. 外贸出口企业仓库用房　　　　　B. 个人无租使用免税单位房屋用于经营

　C. 个人出租自有住房　　　　　　　D. 学校的办公用房

5. 在印花税税收筹划中,"缓定交易金额"的税收筹划方法(　　)。

　A. 属于绝对筹划原理　　　　　　　B. 属于相对筹划原理

　C. 未体现税收筹划原理　　　　　　D. 不是税收筹划

6. 下列各项中,应征收契税的是(　　)。

　A. 法定继承人承受房屋权属　　　　B. 企业以行政划拨方式取得土地使用权

　C. 承包者获得农村集体土地承包经营权　D. 运动员因成绩突出获得国家奖励住房

二、多项选择题

1. 下列各项中,暂免或不征收房产税的是(　　)。

　A. 房管部门向居民出租的公有住房　B. 企业向职工出租的单位自有住房

　C. 用地下人防设施开办的商店　　　D. 个人对外出租的自有住房

2. 下列各项中,应当征收城镇土地使用税的是(　　)。

　A. 学校教师食堂用地　　　　　　　B. 工厂实验室用地

　C. 公园中管理部门办公用地　　　　D. 百货大楼仓库用地

3. 下列各项中,应纳印花税的是(　　)。

　A. 分包或转包合同　　　　　　　　B. 会计咨询合同

　C. 财政贴息贷款合同　　　　　　　D. 未列明金额的购销合同

4. 下列各项中,应当征收契税的是(　　)。

A. 以房抵债 　　　　　　　　　　B. 将房产赠与他人

C. 以房产作投资 　　　　　　　　D. 子女继承父母房产

5. 根据《车辆购置税暂行条例》的规定,下列车辆中可以减免车辆购置税的有(　　)。

A. 武警部队购买的列入武器装备订货计划的车辆

B. 长期来华定居专家进口 1 辆自用小汽车

C. 在外留学人员购买 1 辆自用进口小汽车

D. 森林消防部门用于指挥、检查、调度、联络的设有固定装置的指定型号的车辆

6. 下列属于车船使用税免税项目的有(　　)。

A. 在农业(农业机械)部门登记为拖拉机的车辆

B. 非机动车船(不包括非机动驳船)

C. 设有固定装置的非运输车辆

D. 军队、武警专用的车船

三、判断题

1. 纳税单位无租使用免税单位的房产不缴纳房产税。　　　　　　　　　　　(　　)

2. 出租附带附属设施的房产,如果分别就房产和设施签订租赁合同,可以达到税收筹划的目的,降低税负。　　　　　　　　　　　　　　　　　　　　　　　(　　)

3. 企业办学校免征城镇土地使用税,不免征房产税。　　　　　　　　　　　(　　)

4. 甲、乙公司的某种汽车标价都为 10 万元,某汽车装饰品标价都为 3 000 元。选择分别在甲、乙公司购买汽车和装饰品比在同一家购买可能会少缴税。　　　　　(　　)

四、案例分析

1. 母公司有一家全资子公司,均为内资企业,母公司有一栋办公楼,市场价 100 万元,现母公司欲将该栋办公楼的所有权转移给子公司。有下列两套方案:

方案一:母公司将该栋办公楼赠送给子公司。

方案二:母公司将该栋办公楼投资给子公司。

计算比较这两套纳税方案,并选择最优纳税方案。

2. 某建筑公司中标承揽了一所学校的办公楼工程,欲同该单位签订建筑施工合同。工程总造价 6 000 万元,其中包括电梯价款 300 万元,供暖设施和中央空调价款 700 万元,土建及内外装修价款 5 000 万元。建筑公司拟同该学校签订含电梯、供暖设施和中央空调在内的 6 000 万元建筑工程合同,并与设施生产厂家签订共 1 000 万元的设施购销合同。请问如何筹划才能节税?

第3章 土地增值税筹划

课程内容

利用税收优惠政策筹划土地增值税、利用税收制度设计筹划土地增值税、避免不利的土地增值税税收负担、利用税法"漏洞"规避土地增值税。

基本要求

一、熟悉土地增值税税收优惠政策，理解土地增值税税收制度设计的差异及提供的筹划空间；

二、掌握利用税收优惠政策筹划土地增值税路径、利用税收制度设计筹划土地增值税的几种方法以及如何避免不利的土地增值税、如何规避土地增值税。

土地增值税是对房地产企业受益影响较大的税种之一。根据《中华人民共和国土地增值税暂行条例》(以下简称《土地增值税暂行条例》)及其实施细则的规定，土地增值税的征税范围包括：①转让国有土地使用权。②地上的建筑物及其附着物连同国有土地使用权一并转让。这里所说的"地上的建筑物"是指建于土地上的一切建筑物，包括地上地下的各种附属设施。所谓"附着物"是指附着于土地上的不能移动或一经移动即遭损坏的物品。

3.1 利用税收优惠政策筹划土地增值税

3.1.1 土地增值税税收优惠

土地增值税税收优惠包括：

1. 建造普通标准住宅的税收优惠

纳税人建造普通标准住宅出售，增值额未超过扣除项目金额 20% 的，免征土地增值税 这里所说的"普通标准住宅"，是指按所在地一般民用住宅标准建造的居住用住宅。高级公寓、别墅、度假村等不属于普通标准住宅。普通标准住宅与其他住宅的具体划分界限，2005 年 5 月 31 日以前由各省、自治区、直辖市人民政府规定。2005 年 6 月 1 日起，普通标准住宅应同时满足：住宅小区建筑容积率在 1.0 以上；单套建筑面积在 120 平方米以下；实际成交价格低于同级别土地上住房平均交易价格 1.2 倍以下。各省、自治区、直辖市要根据实际情况,制定本地区享受优惠政策普通住宅的具体标准。允许单套建筑面积和价格标准适当浮动,但向上浮动的比例不得超过上述标准的20%。纳税人建造普通标准住宅出售,增值额未超过扣除项目金额20%的,免征土地增值税;增值额超过扣除项目金额20%的,应就其全部增值额按规定计税。

对于纳税人既建普通标准住宅又搞其他房地产开发的,应分别核算增值额。不分别核算增值额或不能准确核算增值额的,其建造的普通标准住宅不能适用这一免税规定。

2.国家征用收回的房地产的税收优惠

因国家建设需要依法征用、收回的房地产,免征土地增值税。这里所说的"因国家建设需要依法征用、收回的房地产",是指因城市实施规划、国家建设的需要而被政府批准征用的房产或收回的土地使用权。因城市实施规划、国家建设的需要而搬迁,由纳税人自行转让原房地产的,比照有关规定免征土地增值税。

3.个人转让房地产的税收优惠

个人因工作调动或改善居住条件而转让原自用住房,经向税务机关申报核准,凡居住满五年或五年以上的,免予征收土地增值税;居住满三年未满五年的,减半征收土地增值税。居住未满三年的,按规定计征土地增值税。

3.1.2 土地增值税筹划中税收优惠的利用

土地增值税的税收优惠政策中,房地产开发企业进行税收筹划的路径是通过第一项优惠政策,利用该项政策,企业在定价时对增值率予以考虑,采用适当增值税筹划法,能够达到降低税负、收益最高的筹划目的。

根据土地增值税法规定:纳税人建造普通住宅出售,增值额没有超过扣除项目金额20%时,免征土地增值税;增值额超过扣除项目金额20%时,应就其全部增值额按规定征税。纳税人建造房屋出售时,应考虑增值额增加带来的效益与放弃起征点的优惠而增加的税收负担的关系。

【案例3-1】 位于市区的某房地产开发企业建成一批商品房待售,除销售税金及其附加外的全部允许扣除项目金额为100,当其销售这批商品房的价格为 x 时,相应的销售税金及其附加为:$5\% \times (1+7\%+3\%)x = 5.5\%x$,这时其全部允许扣除项目金额为:$100+5.5\%x$。

① 纳税人享受起征点的照顾

该企业享受起征点最高售价为

$$x = 1.2(100+5.5\%x)$$

解以上方程可知,此时的最高售价为128.48。

② 纳税人不享受起征点的照顾

假设此时的售价为(128.48 + y),由于售价提高,相应的销售税金及其附加和允许扣除项目金额都应提高 $5.5\%y$,这时

允许扣除项目金额 = $107.07 + 5.5\%y$

增值额 = $128.48 + y - (107.07 + 5.5\%y)$

化简后,增值额的计算公式为:$94.5\%y + 21.41$

所以,应纳土地增值税为

$$30\% \times (94.5\%y + 21.41)$$

若企业要使提价带来的效益超过起征点增加的税收,就必须使

$$y > 30\% \times (94.5\%y + 21.4)$$

即

$$y > 8.96$$

这就是说,如果想通过提高售价获得更大的收益,就必须使价格高于137.44。

通过以上两方面的分析可知,转让房地产的企业,当除去销售税金及其附加后的全部允许扣除项目金额为100时,销售定价为128.48是该纳税人可以享受起征点的最高价位。

【案例3-2】 某房地产开发企业建造一批普通标准住宅,取得销售收入2 500万元,根据税法规定允许扣除项目金额为2 070万元。

该项目的增值额:2 500−2 070＝430(万元)。

该项目增值额占扣除项目的比例:430÷2 070＝20.77%。

根据税法规定,应当按照30%的税率缴纳土地增值税:430×30%＝129(万元)。请提出税收筹划方案。

如果该企业能够将销售收入降低到2 480万元,则该项目的增值额为:2 480−2 070＝410(万元);该项目增值额占扣除项目的比例为:410÷2 070＝19.81%。增值率没有超过20%,可以免征土地增值税。该企业降低销售收入20万元,少缴土地增值税129万元,增加税前利润109万元。

3.2 利用税收制度设计筹划土地增值税

1.分开核算普通住宅与非普通住宅

依据《中华人民共和国土地增值税暂行条例实施细则》(以下简称《土地增值税暂行条例实施细则》)第八条:"土地增值税以纳税人房地产成本核算的最基本的核算项目或核算对象为单位计算。"根据不同情况对多项开发项目选择分开或合并成本项目进行核算,可降低土地增值税。

【案例3-3】 大华房地产开发公司2009年商品房销售收入为15 000万元,其中普通住宅的销售额为10 000万元,豪华住宅的销售额为5 000万元。税法规定的可扣除项目金额为11 000万元,其中普通住宅的可扣除项目金额为8 000万元,豪华住宅的可扣除项目金额为3 000万元。

方案一:不分开核算时,增值率为(15 000−11 000)÷11 000＝36%,适用30%的税率。应纳土地增值税税额:(15 000−11 000)×30%＝1 200(万元)。

方案二:分开核算时,普通住宅增值率为(10 000−8 000)÷8 000＝25%,则适用30%的税率,应纳土地增值税税额:(10 000−8 000)×30%＝600(万元);豪华住宅增值率为(5 000−3 000)÷3 000＝67%,则适用40%的税率,应纳土地增值税税额:(5 000−3 000)×40%−3 000×5%＝650(万元)。普通住宅和豪华住宅纳税合计为1 250万元,分开核算比不分开核算多支出税款50万元,所以,应选择合并项目核算。

3.3 避免不利的土地增值税税收负担

3.3.1 通过分散收入避免不利税收负担

在确定土地增值税时,很重要的一点是确定售出房地产的增值额。增值额必须从收入和成本两方面确定,如果房地产企业能够在成本不变的条件下减少收入,则能够减轻税负。对于土地增值税来说,这一点显得尤为重要,因为土地增值税是超率累进制,收入的增长,意味着相同条件下增值额的增长,从而产生税率爬升效应,使得税负增长很快。因此,收入分散筹划法有很强的现实意义。

收入分散筹划的一般方法是将可以分开单独处理的部分从整个房地产中分离,比如房屋里面的设施,具体筹划见案例3-4。

【案例3-4】 甲企业准备出售其拥有的一栋房屋以及土地使用权,因为房屋已经使用一段时间,里面的设施已安装齐全,估计市场价格为1 000万元,里面的设备价格为100万元。

如果该企业和购买者签订合同时,不注意区分,而是将全部金额以房地产转让价格的形式在合同上体现,则增值额无疑会增加100万元。如果该企业和购买者签订房地产转让合同时,采取以下变通方法,将收入分散,便可以节省不少税款。具体做法是在合同上仅注明800万元的房地产转让价格,同时签订一份附属办公设备购销合同,则可以很好地解决问题。而且这种方式也可以节省印花税,因为购销合同的印花税税率为0.3‰,比产权转移书据适用税率0.5‰要低。

对于房地产开发企业,同样可以适用这种办法。如果房地产开发企业进行房屋建造出售时,将合同分两次签订,同样可以节省不少土地增值税税款。具体做法是,当住房初步完工但没有安装设备以及装潢、装饰时,便和购买者签订房地产转让合同,接着和购买者签订设备安装即装潢、安装合同,则纳税人只需就第一份合同上注明金额缴纳土地增值税。

3.3.2 通过成本费用核算避免不利税收负担

房地产开发企业的成本费用开支有多项内容,不仅包括土地的征用及拆迁补偿费、前期工程费、建筑安装工程费、基础设施费、公共配套设施费、开发间接费等,而且还包括与房地产开发项目有关的销售费用、管理费用和财务费用。前者是房地产开发成本,后者是房地产开发费用。房地产开发成本作为销售收入的扣除项目,必定影响房地产企业增值额的大小,即房地产开发成本越高,应纳税额越小,房地产开发成本越低,则增值额越大。

根据2006年12月28日国家税务总局发布的国税发〔2006〕187号《国家税务总局关于房地产开发企业土地增值税清算管理有关问题的通知》第四点土地增值税的扣除项目(四)"房地产开发企业销售已装修的房屋,其装修费用可以计入房地产开发成本"的规定,可以将原来毛坯房装修后销售,这样可以扣除的成本费用将增加,增值额减少,从而进行税收筹划。

成本费用的筹划法主要是针对房地产开发企业，因为这类企业同时进行几处房地产开发业务，不同地方开发成本比例因为物价或其他的原因可能不同，这就会导致有的房地产增值额较高，有的房地产增值额较低。这时，企业可以利用自己的优势，合理分配各个企业之间的开发成本，从总体上达到减少税负的目的。

3.3.3　利息支出筹划法

《土地增值税暂行条例实施细则》第七条规定，财务费用中的利息支出，允许据实扣除，但最高不能超过按商业银行同类同期贷款利率计算的金额。其他房地产开发费用，按本条第一和第二项规定的金额之和的 5%以内计算扣除，用公式表示为

房地产开发费用＝利息＋(取得土地使用权所支付的金额＋房地产开发成本)×5%

如果纳税人不能够按照转让房地产项目计算分摊利息支出，或不能够提供金融机构贷款证明的，房地产开发费用按地价和房地产开发成本金额的 10%以内扣除，用公式表示为

房地产开发费用＝(取得土地使用权所支付的金额＋房地产开发成本)×10%

究竟采取哪种方式扣除利息费用，企业其实是可以选择的。如果建房过程中企业借用了大量资金，利息费用很多，则应该采取据实扣除的方式，此时企业应尽量提供金融机构贷款的证明。如果企业建房过程中借款很少，利息费用很低，则可故意不计算应分摊的利息支出，或提供金融机构的贷款证明，这样可以多扣除费用，减低税负。

【案例 3-5】　乙房地产企业开发一处房地产，为取得土地使用权支付 1 000 万元，为开发土地和新建房及配套设施花费 1 200 万元，财务费用中可以按转让房地产项目计算分摊利息的利息支出为 200 万元，不超过商业银行同类同期贷款利率。请确定该企业是否提供金融机构的贷款证明？

如果不提供金融机构的贷款证明，则该企业所能扣除费用的最高额为

(1 000＋1 200)×10%＝220(万元)

如果提供金融机构的贷款证明，该企业所能扣除费用的最高额为

200＋(1 000＋1 200)×5%＝310(万元)

可见，在这种情况下，提供金融机构的贷款证明是有利的选择。

【案例 3-6】　丙房地产企业开发一处房地产，为取得土地使用权支付 1 000 万元，为开发土地和新建房及配套设施花费 1 200 万元，财务费用中可以按转让房地产项目计算分摊利息的利息支出为 80 万元，不超过商业银行同类同期贷款利率。现在需要企业决定是否提供金融机构的贷款证明。

如果不提供金融机构的贷款证明，则该企业所能扣除费用的最高额为

(1 000＋1 200)×10%＝220(万元)

如果提供金融机构的贷款证明，该企业所能扣除费用的最高额为

80＋(1 000＋1 200)×5%＝190(万元)

可见，在这种情况下，不提供金融机构的贷款证明是有利的选择。

3.4　利用税法"漏洞"规避土地增值税

3.4.1　规避清算

从 2007 年 2 月 1 日起,税务机关开展了土地增值税清算工作。根据《国家税务总局关于房地产开发企业土地增值税清算管理有关问题的通知》(国税发〔2006〕187 号)的规定,土地增值税以国家有关部门审批的房地产开发项目为单位进行清算,对于分期开发的项目,以分期项目为单位清算。开发项目中同时包含普通住宅和非普通住宅的,应分别计算增值额。

符合下列情形之一的,纳税人应进行土地增值税的清算:

(1)房地产开发项目全部竣工、完成销售的。

(2)整体转让未竣工决算房地产开发项目的。

(3)直接转让土地使用权的。

符合下列情形之一的,主管税务机关可要求纳税人进行土地增值税清算:

(1)已竣工验收的房地产开发项目,已转让的房地产建筑面积占整个项目可售建筑面积的比例在 85% 以上,或该比例虽未超过 85%,但剩余的可售建筑面积已经出租或自用的。

(2)取得销售(预售)许可证满三年仍未销售完毕的。

(3)纳税人申请注销税务登记但未办理土地增值税清算手续的。

(4)省税务机关规定的其他情况。

根据上述政策,房地产开发企业可以有意将转让比例控制在 85% 以下,即可规避清算。另外,上述规定中的"剩余的可售建筑面积已经出租或自用"是指全部出租还是部分出租并未明确,根据法律解释的一般原则,应当解释为"全部出租",房地产开发企业很容易通过预留一部分房屋的方式来规避上述规定。

【案例 3-7】 某房地产开发企业 2008 年 1 月取得房产销售许可证,开始销售房产。2009 年年底已经销售了 86% 的房产,经过企业内部初步核算,该企业需要缴纳土地增值税 8 000 万元。目前该企业已经预缴土地增值税 2 000 万元。该企业应当如何进行税收筹划?

根据《国家税务总局关于房地产开发企业土地增值税清算管理有关问题的通知》(国税发〔2006〕187 号)的规定,已竣工验收的房地产开发项目,已转让的房地产建筑面积占整个项目可售建筑面积的比例在 85% 以上的,主管税务机关可要求纳税人进行土地增值税清算。如果该企业进行土地增值税清算,则需要在 2010 年年初补缴 6 000 万元的税款。如果该企业有意控制房产销售的速度和规模,将销售比例控制在 84%,剩余的房产可以留待以后销售或者用于出租,这样,该企业就可以避免在 2010 年年初进行土地增值税的清算,可以将清算时间推迟到 2011 年年初,这样就相当于该企业获得了 6 000 万元资金的一年期无息贷款。如果银行同期贷款年利率为 7%,则该税收筹划为企业节约利息:6 000×7%＝420(万元)。

3.4.2 规避土地增值税的筹划方法

(1)以继承、赠与方式转让房地产的,属于无偿转让房地产的行为,所以不能将其纳入土地增值税的征税范围(这里的赠与仅指赠与直系亲属或承担直接赡养义务人以及赠与社会福利、公益事业)。

(2)房地产的出租,出租人虽取得了收入,但没有发生房产产权、土地使用权的转让。因此,不属于土地增值税的征税范围。

对房地产的抵押,在抵押期间不征收土地增值税。待抵押期满后,视该房地产是否转移占有而确定是否征收土地增值税。对于以房地产抵债而发生房地产权属转让的,应列入土地增值税的征税范围。

(3)互换房地产属于土地增值税的征税范围。但对个人之间互换自有居住用房地产的,经当地税务机关核实,可以免征土地增值税。

(4)对于以房地产进行投资、联营的,投资、联营的一方以土地(房地产)作价入股进行投资或作为联营条件,将房地产转让到所投资、联营的企业中时,暂免征收土地增值税;对投资、联营企业将上述房地产再转让的,应征收土地增值税(房地产企业以其建造的商品房进行投资和联营的,属于征收土地增值税的范围)。

(5)对于一方出地,一方出资金,双方合作建房,建成后按比例分房自用的,暂免征收土地增值税;建成后转让的,应征收土地增值税。

(6)在企业兼并中,对被兼并企业将房地产转让到兼并企业中的,暂免征收土地增值税。

(7)房地产的代建房行为,其收入属于劳务收入性质,故不属于土地增值税的征税范围。

(8)房地产的重新评估,不属于土地增值税的征税范围。

(9)房地产开发企业将开发产品用于职工福利、奖励、对外投资、分配给股东或投资人、抵偿债务、换取其他单位和个人的非货币性资产等,发生所有权转移时应视同销售房地产。

【案例3-8】 丁房地产开发公司与某酒店投资公司签订协议,建造一处五星级酒店。工程由该房地产开发公司按照该酒店投资公司的要求进行施工、建造。工程决算后,该酒店投资公司以140 000万元的价格购买该酒店。该房地产开发公司需要支付土地出让金20 000万元,房地产开发成本70 000万元,房地产开发费用4 500万元,利息支出5 000万元,城市维护建设税税率为7%,教育费附加税率为3%。当地政府允许扣除的房地产开发费用,按照取得土地使用权和开发成本金额之和的5%以内计算扣除。请计算该房地产开发公司应当缴纳的营业税及其附加、土地增值税、企业所得税的税款,并提出税收筹划方案。

该房地产开发公司房地产转让收入为140 000万元。应当缴纳营业税:140 000×5%=7 000(万元)。应当缴纳城市维护建设税和教育费附加:7 000×(7%+3%)=700(万元)。

该房地产开发公司取得土地使用权支付成本20 000万元、房地产开发成本70 000万元。房地产开发费用合计为:(20 000+70 000)×5%+5 000=9 500(万元),房地产加计扣除费用为:(20 000+70 000)×20%=18 000(万元),允许扣除项目合计为:20 000+

70 000＋9 500＋18 000＋7 000＋700＝125 200（万元），增值额为：140 000－125 200＝14 800（万元），增值率为：14 800÷125 200×100％＝11.82％，应当缴纳土地增值税：14 800×30％＝4 440（万元）。

该房地产开发公司实际利润为

140 000－(20 000＋70 000)－9 500－(7 000＋700＋4 440)＝28 360（万元）

应当缴纳企业所得税：28 360×25％＝7 090（万元）

该房地产开发公司的税后利润为

28 360－7 090＝21 270（万元）

该房地产开发公司可以出资10亿元投资组建全资子公司——甲公司，由甲公司购置土地并自行建造该酒店，需要支付土地价款2亿元、房地产开发成本7亿元、房地产开发费用9 500万元。建成之后，该房地产开发公司再将甲公司以14亿元的价格转让给该酒店投资企业。

该房地产公司需要缴纳印花税：

140 000×0.05 ％＝70（万元）

该房地产公司的税后利润为

(140 000－100 000－70)×(1－25％)＝29 947.5（万元）

增加利润：29 947.5－21 270＝8 677.5（万元）

【案例3-9】 戊商贸公司需要购置一栋房屋，该房屋由庚房地产公司购置土地并承建。庚房地产公司预计建成该房屋的售价为1 000万元，按照税法规定可扣除费用为600万元。

土地增值率为

400÷600＝66.7％

庚房地产公司需要缴纳土地增值税：

400×40％－600×5％＝130（万元）

庚房地产公司需要缴纳营业税：

1 000×5％＝50（万元）

庚房地产公司需要缴纳城市维护建设税和教育费附加：

50×10％＝5（万元）

不考虑企业所得税，该房地产公司利润为

1 000－600－130－50－5＝215（万元）

如果进行税收筹划，可以令戊商贸公司与庚房地产公司合作建房，房地产公司出地，商贸公司出资900万元，建成以后商贸公司分得95％的房屋，房地产公司分得5％的房屋作为办公之用（以后可以出租给商贸公司）。庚房地产公司的开发成本为600万元。不需要缴纳任何税收，不考虑企业所得税，庚房地产公司的利润为

900－600＝300（万元）

戊商贸公司出资900万元，获得95％的房屋，可以花费50万元承租房地产公司分得的5％的房产50年。戊商贸公司需要缴纳房产税：

1×12％×50＝6（万元）

戊商贸公司需要缴纳营业税及其附加：

1×5.5％×50＝2.75（万元）

经过税收筹划,戊商贸公司降低50万元费用,庚房地产公司减轻税收负担:

$300-215-6-2.75=76.25$(万元)

练习题

一、单项选择题

1. 下列各项中,应征收土地增值税的是( )。

  A. 通过中国境内非营利的社会团体赠与社会公益事业的房地产

  B. 个人之间互换自有居住用房地产

  C. 抵押期满权属转让给债权人的房地产

  D. 兼并企业从被兼并企业得到的房地产

2. 通过规避清算的方式筹划土地增值税属于( )筹划路径。

  A. 利用税收优惠政策   B. 利用税法制度设计

  C. 避免不利税收负担   D. 利用税法"漏洞"

二、多项选择题

1. 以下免征土地增值税的是( )。

  A. 以继承、赠与方式转让房地产的   B. 出租房地产

  C. 个人之见互换自有居住用房地产   D. 合作建房建成后转让

2. 应进行土地增值税清算的情形包括( )。

  A. 房地产开发项目全部竣工、完成销售的

  B. 整体转让未竣工决算房地产开发项目的

  C. 直接转让土地使用权的

  D. 取得销售(预售)许可证满三年仍未销售完毕的

三、判断题

1. 纳税人建造普通标准住宅出售,增值额未超过扣除项目金额20%的,免征土地增值税。   ( )

2. 纳税人建造非普通住宅销售,也有可能享受免征土地增值税的税收优惠。 ( )

四、案例分析

2010年7月,某房地产开发公司在中等城市按当地一般民用住宅标准建造了一栋住宅楼,目前工程已完工,准备以600万元的市场价格销售。该住宅楼共发生如下支出:

取得土地使用权支付240万元,房地产开发成本120万元,其他扣除额为97万元。公司财务人员对主要税收情况进行了测算:

应缴营业税税额$=600×5\%=30$(万元)

应缴城市维护建设税及教育费附加税额$=30×(7\%+3\%)=3$(万元)

应缴土地增值税的计算如下:

允许扣除金额$=240+120+97+33=490$(万元)

增值额$=600-490=110$(万元)

增值率$=110÷490=22.45\%$

应缴土地增值税税额$=110×30\%=33$(万元)

试分析该房地产公司是否存在税收筹划空间,并提出税收筹划方案。

第4章 资源税筹划

📝 **课程内容**

利用税收优惠政策筹划资源税,利用税法制度设计筹划资源税。

📝 **基本要求**

一、熟悉资源税税收优惠政策,理解资源税税收制度设计的差异及其提供的税收筹划空间,把握资源税税收筹划的基本思路。

二、掌握利用税收优惠政策筹划资源税、利用税法制度设计筹划资源税的具体路径。

资源税是以自然资源为课税对象征收的一种税。目前我国开征的资源税,是对在我国境内开采应税矿产品及生产盐的单位和个人,就其应税资源销售数量或自用数量为课税对象而征收的。资源税实行级差调节、从量征收。

资源税的税收筹划主要是围绕税收优惠政策和应纳税额计算的特殊规定进行。

4.1 利用税收优惠政策筹划资源税

4.1.1 资源税的税收优惠政策

1. 减税、免税项目

资源税贯彻"普遍征收、级差调节"的原则,因此规定的减免税项目比较少。

①开采原油过程中用于加热、修井的原油,免税。

②纳税人开采或者生产应税产品过程中,因意外事故或者自然灾害等原因遭受重大损失的,由省、自治区、直辖市人民政府酌情决定减税或者免税。

自2007年2月1日起,北方海盐资源税暂减按每吨15元征收,南方海盐、湖盐、井矿盐资源税暂减按每吨10元征收,液体盐资源税暂减按每吨2元征收。

③国务院规定的其他减税、免税项目。

纳税人的减税、免税项目,应当单独核算课税数量;未单独核算或者不能准确提供课税数量的,不予减税或者免税。

④从2007年1月1日起,对地面抽采煤层气暂不征收资源税。煤层气是指赋存于煤层及其围岩中与煤炭资源伴生的非常规天然气,也称煤矿瓦斯。

2. 出口应税产品不退（免）资源税的规定

资源税规定仅对在中国境内开采或生产应税产品的单位和个人征收，进口的矿产品和盐不征收资源税。由于对进口应税产品不征收资源税，相应的，对出口应税产品也不免征或退还已纳资源税。

4.1.2　利用税收优惠政策筹划资源税

资源税纳税人利用税收优惠政策进行税收筹划，首先要熟悉有哪些税收优惠政策可以利用，按照要求进行申报，关键是一定要分开核算减税、免税项目与应税项目。这是由于，根据《中华人民共和国资源税暂行条例》的规定，纳税人的减税、免税项目，应当单独核算课税数量；未单独核算或者不能准确提供减、免税产品课税数量的，不予减税或者免税。纳税人开采或者生产不同税目应税产品的，应当分别核算不同税目应税产品的课税数量。未分别核算或者不能准确提供不同税目应税产品的课税数量的，从高适用税额计税。

根据上述规定，纳税人不仅要准确核算征免项目，而且对不同税目的产品要准确区分，以避免遭受不必要的税收负担，真正做到"该上的税一点不少，不该缴的税一分不交"。如果能做到这一点，税收的筹划目的便达到了。

纳税人可以通过准确核算各税目的课税数量，清楚地区分开哪些应该纳税，哪些不应该纳税，应该纳税的适用何种税额，以便充分地享受到税收优惠政策，达到节省资源税税款的目的。

例如，某煤矿 2012 年 6 月份生产销售煤炭 1 000 吨，生产天然气 20 万 m³。已知该煤矿适用税额为 1.2 元/吨，煤矿附近的某石油管理局天然气适用的税额为 4 元/km³。

由于煤炭和天然气很容易分开核算，而根据税法，煤炭开采时产生的天然气免税，则当月应缴资源税税额＝1 000×1.2＝1 200（元），节省税款：（200 000÷1 000）×4＝800（元）。

4.2　利用税法制度设计筹划资源税

4.2.1　利用折算比进行税收筹划

税法规定，纳税人不能准确提供应税产品销售数量或移送使用数量的，以应税产品的产量或主管税务机关确定的折算比换算成的数量为课税数量。

纳税人自产自用应税产品，因无法准确提供移送使用量而采取折算比换算课税数量办法的，具体规定如下：

（1）煤炭。对于连续加工前无法正确计算原煤移送使用量的，可按加工产品的综合回收率，将加工产品实际销量和自用量折算成原煤数量作为课税数量。

（2）金属和非金属矿产品原矿。因无法准确掌握纳税人移送使用原矿数量的，可将其精矿按选矿比折算成原矿数量作为课税数量。

税务机关确定折算比一般是按照同行业的平均水平确定的，而各个企业的实际综合回收率或选矿比总是围绕这个平均折算比上下波动。这种情况给纳税人进行税收筹划提供了空间,即纳税人可预先测算自己企业综合回收率或选矿比,如果相对于同行业折算比较低,就无需准确核算提供应税产品的销售数量或移送使用数量,这样,税务机关在根据同行业企业的平均综合回收率或选矿比折算应税产品数量时,就会少算课税数量,从而节省不少税款。

【案例4-1】 某铜矿10月份销售铜矿石原矿10 000吨,移送入选精矿2 000吨,选矿比为20%,该矿山铜矿属于五等,按规定适用1.2元/吨单位税额,假定该矿山的实际选矿比为20%,税务机关确定的选矿比为25%。该矿山应纳税额计算如下:

(1)按实际选矿比计算

应纳资源税税额=10 000×1.2+2 000÷20%×1.2=24 000(元)

(2)按税务机关确定的选矿比计算

应纳资源税税额=10 000×1.2+2 000÷25%×1.2=21 600(元)

由此可见,两种方法应纳税额相差:24 000-21 600=2 400(元)。

【案例4-2】 某煤矿10月份对外销售原煤400万吨,使用本矿生产的原煤加工洗煤80万吨,已知该矿加工产品的综合回收率为80%,税务机关确定的同行业综合回收率为60%,原煤适用单位税额为2元/吨。该煤矿应纳资源税计算如下:

根据现行税法规定,对洗煤、选煤和其他煤炭制品不征税,但对加工洗煤、选煤和其他煤炭制品的原煤照章征收资源税。对于连续加工前无法正确计算原煤移送使用量的煤炭,可按加工产品的综合回收率,将加工产品实际销量和自用量折算成原煤数量,以此作为课税数量。

(1)按实际综合回收率计算

应纳资源税税额=400×2+80÷80%×2=1 000(万元)

(2)按税务机关确定的综合回收率计算

应纳资源税税额=400×2+80÷60%×2≈1 067(万元)

比较计算结果可以发现,按实际综合回收率计算大约节省税款67万元。因此,当企业实际综合回收率高于税务机关确定的综合回收率时,应当加强财务核算,准确提供应税产品销售数量或移送数量,方可免除不必要的税收负担。

4.2.2　利用相关产品筹划法

在现实中,一个矿床不可能仅有一种矿产品。一般而言,一个矿床除了一种主要矿产品外,还有一些其他矿产品;同样,矿产品加工企业在生产过程中,一般也不会只生产一种矿产品。

在同一矿床内,除了主要矿产品以外,还含有多种可供工业利用的成分,这些成分即为伴生矿。考虑到一般性开采是以主产品的元素成分开采为目的,因此确定资源税税额时,一般将主产品作为定额的主要依据,同时也考虑作为副产品的元素成分及其他相关因素。如果企业在开采之初仅注重个别元素,当然关于这种元素的矿产品适用税额应该相对较低,以此来影响税务机关确定单位税额,使得整个矿床的矿产品适用较低税额,那么筹划的结果便不言而喻了。只要税务机关受纳税人影响确定了较低的税额,其效果就达到了。

伴采矿,是指开采单位在同一矿区内开采主产品时,伴采出来的非主产品元素的矿石。根据有关税法规定,对伴采矿量大的,由省、自治区、直辖市人民政府根据规定,对其核定资源税单位税额标准;对伴采矿量小的,则在销售时,按照国家对收购单位规定的相应品目的单位税额标准缴纳资源税。如果伴采矿的税额比主产品的高,则利用这项政策进行合理节税的关键就在于让税务机关认定伴采矿量小。伴采矿量的大小由企业自身生产经营所决定,如果企业在开采之初少采甚至不采伴生矿,税务机关在进行认定时,通常都会认为企业的伴采矿量小。等到税务机关确定好单位税额标准后,再扩大企业的伴采矿量便可以实现预期目的。如果伴采矿的税额相对较低,则企业应进行相反的操作。

伴选矿,是指在对矿石原矿中所含主产品进行精选的加工过程中,以精矿形式伴生出来的副产品。由于国家对以精矿形式伴选出来的副产品不征收资源税,对纳税人而言,最好的筹划方式就是尽量完善工艺、引进技术,使以非精矿形式伴生出来的副产品以精矿形式出现,从而达到少缴税款的目的。

4.2.3　恰当利用结算方式进行税收筹划

根据资源税的有关规定,不同的结算方式,纳税义务发生时间有较大差异。

(1)纳税人销售应税产品,其纳税义务发生时间为:

①纳税人采取分期收款结算方式的,其纳税义务发生时间为销售合同规定的收款日期的当天。

②纳税人采取预收货款结算方式的,其纳税义务发生时间为发出应税产品的当天。

③纳税人采取其他结算方式的,其纳税义务发生时间为收讫销售款或者取得索取销售款凭据的当天。

(2)纳税人自产自用应税产品的纳税义务发生时间,为移送使用应税产品的当天。

(3)扣缴义务人代扣代缴税款的纳税义务发生时间,为支付首笔货款或者开具应支付货款凭据的当天。

企业可根据纳税义务发生时间的相关规定,对资源税进行相应的税收筹划,以求延期纳税从而受益。

练 习 题

一、多项选择题

1. 以下符合资源税纳税义务发生时间规定的是(　　　)。

　A. 纳税人采取分期收款结算方式的,其纳税义务发生时间为实际收到款项的当天

　B. 纳税人采取预收货款结算方式的,其纳税义务发生时间为发出应税产品的当天

　C. 纳税人采取其他结算方式的,其纳税义务发生时间为收讫销售款或者取得索取销售款凭据的当天

　D. 纳税人自产自用应税产品的纳税义务发生时间,为移送使用应税产品的当天

2. 资源税减免税优惠政策主要有(　　　)。

　A. 开采原油过程中用于加热、修井的原油,免税

　B. 纳税人开采或者生产应税产品过程中,因意外事故或者自然灾害等原因遭受重

大损失,由省级人民政府酌情减税或免税

　　C.对南方海盐、湖盐、井矿盐资源税暂减按每吨15元征收

　　D.对于不能单独核算或者不能准确提供减免税项目的课税数量的,由省级人民政府酌情减税或免税

二、判断题

　　1.资源税纳税人的减税、免税项目,应当单独核算课税数量;未单独核算或者不能准确提供课税数量的,不予减税或者免税。　　　　　　　　　　　　（　　）

　　2.按资源税法的有关规定,进口的矿产品和盐也征收资源税。　　（　　）

第5章 消费税筹划

课程内容

利用税收优惠政策筹划消费税,利用税法制度设计筹划消费税,避免不利的消费税负担,利用税法"漏洞"筹划消费税。

基本要求

一、熟悉消费税相关税收优惠政策、消费税税法制度设计差异以及其税收筹划空间,结合消费税相关税法条文的规定,把握消费税税收筹划的基本思路。

二、掌握利用税收优惠政策筹划消费税、利用税法制度设计筹划消费税、避免不利的消费税负担、利用税法"漏洞"筹划消费税的具体路径。

我国现行消费税是典型的间接税。税务部门对需要调节的特殊消费品或消费行为在征收增值税的同时再征收一道消费税,形成双层调节模式。其纳税义务人是在我国境内生产、委托加工、进口应纳消费品的单位和个人。其目的是"为了调节产品结构,引导消费行为,保证国家财政收入"。

消费税的税收筹划,从筹划路径上来说,有利用税收优惠政策、利用税法制度设计、避免不利的税收负担、利用税法"漏洞"合理避税等。由于消费税本身体现了调节产品结构、引导消费的目的,因此,关于消费税的税收优惠很少,利用税收优惠政策进行税收筹划就比较简单。但是剩余的三种税收筹划路径:利用税法制度设计、避免不利的税收负担、利用税法"漏洞"合理避税,在进行消费税税收筹划时则可以利用得很好。

5.1 利用税收优惠政策筹划消费税

5.1.1 消费税有关优惠政策

1. 出口免税

对纳税人出口应税消费品,免征消费税;国务院另有规定的除外。

2. 石脑油

①2008年1月1日至2010年12月31日,对国产的用作乙烯、芳烃类产品原料的石脑油免征消费税。

②石脑油生产企业销售给乙烯、芳烃类产品生产企业作为生产乙烯、芳烃类产品原料的石脑油,实行《石脑油使用管理证明单》管理。享受免征石脑油消费税的生产企业,应按照《中华人民共和国税收征收管理法》(以下简称《税收征收管理法》)及其实施细则和相关规定办理免税申报。并提供下列资料:

A.《石脑油使用管理证明单》免税联清单以及免税联;

B.税务机关要求报送的其他资料。

3.航空煤油

航空煤油暂缓征收消费税。

4.乙醇汽油

对用外购或委托加工收回的已税汽油生产的乙醇汽油,免征消费税。

5.成品油生产企业生产自用油

从2009年1月1日起,对成品油生产企业在生产成品油过程中,作为燃料、动力及原料消耗掉的自产成品油,免征消费税。

6.利用废弃的动植物油生产纯生物柴油

从2009年1月1日起,对同时符合下列条件的纯生物柴油免征消费税:

①生产原料中废弃的动物油和植物油用量所占比重不低于70%。

②生产的纯生物柴油符合国家《柴油机燃料调和用生物柴油(BD100)》标准。

7.葡萄酒

①消费税的管理办法。从事葡萄酒生产的单位或个人之间销售葡萄酒,实行《葡萄酒购货证明单》管理。《葡萄酒购货证明单》由购货方在购货前向其主管税务机关申请领用,销货方凭《葡萄酒购货证明单》的退税联向其主管税务机关申请已纳消费税退税。

②以进口葡萄酒为原料连续生产葡萄酒的纳税人,凭《海关进口消费税专用缴款书》抵减进口环节已缴纳的消费税税额,如当期应纳消费税额不足抵减的,余额留待下期抵减。

8.子午线轮胎

子午线轮胎免征消费税。

9.油(气)田企业生产自用成品油

①自2009年1月1日起,对油(气)田企业在开采原油过程中耗用的内购成品油,暂按实际缴纳成品油消费税的税额,全额返还所含消费税。

②享受税收返还政策的成品油必须同时符合以下三个条件:

A.由油(气)田企业所隶属的集团公司(总厂)内部的成品油生产企业生产;

B.从集团公司(总厂)内部购买;

C.油(气)田企业在地质勘探、钻井作业和开采作业过程中,作为燃料、动力(不含运输)耗用。

③油(气)田企业所隶属的集团公司(总厂)向财政部驻当地财政监察专员办事处统一申请税收返还。具体退税办法由财政部另行制定。

10.低污染排放汽车

自2000年1月1日起,对生产销售达到低污染排放限值的小轿车、越野车和小客车减征30%的消费税。

注:低污染排放限值是指相当于欧盟指令 94/12/EC、96/69/EC 排放标准(简称"欧洲 II 号标准")。

5.1.2　利用优惠政策进行税收筹划

纳税人利用税收优惠政策筹划消费税,除了要熟悉消费税相关优惠政策,按照规定进行申报外,主要要关注以下几点:

(1)分开核算免税项目与应税项目。

(2)汽车生产企业产品设计时即考虑污染排放标准,争取享受税收优惠政策。

(3)生产纯生物柴油的企业注意生产过程中动物油与植物油的用量达到优惠标准。

5.2　利用税法制度设计筹划消费税

5.2.1　利用独立核算的销售机构或关联企业节税

消费税的纳税行为发生在生产领域(包括生产、委托加工和进口),而非流通领域或终极消费环节(金银首饰除外)。因而,关联企业中生产(委托加工、进口)应税消费品的企业,在零售等特殊情况下,如果以较低但不违反公平交易的销售价格将应税消费品销售给其独立核算的销售部门,则可以降低销售额,从而减少应纳消费税税额。而独立核算的销售部门,由于处在销售环节,只缴纳增值税,不缴纳消费税,可使集团的整体消费税税负下降,但增值税税负不变。

【案例 5-1】　某白酒生产企业所生产的 A 类白酒经过税务机关核定的最低计税价格为每斤 50 元,该企业批发给自己设立的销售公司的价格为每斤 49 元,批发给其他商贸公司的价格为每斤 55 元。2009 年度该企业向其他商贸公司销售白酒 10 000 斤。请针对该情况提出税收筹划方案。

根据上述情况,10 000 斤 A 类白酒应当缴纳消费税:10 000×0.5＋55×10 000×20％＝115 000(元)。

如果该企业将 A 类白酒统一批发给其设立的销售公司,再由销售公司统一对外批发和零售,则应当缴纳消费税:10 000×0.5＋50×10 000×20％＝105 000(元)。少缴消费税:115 000－105 000＝10 000(元)。

这里应当注意:由于独立核算的经销部与生产企业之间存在关联关系,按照《税收征收管理法》第二十四条的规定:企业或者外国企业在中国境内设立的从事生产、经营的机构或场所与其关联企业之间的业务往来,应当按照独立企业之间的业务往来收取或者支付价款、费用;不按照独立企业之间的业务往来收取或者支付价款、费用,而减少其应纳税收入或者所得额的,税务机关有权进行合理调整。因此,企业销售给下属经销部的价格应当参照销售给其他商家当期的平均价格确定,如果销售价格"明显偏低",主管税务机关将会对价格重新进行调整。

【案例 5-2】　B 化妆品厂为了减少税负,利用关联企业的转移定价原理成立一家属于自己的销售公司 C 公司。B 化妆品厂把生产的化妆品以低价销售给 C 销售公司,以减少工厂的应纳消费税税额。原来一套组合化妆品对外销售不含税价格为 300 元,产品销售成本为 100 元,按税法规定直接销售应纳消费税 90 元(化妆品消费税税率为 30%)。现以 150 元的价格先销售给 C 销售公司,然后再由销售公司以 300 元的价格销售给客户,这样只需缴纳 45 元的消费税。一年下来,用这种方式少缴消费税 40 多万元。

这样的筹划行得通吗?关联企业的转移定价该如何操作?《中华人民共和国税收征收管理法实施细则》第五十一条规定,所谓关联企业是指有下列关系之一的公司、企业和其他经济组织:①在资金、经营、购销等方面,存在直接或者间接的拥有或者控制关系;②直接或者间接地同为第三者所拥有或者控制关系;③在利益上具有相关联的其他关系。《税收征收管理法》第三十六条也规定,国内企业或者外国企业在中国境内设立的从事生产、经营的机构、场所与其关联企业之间的业务往来,应当按照独立企业之间的业务往来收取或者支付价款、费用;不按照独立企业之间的业务往来收取或者支付价款、费用,而减少其应纳税的收入或者所得额的,税务机关有权进行合理调整。

那么,如何对关联企业的转移定价进行税收筹划呢?在上例中,如果成立一个完全与化妆品厂脱钩的独立企业,进行独立核算,在这种前提下,它可以按照低于市场价格的价位销售给独立企业,从而达到节税的目的。当然,化妆品厂提供给独立企业的化妆品,不能低于成本价,但可以在一定程度上低于市场价。也就是说,纳税人在运用转移定价进行税收筹划时,一定要掌握好价格波动的"度",如果出现"价格明显偏低"的现象,税务机关完全有理由进行重新定价。

5.2.2　利用纳税临界点节税

纳税临界点就是税法中规定的一定的比例和数额,当销售额或应纳税所得额超过这一比例或数额时就应该依法纳税或按更高的税率纳税,从而使纳税人税负大幅上升。反之,纳税人可以享受优惠,降低税负。

利用纳税临界点节税的关键是必须要遵守企业整体收益最大化的原则。也就是说,在筹划纳税方案时,不应过分地强调某一环节收益的增加,而忽略了因该方案的实施所带来其他费用的增加或收益的减少,使纳税人的绝对收益减少。下面用此方法以卷烟的消费税临界点举例说明。

【案例 5-3】　现行消费税税法规定:甲类卷烟,即每标准条(200 支)对外调拨价在 70 元(含 70 元,不含增值税)以上的,比例税率为 56%;乙类卷烟,即每标准条(200 支)对外调拨价在 70 元(不含增值税)以下的,比例税率为 36%。下面通过比较来说明消费税临界点对纳税的影响。

(1)某卷烟厂每标准条卷烟对外调拨价为 68 元,现销售一标准箱,其成本为 8 500 元。企业所得税税率为 25%,城市维护建设税和教育费附加忽略不计。

此时企业应缴纳的消费税:$150+68\times250\times36\%=6\ 270$(元)

企业税后利润:$(68\times250-8\ 500-6\ 270)\times(1-25\%)=1\ 672.5$(元)

(2)若产品供不应求,厂家决定将每标准条卷烟价格提高至 76 元,其他均不变。

此时企业应缴纳的消费税:$150+76\times250\times56\%=10\ 790$(元)

企业税后利润:$(76\times250-8\ 500-10\ 790)\times(1-25\%)=-217.5$(元)

在此例中,每标准条卷烟的价格从 68 元提高至 76 元后,从表面上看销售收入增加了

2 000元(76×250－68×250＝2 000),但由于提升后的价格超过了临界点(70元),计算消费税时的税率也随着计税依据的提高而相应地提高,使得卷烟整体税后利润不仅没有上升,反而下降,以致达到了负值。本例可以充分地表现出纳税临界点对企业成本效益的重要性。

纳税临界点说明这样一个问题:企业产品定价存在一个"不可选择区间",当定价为"不可选择区间"中的数值时,高价销售获得的利润反而会低于低价销售获得的利润。因此,从税收筹划的角度讲,企业切不可将销售价格定在"不可选择区间"。

5.2.3 包装物的税收筹划

包装物是指产品生产企业用于包装其产品的各种包装容器,如箱、桶、罐、瓶等。在一般产品销售活动中,包装物随产品销售是很普遍的,从形式上看,可以分成如下几种类型:

第一,随同产品出售但不单独计价的包装物;

第二,随同产品出售单独计价的包装物;

第三,出租或出借给购买产品的单位使用的包装物。

在出租出借这种形式下,还可以有具体的分类:一是包装物不作价随同产品出售,只是单纯收取押金;二是既作价随同产品出售,同时又另外收取押金;三是不作价随同产品出售,在收取租金的基础上,又收取包装物押金。如某啤酒厂,在销售啤酒的过程中,对周转箱不作价销售,只是收取押金,这属于第一种情况。如果该啤酒厂以较低的价格对周转箱作价销售,计入销售额之中,另外又规定归还包装物的时间,并收取了押金,这属于第二种情况。如果周转箱不作价销售,而是借给购货方使用,该酒厂对周转箱按实际使用期限收取租金;此外,为了保证包装物的完好,又另外收取部分押金,这就属于第三种情况。

根据《中华人民共和国消费税暂行条例实施细则》第十三条的规定:应税消费品连同包装物销售的,无论包装物是否单独计价以及在会计上如何核算,均应并入应税消费品的销售额中缴纳消费税。如果包装物不作价随同产品销售,而是收取押金,此项押金则不应并入应税消费品的销售额中征税。但对因逾期未收回的包装物不再退还的或者已收取的时间超过12个月的押金,应并入应税消费品的销售额,按照应税消费品的适用税率缴纳消费税。对既作价随同应税消费品销售,又另外收取的包装物押金,凡纳税人在规定期限内没有退还的,均应并入应税消费品的销售额,按照应税消费品的适用税率缴纳消费税。

另外,根据《财政部、国家税务总局关于酒类产品包装物押金征税问题的通知》的规定,对酒类产品生产企业销售酒类产品而收取的包装物押金,无论押金是否返还及会计上如何核算,均需并入酒类产品销售额中征收消费税(啤酒、黄酒除外)。

1."先销售后包装"方式,可以大大降低消费税税负

根据《中华人民共和国消费税暂行条例》第三条的规定:纳税人兼营不同税率的应税消费品,应当分别核算不同税率应税消费品的销售额、销售数量。未分别核算销售额、销售数量,或者纳税人将应税消费品与非应税消费品以及适用税率不同的应税消费品组成成套消费品销售的,应根据销售金额按应税消费品的最高税率纳税。习惯上,工业企业销售产品,都采取"先包装后销售"方式。按照上述规定,如果改成"先销售后包装"方式,不仅可以大大降低消费税税负,而且增值税税负仍然保持不变。

【案例 5-4】 某日用化妆品厂,将生产的化妆品、护肤护发品、小工艺品等组成成套消费品销售。每套消费品由下列产品组成:化妆品包括一瓶香水 30 元、一瓶指甲油 10 元、一支口红 15 元;护肤护发品包括两瓶浴液 25 元、一瓶摩丝 8 元;化妆工具及小工艺品 10 元、塑料包装盒 5 元。

化妆品消费税税率为 30%,上述价格均不含税。

按照习惯做法,将产品包装后再销售给商家。应纳消费税:(30＋10＋15＋25＋8＋10＋5)×30%＝29.9(元)。

若改变做法,将上述产品先分别销售给商家,再由商家包装后对外销售,应纳消费税:(30＋10＋15)×30%＝16.5(元)。每套化妆品节税额:29.9－16.5＝13.4(元)。

2. 改变包装物的作价方式,降低消费税的税负

企业如果想在包装物上节省消费税,关键是包装物不能作价随同产品销售,而应采取收取"押金"的形式,而此项押金必须在规定的时间内收回,则可以不并入销售额计算缴纳消费税。

【案例 5-5】 某汽车轮胎厂,属增值税一般纳税人,某月销售汽车轮胎 5 000 个,每个轮胎售价 500 元(不含增值税),这批轮胎耗用包装盒 500 只,每只包装盒售价 20 元(不含增值税),轮胎的消费税税率为 10%。那么,该汽车轮胎厂对包装盒如何处理,才能最大限度地节税?

如果企业将包装盒作价连同轮胎一起销售,包装盒应并入轮胎售价当中一并征收消费税。应纳消费税:(5 000×500＋20×500)×10%＝251 000(元)。

如果企业将包装盒不作价销售而是收取押金,每只包装盒收取 20 元的押金,则此项押金不应并入应税消费品的销售额计征消费税。该企业应纳消费税:5 000×500×10%＝250 000(元)。

如果押金在规定期限内(一般为一年)未收回,应将此项押金作为销售额纳税。

由于收取的押金作为价外费用,应属含税的款项,应将押金换算为不含税收入计征税款。该企业应纳消费税:5 000×500×10%＋20×500÷(1＋17%)×10%＝250 854.70(元)。

由此可见,该轮胎厂只有将包装盒收取押金,且在规定的期限内将包装盒押金收回时,才可以达到最大限度地节税。

3. 包装物押金逾期退(还)可获得消费税的一年免费使用权

税法规定,对因逾期未收回包装物不再退还的押金,应按所包装货物适用的税率计算缴纳消费税、增值税。这其中的"逾期"是按合同约定或者一年为限。对收取的押金超过一年以上的,无论是否退还都应并入销售额计税。虽然暂时少纳的税款最终是要缴纳的,但由于其缴纳时限延缓了一年,相当于免费使用银行资金,增加了企业的营运资金,获取了资金的时间价值,为企业的生产经营提供了便利。

因此,企业如果想在包装物上节省消费税,关键是包装物不能作价随同产品出售,而应采取收取"押金"的形式,这样"押金"就不并入应税消费品的销售额计算消费税额。即使在经过一年以后,需要将押金并入应税消费品销售额,按照应税消费品的适用税率征收消费税,也使企业获得了该笔消费税的一年免费使用权。

【案例5-6】 甲轮胎厂经营各种型号的汽车轮胎,随着轮胎生产厂家的日益增多,轮胎市场的竞争日趋激烈。该厂在提高自身产品品质,开拓新的消费市场的同时,力求尽可能降低成本,以增加产品的竞争力。2009年4月,企业销售1 000个汽车轮胎,每个价格2 000元,其中包含包装物价格200元,该月销售额为2 000×1 000=2 000 000(元),汽车轮胎的消费税税率为10%,因此该月应纳消费税税额为200万×10%=20(万元)。该厂领导经过分析,认为税收成本过高,因此要求财务人员采取措施,减少企业的应纳税额。

根据该轮胎厂的情况,财务人员可以从包装物上入手,寻求节税的途径。

其关键是包装物不能作价随同产品一并出售,而是采取收取包装物"押金"的方式。这样做,可以给企业带来三个好处:

一是可以促使购货方及早退回包装物以便周转使用,从一定程度上节约了生产包装物的人力、物力,降低了产品成本。

二是在产品的售价中可以扣除原来包装物的价值,从而降低了产品的售价,有利于增强产品的竞争力。

三是可以节税。

由于押金不并入销售额计算消费税额,因此采用收取"押金"的方式有利于节税。

在此例中,如果甲轮胎厂采用单独收取包装物押金的方法,则既可以降低轮胎售价,每个售价1 800元,又可节税2万元。此时,该厂应纳消费税为1 000×1 800×10%=18(万元)。

利用包装物节税始终是税收筹划的一个重要策略,其核心就在于包装物不能作价随同产品出售,而是采用收取"押金"的方式,该方法不仅适用于消费税,也适用于增值税。

5.2.4 委托加工应税消费品税收筹划

选取全部委托加工或自行加工是有条件的。每种加工方式的税后净利润与加工费金额有密切关系,它们之间存在一个平衡点,当在平衡点处两种方式的税后净利润相同;在平衡点以上时,自行加工方式较优;在平衡点以下时,全部委托加工方式为优。

【案例5-7】 乙公司是一个生产化妆品的企业,现将一批价值80万元的原材料委托丙公司加工成成套化妆品,全部委托加工的成本110.40万元(不含增值税),而丙公司无同类消费品销售价格,按组成计税价格代扣代缴消费税。该批化妆品售价为420万元。化妆品消费税税率为30%,适用的企业所得税税率为25%,城市维护建设税税率为7%,教育费附加率为3%。因为增值税是价外费用,不会造成企业税后利润的差异,故不考虑增值税对税后利润的影响。若企业自行加工,加工费用为110.40万元。

按现行税法规定:委托加工的应税消费品,受托方已代收代缴消费税,委托方收回后直接出售的,不再缴纳消费税。下面分析两种方式的税后净利润。

若采取自行加工,则应纳消费税金额为420×30%=126(万元);应纳城市维护建设税和教育费附加金额为126×(7%+3%)=12.6(万元);乙公司的税后利润为(420-80-110.4-126-12.6)×(1-25%)=68.25(万元)。

若全部委托加工,丙公司应代扣代缴消费税,消费税组成计税价格为(80+110.4)÷(1-30%)=272(万元);应纳消费税金额为272×30%=81.6(万元);应纳城市维护建设税和教育费附加金额为 $81.6 \times (7\% + 3\%) = 8.16$（万元）；乙公司的税后利润为 $(420 - 80 - 110.4 - 81.6 - 8.16) \times (1 - 25\%) = 104.88$（万元）。

据此，我们不能简单地得出全部委托加工方式优于自行加工，因为这仅是一组特定数据情况下得出的结论而已。若对外委托加工费为 150 万元（不含增值税的进项）时，全部委托外部加工税后净利数据分析如下。

丙公司应代扣代缴消费税，消费税组成计税价格为 $(80 + 150) \div (1 - 30\%) = 328.57$（万元）；应纳消费税金额为 $328.57 \times 30\% = 98.6$（万元）；应纳城市维护建设税和教育费附加金额为 $98.6 \times (7\% + 3\%) = 9.86$（万元）；乙公司的税后利润为 $(420 - 80 - 150 - 98.6 - 9.86) \times (1 - 25\%) = 61.16$（万元）。

此时，全部委托加工的税后利润小于自行加工的利润。

由上述分析可知，每种加工方式的税后净利润与加工费金额有密切关系，可建立税后净利润与加工费的平衡式，从中可得出不同加工方式净利润相等时的加工费平衡点。假设此平衡点为外部加工费金额 X，当两种方式净利润相等时，有如下等式成立：$(420 - 110.4 - 80 - 126 - 12.6) \times (1 - 25\%) = [420 - (80 + X) \div (1 - 30\%) \times 30\% \times (1 + 7\% + 3\%) - 80 - X] \times (1 - 25\%)$。

由此得出 $X = 143.59$（万元）。

据上述公式很容易得出：当 $X > 143.59$ 万元时，选择自行加工合算；反之，当 $X < 143.59$ 万元时，选择全部委托加工合算。

我们可以建立一个数学模型，确定在一定条件下，求得一个合适的加工费（不包括增值税）金额，在此金额时有两种加工方式（全部委托加工与自行加工）税后净利润的平衡点。

假设乙公司的材料购进价为 M，自行加工费为 B_1，完全委托加工价为 B_2，消费税税率为 R_A，消费税额为 T，城市维护建设税和教育费附加合计为消费税的 10%，企业所得税税率为 R_B，对外售价为 P，净利润为 NP。在自行加工时，税后净利为：$NP_1 = [P - P \times R_A \times (1 + 10\%) - M - B_1] \times (1 - R_B)$；$NP_2 = [P - (M + B_2) \div (1 - R_A) \times R_A \times (1 + 10\%) - M - B_2] \times (1 - R_B)$。

当 $NP_1 = NP_2$，有 $[P - P \times R_A \times (1 + 10\%) - M - B_1] \times (1 - R_B) = [P - (M + B_2) \div (1 - R_A) \times R_A \times (1 + 10\%) - M - B_2] \times (1 - R_B)$，经简化上式可得 $B_2 \times [1 + 1.1 \times R_A \div (1 - R_A)] = B_1 + P \times R_A \times 1.1 - M \times 1.1 \times R_A \div (1 - R_A)$。以本例中两种加工方式平衡点处数据验证：$143.59 \times [1 + 1.1 \times 0.3 \div (1 - 0.3)] = 110.4 + 420 \times 0.3 \times 1.1 - 80 \times 1.1 \times 0.3 \div (1 - 0.3)$。

通过上述分析，我们可得出：在消费税筹划（全部委托加工与自行加工）中，应该同时考虑消费税税率、外部加工费用、自行加工费用、产品售价等综合因素才可能得出成功的筹划方案。

【案例 5-8】 A 卷烟厂委托 B 卷烟厂将一批价值为 100 万元的烟叶加工成烟丝，协议规定加工费 50 万元（不含增值税）；加工的烟丝运回 A 厂后，A 厂继续加工成乙类卷烟，加工成本、分摊费用共计 70 万元，该批卷烟共 10 万条，不含税销售收入为 500 万元。烟丝消费税税率为 30%，该批卷烟适用的消费税比例税率为 36%。请计算两个企业分别应当缴纳的消费税和增值税，并提出税收筹划方案。

方案一：(1)A厂向B厂支付加工费的同时，向B厂支付其代收代缴的消费税

消费税组成计税价格：(100＋50)÷(1－30％)＝214.3(万元)

应缴消费税：214.3×30％＝64.3(万元)

(2)A厂销售卷烟后，应缴消费税：

500×36％＋10×0.6－64.3＝121.7(万元)

(3)B厂应当缴纳增值税(此项增值税由A厂承担)：

50×17％＝8.5(万元)

(4)A厂销售卷烟后，应计算增值税销项税额(此项增值税由购买者负担)：

500×17％＝85(万元)

(5)A厂的税后利润(所得税税率为25％)(忽略城市维护建设税和教育费附加)：

(500－100－50－64.3－70－121.7)×(1－25％)＝70.5(万元)

(6)B厂的税后利润(假设B厂的加工成本为40万元)(忽略城市维护建设税和教育费附加)：

(50－40)×(1－25％)＝7.5(万元)

方案二：如果进行税收筹划，可以考虑A厂委托B厂将烟叶加工成乙类卷烟，烟叶成本不变，假设加工费用为130万元(不含增值税)；加工完毕后，运回A厂，A厂对外不含税销售收入仍为500万元。

(1)A厂向B厂支付加工费的同时，向其支付代收代缴的消费税

[(100＋130)＋10×0.6]÷(1－36％)×36％＋10×0.6＝138.75(万元)

(2)B厂应当计算增值税销项税额(此项增值税由A厂承担)：

130×17％＝22.1(万元)

(3)A厂应当计算增值税销项税额(此项增值税由购买者承担)：

500×17％＝85(万元)

(4)由于委托加工应税消费品直接对外销售，A厂在销售时，不必再缴纳消费税。其税后利润为(所得税税率为25％)(忽略城市维护建设税)：

(500－100－130－138.75)×(1－25％)＝98.44(万元)

(5)B厂的税后利润(税率假设同上)(忽略城市维护建设税和教育费附加)：

(130－40－70)×(1－25％)＝15(万元)

由此可见，在被加工材料成本相同、最终售价相同的情况下，税收筹划的方案(第二种方案)比案例中的方案(第一种方案)对两个企业都有利。而且在一般情况下，在第二种方案中，支付的加工费又比第一种方案中支付的加工费(向受托方支付自己发生的加工费之和)要少，因为B企业连续加工不需要缴纳消费税，而且其中减少了运输成本以及其他成本，其继续加工成本应该比A企业低，当然，前提是两个企业加工技术和能力相同。

当然，这里面存在这样一个值得关注的问题，即现实中的这种企业一般存在一定的关系。否则，上述案例中的B企业不会以这么低的价格将加工以后的产品销售给A企业，它自己直接对外销售所获得的利润更大。因此，这种企业之间的委托加工所收取的费用应当与其他没有关联关系的企业所收取的费用大体相当，否则会被税务机关以转移定价为由进行调整，这样就达不到税收筹划的目的了。

5.3　避免不利的消费税负担

5.3.1　兼营多种不同税率的应税消费品时的税收筹划

我国税法规定:纳税人兼营不同税率的应税消费品应当分别核算不同税率应税消费品的销售额、销售数量。没有分别核算销售额、销售数量的,从高适用税率。此外,对于粮食白酒,除了要征收 20% 的比例税,还要征收 0.5 元/斤的定额税。因此,当与之相比税率较低的应税消费品与其组成成套消费品销售时,不仅要按 20% 的高税率从价计税,而且还要按 0.5 元/斤的定额税率从量计税。与白酒类似的还有卷烟。

所以,企业兼营不同税率应税消费品时最好独立核算以降低税负。对于组成套装的销售方式在一定程度上能够影响销售量,进而对销售额有较大影响。也就是说成套销售消费品所带来的收益远远大于因此而增加的消费税及其他成本的情况,可以采用套装销售方式。否则,可以采用变通的方式,即先销售再包装,先将套装消费品分开按品种销售给零售商,分别开具发票,再将消费品重新包装成一套。在账务处理环节对不同产品分别核算销售收入,以降低应税消费品的总体税负,或者将税率相同或相近的消费品组成成套产品销售。

5.3.2　折扣销售和实物折扣的税收筹划

在市场商品日趋饱和的今天,许多厂家和商家为了保持其商品的市场份额纷纷采取折扣销售作为促销方式,尤其是生产应税消费品的企业为了吸引消费者往往会给出极大的折扣比例。

折扣销售实质是销货方在销售货物或应税劳务时给予购货方的价格优惠,是仅限于货物价格的商业折扣。这种方式往往是相对短期的、有特殊条件和临时性的,比如批量折扣、一次性清仓折扣等。由于折扣销售在交易成立及实际付款之前予以扣除,因此,对应收账款和营业收入均不产生影响,会计记录只按商业定价扣除商业折扣后的净额处理。此外,税法也规定,企业采用折扣销售方式时,如果销售额和折扣额在同一张发票上分别注明,可按折扣后的余额计算消费税;如果将折扣额另开发票,不论其在财务上如何处理,均不得从销售额中减去折扣,因此就会多缴消费税。

实物折扣是商业折扣的一种,以上税法对折扣销售的规定是从价格折扣的角度来考虑的,没有包括实物折扣。而采取实物折扣的销售方式,其实质是将货物无偿赠送他人的行为,按照有关规定应当计算征收消费税。

由此可见,如果将实物折扣转化为价格折扣,就可以减少税负,即在销售商品开具发票时按实际给购货方的商品数量填写金额,并在同一张发票上开具实物折扣件数的折扣金额。这样处理后,实物折扣的部分在计税时就可以从销售额中扣减,不需计算消费税。

5.3.3　避免自用应税消费品

从节税角度看,企业应尽可能避免将自产自用的应税消费品用于行政机构或管理部门,或用于馈赠、赞助、集资、广告、职工福利等方面,以减少企业的运行成本,因为企业将自产的应税消费品用于这方面,不仅无法取得应有的销售收入,而且还要依税法缴纳相应的增值税和消费税等,增加了企业税负。

5.3.4　分开核算兼营行为,避免成套销售

当企业存在兼营行为时,应分别核算不同税率应税消费品的销售额和销售数量,并避免将适用不同税率的应税消费品做成成套产品销售,以避免从高适用税率,增加应纳税额。

5.4　利用税法"漏洞"筹划消费税

税法规定,纳税人自产的应税消费品用于换取生产资料和消费资料,投资入股或抵偿债务等方面,应当按照纳税人同类应税消费品的最高销售价作为计税依据。在实际操作中,当纳税人用应税消费品换取货物或者投资入股时,一般是按照双方的协议价或评估价确定的,而协议价往往是市场的平均价。如果按照同类应税消费品的最高销售价作为计税依据,显然会加重纳税人的负担。由此,我们不难看出,如果采取先销售后入股(换货、抵债)的方式,会达到减轻税负的目的。

【案例 5-9】　某摩托车生产企业,当月对外销售同型号的摩托车时共有三种价格,以 4 000 元的单价销售 50 辆,以 4 500 元的单价销售 10 辆,以 4 800 元的单价销售 5 辆。当月以 20 辆同型号的摩托车与甲企业换取原材料。双方按当月的加权平均销售价确定摩托车的价格,摩托车消费税税率为 10%。

按税法规定,应纳消费税:$4\,800 \times 20 \times 10\% = 9\,600$(元)。

如果该企业按照当月的加权平均销售价将这 20 辆摩托车销售后,再购买原材料,则应纳消费税:$(4\,000 \times 50 + 4\,500 \times 10 + 4\,800 \times 5) \div (50 + 10 + 5) \times 20 \times 10\% = 8\,276.92$(元)。

节税额约 1 323 元。

练习题

一、单项选择题

1.委托加工的应税消费品,其组成计税价格公式为(　　　　)

　A.组成计税价格=(材料成本+加工费)/(1-消费税税率)

　B.组成计税价格=(材料成本+加工费)/(1+消费税税率)

　C.组成计税价格=(材料成本+加工费)×消费税税率

　D.组成计税价格=(材料成本-加工费)×消费税税率

2.企业将不同税率的应征消费品组成成套消费品销售的,应(　　　　)。

　A.从高适用税率　　　　　　　　　B.从低适用税率

　C.分别适用税率　　　　　　　　　D.随意选择其中之一的税率

二、多项选择题

1. 委托加工应税消费品必须具备的条件有（　　）

A. 委托方提供原料和主要材料

B. 受托方只收取加工费和代垫部分辅助材料

C. 委托方只提供辅助材料

D. 受托方提供原料和主要材料

2. 生产不同消费税税率产品的企业进行税收筹划，应（　　）。

A. 将不同消费税税率的产品分别核算

B. 分别申报纳税

C. 将不同消费税税率的产品合在一起核算

D. 合在一起申报纳税

3. 包装物的税收筹划方法有（　　）。

A. 包装物不能作价随同产品一并销售　　B. 采用收取包装物"押金"的方式

C. 押金应单独开发票和记账　　D. 包装物随同产品一并作价销售

三、判断题

1. 对于委托加工的应税消费品收回后直接出售的，不再征收消费税，所以，选择委托加工成定型产品收回后直接销售的方式一定是合算的。　　（　　）

2. 某企业为增加销售，将所产酒组成套装酒销售，则采用变通的方式，即先销售后包装，可以起到节税的效果。　　（　　）

四、案例分析

某酒厂主要生产粮食白酒，产品销往全国各地的批发商，按照以往的经验，本地的一些商业零售户、酒店、消费者每年到酒厂直接购买的白酒大约为1 000箱（每箱12瓶，每瓶1斤）。企业销售给批发商的不含税单价为1 200元/箱，销售给零售商及消费者的不含税单价为1 400元/箱。目前企业所有产品都由经销部统一销售。

请根据上述方案提出税收筹划方案。

第6章 营业税筹划

课程内容

利用税收优惠政策筹划营业税,利用税法制度设计筹划营业税。

基本要求

一、了解并熟悉营业税税收优惠相关规定,了解营业税税收制度设计差异及其税收筹划空间。

二、掌握如何利用税收优惠政策筹划营业税,掌握利用税收制度设计筹划营业税的具体路径。

6.1 营业税筹划概述

营业税是我国现行税制的主体税种之一,其收入规模仅次于增值税,为我国第二大税种。营业税征收范围广泛,在调节社会收入分配和体现国家产业政策方面发挥着极大的作用。纳税人在纳税范围、计税依据、减免税负方面可以精心进行筹划,既可以减轻税负,又可以贯彻营业税制,顺应国家产业政策发展的需要。

营业税税收筹划的路径可以从利用税收优惠政策、利用税法制度设计、避免不利的税收负担等几个方面进行。

6.2 利用税收优惠政策筹划营业税

营业税税收优惠政策比较多,利用税收优惠政策进行营业税的税收筹划包括三个方面的内容:一是,充分了解免税优惠政策的基本内容;二是,掌握取得免税优惠所必须的条件;三是,向税务机关申报享受税收优惠,取得税务机关认可。

营业税的税收优惠包括起征点、营业税减免两大类,这些政策给企业带来了一定的税收筹划的机会,比如在纳税人的营业额接近起征点时,通过降价或者少收费用就可以避免缴纳营业税,从而达到税收筹划的目的;再比如营业税的免税行业、减税行业和行为。

6.2.1 营业税税收优惠政策

1. 免税项目

根据《中华人民共和国营业税暂行条例》(以下简称《营业税暂行条例》)的规定,下列项目免征营业税:

(1)托儿所、幼儿园、养老院、残疾人福利机构提供的育养服务、婚姻介绍、殡葬服务。

(2)残疾人员个人为社会提供的劳务。

(3)医院、诊所和其他医疗机构提供的医疗服务。

(4)学校和其他教育机构提供的教育劳务,学生勤工俭学提供的劳务。

(5)农业机耕、排灌、病虫害防治、植保、农牧保险以及相关技术培训业务,家禽、牲畜、水生动物的配种和疾病防治。

(6)纪念馆、博物馆、文化馆、美术馆、展览馆、书画院、图书馆、文物保护单位举办文化活动的门票收入,宗教场所举办文化、宗教活动的门票收入。

2. 减税项目

营业税的政策性减免税项目包括:

(1)对保险公司开展的一年期以上返还性人身保险业务的保费收入,免征营业税。

(2)对保险公司开办的个人投资分红保险业务取得的保费收入,免征营业税。

(3)对保险公司开展一年期以上(包括一年期)返还本利的普通人寿保险、养老年金保险以及一年期以上(包括一年期)健康保险,免征营业税。

(4)个人转让著作权,免征营业税。

(5)将土地使用权转让给农业生产者用于农业生产的,免征营业税。

(6)对社会福利有奖募捐的发行收入不征营业税,对代销单位取得的手续费收入应按规定征收营业税。

(7)对科研单位取得的技术转让收入,免征营业税。

(8)商检系统收取的商品检验鉴定费,凡是由商检系统的行政单位直接收取,且收费标准符合国家计委、财政部文件规定的收费标准,不征营业税;否则,应按规定征收营业税。

(9)对金融机构往来业务暂不征收营业税。金融机构往来,是指金融企业联行、金融企业与人民银行及同业之间的资金往来业务。

(10)对于经中央批准并纳入财政预算管理或财政专户管理的行政事业性收费、基金,由财政部、国家税务总局审核后分批下发不征收营业税的收费(基金)项目名单;对于经省级批准并纳入财政预算管理或财政专户管理的行政事业性收费,由省财政厅(局)、地方税务局审核后分批下发不征收营业税的收费(基金)项目名单,并报财政部、国家税务总局备案。

(11)对1998年及以后年度专项国债转贷取得的利息收入,免征营业税。

(12)对单位和个人(包括外商投资企业、外商投资设立的研究开发中心、外国企业和外籍个人)从事技术转让、技术开发业务和与之相关的技术咨询、技术服务业务取得的收入,免征营业税。

(13)对外汇管理部门在从事国家外汇储备经营过程中,委托金融机构发放的外汇贷款利息收入,免征营业税。

(14)对住房公积金管理中心用住房公积金在指定的委托银行发放个人住房贷款取得的收入,免征营业税。

(15)对个人按市场价格出租的居民住房,其应缴纳的营业税按3%的税率减半征收。

(16)对按政府规定价格出租的公有住房和廉租住房,包括企业和自收自支事业单位向职工出租的单位自有住房,房管部门向居民出租的公有住房,落实私房政策中带户发还产权并以政府规定租金标准向居民出租的私有住房等,暂免征收房产税、营业税。

(17)企业集团或集团内的核心企业(以下简称企业集团)委托企业集团所属财务公司代理统借统还贷款业务,从财务公司取得的用于归还金融机构的利息不征收营业税;财务公司承担此项统借统还委托贷款业务,从贷款企业收取贷款利息不代扣代缴营业税。

(18)对社保基金理事会、社保基金投资管理人运用社保基金买卖证券投资基金、股票、债券的差价收入,暂免征收营业税。

(19)对学校从事技术开发、技术转让业务和与之相关的技术咨询、技术服务业务取得的收入,免征营业税。

(20)对托儿所、幼儿园提供养育服务取得的收入,免征营业税。

(21)对政府举办的高等、中等和初等学校(不含下属单位)举办进修班、培训班取得的收入,收入全部归学校所有的,免征营业税。

(22)对政府举办的职业学校设立的主要为在校学生提供实习场所、并由学校出资自办、由学校负责经营管理、经营收入归学校所有的企业,对其从事《营业税暂行条例》中"服务业"税目规定的服务项目(广告业、桑拿、按摩、氧吧等除外)取得的收入,免征营业税和企业所得税。

(23)鉴于住房专项维修基金资金所有权及使用的特殊性,对房地产主管部门或其指定机构、公积金管理中心、开发企业以及物业管理单位代收的住房专项维修基金,不计征营业税。

(24)自2004年8月1日起,对军队空余房产租赁收入暂免征收营业税、房产税。

(25)自2005年6月1日起,对公路经营企业收取的高速公路车辆通行费收入统一减按3%的税率征收营业税。

(26)自2011年1月28日起,调整个人转让住房营业税政策,对个人购买住房不足5年转手交易的,统一按销售收入全额征税。

(27)对合格的境外机构投资者委托境内公司在我国从事证券买卖业务取得的差价收入,免征营业税。

(28)对国家邮政局及其所属邮政单位提供邮政普遍服务和特殊服务业务(具体为函件、包裹、汇票、机要通信、党报党刊发行)取得的收入免征营业税。享受免税的党报党刊发行收入按邮政企业报刊发行收入的70%计算。

(29)对高校后勤实体经营学生公寓和教师公寓及为高校教学提供后勤服务取得的租金和服务性收入,免征营业税。对社会性投资建立的为高校学生提供住宿服务并按高教系统统一收费标准收取租金的学生公寓取得的租金收入,免征营业税。

对经营应税项目的个人,营业税法规定了起征点。即按期纳税的,起征点为月营业额 5 000～20000 元;按次纳税的起征点为每次(日)营业额 300～500 元,各省、直辖市、自治区人民政府所属地方税务机关,可以在规定的幅度内,根据当地实际情况确定本地区适用的起征点,并报国家税务总局备案。

6.2.2　利用税收优惠筹划营业税方法

(1)合理运用免税政策,要分开核算应税项目和免税项目的营业额;纳税人兼营营业税免税、减税项目的,应当单独核算免税、减税项目的营业额,为单独核算营业额的,不得免税、减税。

(2)要明确办理免税所需资料和办理程序。

【案例 6-1】　某省营业税起征点为月营业额 5 000 元,某下岗失业人员开设的理发店某月营业额为 5 100 元,应当缴纳营业税。假设服务业营业税税率为 5％。请计算该理发店应当缴纳的营业税和税后利润,并提出税收筹划方案。

该理发店应当缴纳营业税:5 100×5％＝255(元),同时应当缴纳城市维护建设税和教育费附加:255×10％＝25.5(元),合计纳税:255＋25.5＝280.5(元),不考虑其他税负,税后利润为:5 100－280.5＝4 819.5(元)。如果该理发店预先估计本月营业额将略微超过 5 000 元的起征点,则该理发店就可以在月末实行老年人(或者其他人)理发优惠制度,将本月营业额控制在 5 000 元,例如为顾客减免理发费 100 元。此后,该理发店可以免缴营业税,利润为 5 000 元。这样,该理发店既赢得了顾客,同时在该地树立了良好形象,实际上又提高了税后利润。

6.3　利用税法制度设计筹划营业税

6.3.1　利用营业税征税范围进行税收筹划

1.利用不动产置换方式或股权转让等筹划营业税

关于营业税征税范围,相关法律中有如下规定:

①转让企业产权是整体转让企业资产、债权、债务及劳动力的行为,其转让价格不仅仅是由资产价值决定的,与企业销售不动产、转让无形资产的行为完全不同。因此,转让企业产权的行为不属于营业税征收范围,不应征收营业税。

②对股权转让不征收营业税。

③以无形资产、不动产投资入股,参与接受投资方利润分配,共同承担投资风险的行为,不征收营业税。

利用这些关于征税范围的规定,可以通过改变不动产置换方式,利用股权转让改变应税营业额性质等进行税收筹划。

【案例 6-2】　风神公司与华业公司签订房产置换协议,风神公司将自建 2 栋价值合计 1 600 万元的办公楼及 800 万元现金,与华业公司置换其自建价值 2 400 万元的职工宿舍楼。风神公司应缴纳销售不动产营业税及其附加税金额＝(1 600×5％)×(1＋7％＋

3‰)＝88(万元)；华业公司应缴纳销售不动产营业税及其附加税金额＝(2 400×5‰)×(1＋7‰＋3‰)＝132 万元。

依据财税〔2002〕191 号的规定，以无形资产、不动产投资入股，参与接受投资方利润分配，共同承担投资风险的行为，不征收营业税，并对股权转让不征收营业税。因此，可制订税收筹划方案：风神公司与华业公司签订投资协议，风神公司将办公楼作价1 600 万元与800 万元现金合计(1 600＋800)2 400 万元投资到华业公司，暂时成为华业公司股东，并在协议中注明参与接受投资方华业公司利润分配，共同承担投资风险，同时办理办公楼过户手续，待华业公司办理完工商变更手续后，风神公司将2 400 万元股份全部转让给华业公司原股东，风神公司可免缴营业税及其附加税款88 万元。

采用同样方法，华业公司与风神公司签订投资协议，华业公司将职工宿舍作价2 400 万元投资到风神公司，暂时成为风神公司股东，并在协议中注明参与接受投资方风神公司利润分配，共同承担投资风险，同时办理职工宿舍楼过户手续，待风神公司办理完工商变更手续后，华业公司将2 400 万元股份全部转让给风神公司原股东，华业公司可免缴营业税及其附加132 万元。经过上述筹划，双方公司均享受免缴营业税及其附加。

2. 境外提供应税劳务税收筹划

利用境外提供部分应税劳务免税政策也可以进行筹划，根据《财政部、国家税务总局关于个人金融商品买卖等营业税若干免税政策的通知》(财税〔2009〕111 号)的规定，对中华人民共和国境内(以下简称境内)单位或者个人在中华人民共和国境外(以下简称境外)提供建筑业、文化体育业(除播映)劳务暂免征收营业税。对境外单位或者个人在境外向境内单位或者个人提供的文化体育业(除播映)、娱乐业，服务业中的旅店业、饮食业、仓储业，以及其他服务业中的沐浴、理发、洗染、裱画、誊写、镂刻、复印、打包劳务，不征收营业税。在这种情况下，对境外单位和个人从我国取得的全部营业收入不征收营业税。无疑，这一规定有助于税收筹划的进行。

根据《中华人民共和国营业税暂行条例实施细则》(以下简称《营业税暂行条例实施细则》)第四条的规定，在中华人民共和国境内提供该条例规定的劳务、转让无形资产或者销售不动产，是指：①提供或者接受该条例规定劳务的单位或者个人在境内；②所转让的无形资产(不含土地使用权)的接受单位或者个人在境内；③所转让或者出租土地使用权的土地在境内；④所销售或者出租的不动产在境内。

【案例 6-3】 我国某公司准备到境外设立分公司，提供旅店业和饮食业的服务。该分公司服务的对象主要是我国的单位和个人。该分公司一年的营业额预计为1 000 万元。请提出税收筹划方案。

若该公司在境外设立分公司，属于境内单位在境外提供应税劳务。目前，境内单位在境外提供的应税劳务中只有建筑业、文化体育业(除播映)劳务暂免征收营业税，其他劳务都是要缴纳营业税的。因此，该公司需要在我国缴纳营业税：1 000×5‰＝50(万元)。如果该公司在境外设立子公司提供旅店业和饮食业服务，则根据现行政策，境外单位在境外向我国境内的单位和个人提供的旅店业和饮食业劳务是不需要在中国缴纳营业税的。通过公司形式的转化，该公司可以少纳营业税50 万元。

6.3.2　利用税率选择筹划营业税

1.利用不同税目的差异进行税收筹划

营业税按照 9 个税目分别制定税率,但是很多企业的经营行为并不是完全根据这九个税目来划分的,企业的经营行为往往分属于几个不同的税目,或者某些行为的性质比较模糊,可以经过适当调整而在不同税目之间转化。由于不同税目的税率存在一定差异,这就为企业进行税收筹划提供了空间。

目前,营业税税率为:①交通运输业 3%;②建筑业 3%;③金融保险业 5%;④邮电通信业 3%;⑤文化体育业 3%;⑥娱乐业 5%～20%;⑦ 服务业 5%;⑧转让无形资产 5%;⑨销售不动产 5%。

2.从高税率项目向低税率项目转移利润

当企业从事两种适用不同税率的经营项目时,可以适当考虑在两种项目分别核算的前提下,将利润从高税率项目向低税率项目转移,从而减轻税收负担。

【案例 6-4】 某公司是一家融餐饮和娱乐于一体的企业,该公司对娱乐业适用 20% 税率的营业税项目进行了单独核算。2012 年该公司适用 20% 税率的营业税项目的营业额为 1 000 万元,适用 5% 税率的营业税项目的营业额为 500 万元。请计算该公司应当缴纳的营业税及其附加,并提出税收筹划方案。

该公司应当缴纳营业税及其附加:1 000×22%+500×5.5%=247.5(万元)。由于该公司经营的项目分别适用于两种不同的税率,因此,该公司可以考虑对在该公司就餐并进行娱乐项目的顾客采取转让定价策略,即对该顾客就餐收取较高费用,而对顾客从事娱乐项目收取较低费用,通过转让定价可以将该公司 2012 年度适用 20% 税率的营业税项目的营业额降低到 500 万元,适用 5% 税率的营业税项目的营业额相应增加到 1 000 万元。这样,该公司应当缴纳营业税及其附加:500×22%+1 000×5.5%=165(万元)。通过税收筹划,减轻税收负担:247.5-165=82.5(万元)。

6.3.3　兼营行为与混合销售行为的税收筹划

在实际经济活动当中,纳税人从事营业税应税项目,并不仅仅局限在某一应税项目上,往往会同时出现多项应税项目。例如,有些宾馆、饭店,既经营餐厅、客房,从事服务业;又经营卡拉 OK 舞厅,从事娱乐业。又如,建筑公司从事建筑安装(应纳营业税的建筑业),又销售建筑材料(从事应纳增值税的货物销售),等等。对不同的经营行为应有不同的税务处理。这是贯彻执行《营业税暂行条例》,正确处理营业税与增值税关系的一个重点。作为纳税人,必须正确掌握税收政策,准确界定什么是兼营销售和混合销售,才能避免从高适用税率,以维护自身的税收利益。

1.兼营行为的税收筹划

兼营是指纳税人从事两个或两个以上税目的应税项目。对兼有不同税目的应税行为,应分别核算不同税目营业额。因为不同税目营业额确定的标准不同,不同税目适用的税率也不同。我国税法规定,纳税人兼营不同税目应税行为的,应分别核算不同税目的营业额、转让额、销售额,然后按各自的适用税率计算应纳税额;未分别核算的,将从高适用税率计算应纳税额。例如,餐厅既经营饮食业又经营娱乐业,而娱乐业的税率最高可达 20%,对未分别核算的营业额,就应按娱乐业适用的税率征税。

大部分娱乐业的营业税税率较高,如果娱乐业企业在提供娱乐项目的同时,还兼营旅店业、饮食业,则属于兼营不同税目的应税行为,应分别核算娱乐业、旅店业和饮食业的营业额,分别按娱乐业和服务业税率缴纳营业税。未分别核算不同应税项目的营业额,按娱乐业的税率进行纳税。

娱乐业企业经营歌厅、舞厅、台球、保龄球等不同娱乐项目的,应分别核算不同税率项目的营业额,未分别核算的,从高适用税率。

大型购物中心提供购物、餐饮、娱乐、休闲等项目,应分别核算商品销售额和餐饮、娱乐项目的营业额,对商品销售额征收增值税,对餐饮、娱乐项目按各自适用税率征收营业税。若纳税人不分别核算或不能准确核算商品销售额和餐饮、娱乐项目的营业额的,由主管税务机关核定销售额或营业额。

娱乐业企业兼营不同税目或不同税率应税项目的,分别核算有利于减轻税负。在具体操作中,应通过设立子公司、分公司的形式分别核算,而不是仅在财务处理中设立明细科目分别核算。这是由于,税法规定,娱乐业的营业额为经营娱乐业收取的全部价款和价外费用,即对于娱乐业收取的费用无论会计上是否分别核算,都应当并入娱乐业的营业额征税。若从节税角度考虑,将商品零售业务或餐饮业务从娱乐业中分离,前提是超市或餐厅必须构成独立纳税人,可以是子公司或个人独资企业、合伙企业、个体工商户。关键是要取得税务主管机关的认可,以量贩式 KTV 为例,其供应的酒水、零食等,由顾客在单独设立的超市中购买,房间按时计费,价格比原有的歌厅消费标准低。如果量贩式 KTV 把超市零售业务从娱乐业中分离出来,则超市必须是具有独立法人资格的子公司或是个人独资企业、合伙企业、个体工商户,而不能是娱乐公司的分公司、分支机构。

因此,对于适用营业税较高税率的娱乐业,要达到节税的目的,可以把烟、酒和其他食品等销售业务分离出去,注册成立一家商业企业,专门经营烟、酒和其他食品等业务。由于经营商品的进销差价很大,可以把这个商业企业注册成增值税小规模纳税人。这样歌舞厅的应纳税额就分成了两部分,商品销售部分按 3% 税率缴纳增值税,娱乐收入部分按"娱乐业"20% 税率缴纳营业税。

2. 混合销售行为的税收筹划

一项销售行为,如果既涉及应税劳务又涉及货物或非应税劳务,称为混合销售行为。从事货物的生产、批发或零售的企业、企业性单位及个体经营者的混合销售行为,视为销售货物,不缴纳营业税;其他单位和个人的混合销售行为,视为提供应税劳务,应当缴纳营业税。所称从事货物的生产、批发或零售的企业、企业性单位及个体经营者,包括以从事货物的生产、批发或零售为主并兼营应税劳务的企业、企业性单位及个体经营者在内。所谓以从事货物的生产、批发或零售为主,是指纳税人的年货物销售额与非增值税应税劳务营业额的合计数中,年货物销售额超过 50%,非增值税应税劳务营业额不到 50%。例如,某百货商店销售一台热水器,价格为 3 000 元,并上门为顾客安装,需另加安装费 100 元。按税法规定,销售热水器属于增值税的纳税范围,取得的安装费属于营业税中建筑业税目的纳税范围,即该项销售行为涉及增值税和营业税两个税种。但该项销售行为所销售的热水器和收取的安装费又是因同一项销售业务而发生的。因此,该百货商店的这种销售行为实际上是一种混合销售行为。由于该百货商店是从事货物的批发、零售企业,该百货商店取得的 100 元安装费收入应并入热水器的价款一并缴纳增值税,不再缴纳营业税。

当企业从事营业税和增值税的混合销售行为时,若两类行为营业额相差不大,则可通过调整营业额选择"经营主业",从而选择混合销售行为缴纳增值税还是缴纳营业税。由于增值税率和营业税率是变化的,因此,企业选择缴纳增值税还是营业税不是固定的,需要根据具体税率来判断。这种选择方式具有一定的局限性,只适用于那些具有应当征收增值税和营业税的混合销售行为的企业,而且两种销售行为的营业额必须大体相当,这些限定条件决定了这种筹划策略只能适用于个别企业。在企业两种营业额相差过大,或者无法进行营业额的调整时,可以选择设立子公司的方式,将混合销售行为分解为兼营行为来进行税收筹划。

(1)通过"改变经营主业",对混合销售行为进行税收筹划

企业可以通过控制或改变增值税应税货物或劳务和非增值税应税劳务的所占比例,来选择"经营主业",从而选择是缴纳增值税还是缴纳营业税。也就是说,在混合销售行为中,纳税人年货物销售额与非应税货物销售额超过 50%,则缴纳增值税;若年非应税劳务营业额超过 50%,则缴纳营业税。纳税人当然选择税负低的税种。

【案例 6-5】 A 装饰装修公司被税务机关确认为增值税一般纳税人,既销售建材,还对外承接安装、装饰业务。2011 年 5 月,该企业承接了一装饰工程,工程总造价为 100 万元。根据协议规定,该工程采用包工包料的形式,所有建材均由该企业提供,总计 70.2 万元(含增值税价格),其余为营业税的劳务价款。当期允许抵扣的进项税额为 10.2 万元。

A 装饰装修公司(以下简称 A 公司)的该项业务属于混合销售行为。若 A 公司以从事货物的生产、批发或零售为主,则该项业务须缴纳增值税。

应纳增值税税额＝100÷(1+17%)×17%-10.2＝14.53-10.2＝4.33(万元)

若 A 公司以从事增值税非应税劳务为主,则该项业务须缴纳营业税。

应纳营业税税额＝100×3%＝3(万元)

比较可知,若企业可通过核算影响其从事主业的认定,则应当选择缴纳营业税。

类似决策的做出,可通过进项税额平衡点法进行。进项税额平衡点是指使得企业缴纳增值税和缴纳营业税税额相等的进项税额,设企业进项税额为 X,则进项税额平衡点满足下面的关系:

混合销售营业额÷(1+增值税税率)×增值税税率-X＝混合销售营业额×营业税税率

当企业实际可以抵扣的进项税额大于进项税额平衡点时,选择缴纳增值税有利;当企业实际可以抵扣的进行税额小于进行税额平衡点时,选择缴纳营业税有利。对于上例,通过计算可知,X＝11.53,而由于 10.2<11.53,因此应选择缴纳营业税。

(2)通过分解混合销售行为进行税收筹划

【案例 6-6】 某锅炉生产厂每年产品销售收入为 2 800 万元,其中安装、调试收入为 600 万元。该厂除生产车间外,还设有锅炉设计室负责锅炉设计及建筑安装设计工作,每年设计费为 2 200 万元。另外,该厂下设六个全资子公司,其中有建安公司 A、运输公司 B 等,实行汇总缴纳企业所得税。该厂被主管税务机关认定为增值税一般纳税人,对其发生的混合销售行为一并征收增值税。这主要是因为该厂属于生产性企业,而且兼营非应

税劳务销售额未达到总销售额的 50％。由此,该企业每年应缴增值税的销项税额为:(2 800＋2 200)×17％＝850(万元),增值税进项税额为 340 万元,应纳增值税税额为:850－340＝510(万元)。

该厂的增值税税负比例为:510÷(2 800＋2 200)×100％＝10.2％,增值税负担率比较高,请提出税收筹划方案。

通过分析可知,该厂增值税负担率高的原因是设计费占了很大一部分营业额,但是该部分无法抵扣进项税额,因此,若设计费收入缴纳营业税,则可以降低企业税负。在难以把安装、调试收入提高到 50％ 以上时,该企业应选择设立子公司(或者划归子公司)的形式进行税收筹划。

将该厂设计室划归建安公司 A(以下简称 A),随之设计业务划归 A,由 A 实行独立核算,并由 A 负责缴纳税款。将该厂设备安装、调试人员划归 A,将安装调试收入从产品销售的收入中分离出来,归 A 统一核算缴纳税款。通过税收筹划,该锅炉厂产品销售收入为:2 800－600＝2 200(万元),应缴增值税销项税额为:2 200×17％＝374(万元),增值税进项税额为 340 万元,应纳增值税为:374－340＝34(万元),A 应就锅炉设计费、安装调试收入一并征收营业税,应缴纳营业税税额为:(600＋2 200)×5％＝140(万元)。节约税款:510－34－140＝336(万元)。

【案例 6-7】 某大型超市销售空调 1 000 台,不含税销售额 250 万元,当月可抵扣进项税额 40 万元;同时为客户提供上门安装业务,收取安装费 23.4 万元。

分析:销售空调并收取安装费,属于混合销售行为,超市是从事货物批发、零售的企业,因此取得的安装费应和销售额一并缴纳增值税。

应纳增值税税额＝[250＋23.4÷(1＋17％)]×17％－40＝5.9(万元)

筹划方法:超市将安装空调的部门独立出来,并实行独立核算,这样,安装空调的业务就成了营业税的应税行为。

应纳增值税税额＝250×17％－40＝2.5(万元)

应纳营业税税额＝23.4×3％＝0.7(万元)

合计应纳税额＝2.5＋0.7＝3.2(万元),可节税(5.9－3.2)2.7 万元。

6.3.4　通过分解营业额进行税收筹划

《营业税暂行条例》规定,除某些特殊行业外,纳税人的营业额为纳税人提供应税劳务、转让无形资产或者销售不动产收取的全部价款和价外费用。虽然除了娱乐业之外,其他行业适用的营业税税率并不高,但是如果按全额缴税,税负也不低。并且,如果纳税人按全额计算缴税,每经过一道环节,就要缴纳一次营业税,往往会造成重复纳税,加大企业的税收负担。造成这种现象的原因有二:第一,依据"全部价款和价外费用"为营业额之规定,那些实际上具有"代收性质"属于第三方的款项,如果处理不当,也容易混在一起计算缴纳税金,这就造成重复缴税了。第二,由于税法与实际征管的"冲突",如《营业税暂行条例》第五条第三款,在实际税收征收管理中,地税部门一般是按照所开具的发票征税,而不是按照"差价"征税,这样也会加重企业的营业税税负。

【案例 6-8】 2011 年 4 月份,某展览公司在市展览馆举办产品推销会,参展的客户共有 400 家,共取得营业收入 3 500 万元。该展览公司取得收入后,要支付给展览馆租金等费用 1 500 万元。请问应怎样进行税收筹划才能使税负更轻？

(1)税收筹划前的税负分析

由于该展览公司取得的收入属于中介服务收入,应按"服务业"税目计算缴纳营业税,其应缴纳营业税＝3 500×5％＝175(万元)。

(2)税收筹划方案

该展览公司在发出办展通知时,可以规定参展的客户分别交费,其中 2 000 万元服务收入汇到展览公司,由展览公司给客户开具发票,另外 1 500 万元直接汇给展览馆,由展览馆给客户开具发票。但是,改变收款模式可能会给展览馆增加收款工作,双方可以洽谈回报方式。

(3)税收筹划后的税负分析

经过税收筹划后,1 500 万元营业额经过形式上的转换则不需要缴纳营业税,该展览公司只需就取得的提供服务的收入 2 000 万元缴税,其应缴纳营业税:2 000×5％＝100(万元)。在保证双方收入不变、客户和展览馆的税负不变的前提条件下,该展览公司可少缴纳营业税 75(即 175－100)万元。

【案例 6-9】 A 建筑公司(以下简称 A 公司)与 B 公司签订工程成本合同,A 公司承建一个锅炉房,合同总价款为 1 000 万元,其中锅炉价格 600 万元,由 A 公司从 C 锅炉厂购得,A 公司的实际收入是 400 万元,但要按 1 000 万元纳税,缴纳的营业税为:1 000×3％＝30(万元)。

筹划方案:改变交易模式:签订三方合同,A 公司负责施工,合同价款为 400 万元;C 锅炉厂负责供应锅炉,合同价款为 600 万元。则 A 公司应缴纳的营业税为:400×3％＝12(万元)。

在锅炉厂缴纳的税金没有变化的前提条件下,施工企业的税负由 30 万元降低到 12 万元,降低率为 60％,实属可观。

需要交代的是:建筑业的营业税是依据营业额和税率计算的,营业额是指建筑企业向对方收取的全部价款和价外费用。不收取价款,就不涉及税收。但现实中由于存在工程项目"转手"等现象,一些企业存在代收款项,这就产生了重复纳税。三方或多方合同的作用就是减少款项的周转。消除了代收款项,也就消除了重复纳税。

【案例 6-10】 某建筑设计公司的主要业务是绘制图纸,但同时还承揽一些工程建设业务。2011 年 5 月份,该建筑设计公司承包了一项工程建设业务,负责承建某卷烟厂的卷烟厂房,合同整体款为 3 500 万元,其中卷烟设备的价格为 2 000 万元,实际取得的收入为 1 500 万元。根据《营业税暂行条例》的规定,该建筑设计公司必须按全额 3 500 万元缴税,应缴纳营业税为:3 500×3％＝105(万元)。

该建筑设计公司可以修改交易方式,和卷烟设备厂签订第三方合同。建筑设计公司只负责施工,签订的合同价款为 1 500 万元,卷烟设备厂负责供应卷烟设备,签订的合同价款为 2 000 万元。那么,该建筑设计公司卷烟设备部分就不需缴纳营业税,施工部分只按"建筑业"3％的税率缴纳营业税即可。筹划后,该建筑设计公司应缴纳营业税＝1 500×3％＝45(万元),实现节税(105－45)60 万元。

因此,对于一些存在"转手"或"过手"等现象的工程项目,或一些有代收款项的企业,可以通过签订三方或者多方合同,减少款项的周转或代收,达到消除营业税重复纳税的目的。

【案例 6-11】 丰收公司与利新公司签订了一份生产线安装合同,合同约定:丰收公司为利新公司安装一条生产线,安装合同总价为 4 000 万元,由丰收公司代利新公司购买安装用机器设备,价款为 3 500 万元,安装劳务费为 500 万元,安装生产线完工验收合格后利新公司一次性支付合同总价款 4 000 万元给丰收公司。丰收公司应缴纳营业税及其附加 =(4 000×3%)×(1+7%+3%)=132(万元)。

对于以上案例进行税收筹划,可以通过改变设备提供方式,来分解应税营业额。关键思路为将丰收公司代利新公司购买安装用机器设备的价款 3 500 万元从安装工程款中剔除,降低丰收公司营业额,只就安装劳务费 500 万元缴纳营业税及其附加。可采用重新签订安装合同办法,合同内容改为:安装用机器设备由利新公司提供,安装生产线完工验收合格后利新公司一次性支付安装劳务费 500 万元给丰收公司。按此合同,丰收公司应缴纳营业税及其附加金额 =(500×3%)×(1+7%+3%)=16.50(万元),税收筹划后减少营业税及其附加支出 115.50 万元。

6.3.5 通过签订不同合同进行税收筹划

合同签订类型的不同对企业的营业税税负也会造成不同影响,企业可利用相关规定进行税收筹划。

【案例 6-12】 在工程施工中,某项工程的土石方工程需要拥有大型挖掘机、装卸机的施工单位完成。施工企业 A 下属一家子公司 B 机械租赁公司(以下简称租赁公司 B)拥有建筑工程施工资质,所以此项土石方工程由租赁公司 B 承接。合同约定租赁台班费总价 200 万元。因为施工企业 A 与租赁公司 B 签订的是分包合同而不是租赁合同,则租赁公司 B 的营业税是 6 万元。

租赁业务营业税税率是 5%,建筑业营业税税率是 3%。那么对于租赁公司 B 来说,如果签订的是租赁合同,那么营业额将按照 5% 来缴纳营业税,此时的营业税税额是 200×5%=10(万元)。现在签订的是分包合同,那么按照 3% 的税率缴纳营业税,此时的营业税税额是 200×3%=6(万元)。由此可见,节约营业税:10−6=4(万元)。

合同注明事项对企业日后纳税水平也有影响,例如在合同中区分混合销售中的材料费用和劳务费用就是很重要的一点。

【案例 6-13】 施工企业 A 在工程施工中,需要进行一项装饰工程,下属市政材料生产子公司 C 生产工程需要的装饰材料并提供该种安装业务。于是,子公司 C 与施工单位签订了一份 500 万元的合同,其中,单独注明了材料价值 400 万元,安装费 100 万元。其中增值税进项税额是 25 万元。

根据营业税相关法律规定,提供建筑业劳务的同时销售自产货物的行为,应当分别核算应税劳务的营业额和货物的销售额,其应税劳务的营业额缴纳营业税,货物的销售额不缴纳营业税;未分别核算的,由主管税务机关核定其应税劳务的营业额。子公司 C 签订合同时注明将材料销售业务和材料安装业务分开,此时的 100 万元安装费只需按建筑业 3% 的税率缴纳营业税,需缴纳的税额包括增值税:400÷(1+17%)×17%−25=33.12(万元),营业税:100×3%=3(万元),税额总计 36.12 万元。而如果子公司在合约中不单独注明,则由主管税务机关进行核定,很可能导致多缴税。

【案例 6-14】　太华商场为增值税一般纳税人,适用增值税税率为 17％,本年向货物供应商收取与销售额挂钩管理费收入合计 500 万元。应缴纳增值税及其附加＝(500/1.17×17％)×(1＋7％＋3％)＝79.91(万元)。

依据国税发〔2004〕第 136 号的规定,商业企业向供货方收取的部分收入,按以下原则征收增值税或营业税:①对商业企业向供货方收取的与商品销售量、销售额无必然联系,且商业企业向供货方提供一定劳务的收入,例如进场费、广告促销费、上架费、展示费、管理费等,不属于平销返利,不冲减当期增值税进项税金,应按营业税的适用税目税率征收营业税。②对商业企业向供货方收取的与商品销售量、销售额挂钩(如以一定比例、金额、数量计算)的各种返还收入,均应按照平销返利行为的有关规定冲减当期增值税进项税金,不征收营业税。

根据上述税法有关规定,可制订税收筹划方案如下:太华商场与货物供应商签订货物装卸劳务合同,规定太华商场为货物供应商按货物供应量提供货物装卸劳务服务,收取货物供应商货物装卸上架费 500 万元。由于货物装卸上架费与商品销售量、销售额无必然联系,只与货物供应量有关,且商场提供了装卸劳务,则货物装卸上架费 500 万元不视为平销返利,可按营业税的适用税率征收营业税,太华商场应缴纳营业税及其附加＝(500×3％)×(1＋7％＋3％)＝16.50(万元)。经筹划减少税收支出 63.41 万元。

【案例 6-15】　某宾馆将其所属的一栋饭店出租,该饭店的房产原值为 500 万元。职工李某经过竞标,以年租金 50 万元获得 6 年的承租权。根据双方事先约定,李某在财务上独立核算,享有独立的生产经营权。针对出租饭店这项业务,该宾馆每年应缴纳的税款如下:应缴纳营业税金额＝50×5％＝2.5(万元);应缴纳城市维护建设税和教育费附加金额＝2.5×(7％＋3％)＝0.25(万元);应缴纳房产税金额＝50×12％＝6(万元);该宾馆共应缴纳税款＝2.5＋0.25＋6＝8.75(万元)。

该宾馆可以要求李某既不办理独立营业执照,亦不办理税务登记证,同时也不签订租赁合同,每年按时把原来的"上交租金"改为"上交管理费",把饭店视作该宾馆的内设机构,即仍以宾馆的名义对外经营饭店,那么宾馆收取李某房屋租金部分的房产税、营业税及其附加就可以免除,只负担房产原值部分的房产税,而此时房产税也以"管理费"形式上交给宾馆,这样宾馆承担的税负就大大降低了。

筹划后,由李某承担的房产原值部分房产税以"管理费"形式上交给宾馆,该宾馆再按规定向地税部门缴纳房产税,应缴纳房产税＝[500×(1－30％)×1.2％]＝4.2(万元),比筹划前少缴纳税款(8.75－4.2)4.55 万元。

因此,对于那些企业内部职工在本企业从事的营业行为,企业可以将其设置为内设机构,在依法不办理税务登记证的情况下,既可以免除营业税纳税义务,又可以降低其他部分的税负。

【案例 6-16】　华新宾馆将其所属的凤凰饭店出租,该饭店的房产原值为 400 万元。华新宾馆职工李华以年租金 40 万元获得 3 年的承租权。双方签订租赁合同,李华在财务上独立核算,享有独立的生产经营权,并单独领取营业执照,办理税务登记证,每年上交租金 40 万元,针对出租饭店这项业务,华新宾馆每年应缴纳营业税及其附加金额＝(40×5％)×(1＋7％＋3％)＝2.2(万元),应缴纳出租饭店房产税金额＝40×12％＝4.8(万元),合计缴纳税款 7 万元。

如果承包人或承租人未领取任何类型的营业执照，且不办理税务登记证，而作为企业的内设机构来处理，这样企业向其提供各种资产所收取的各种名目的价款，均属于企业内部分配行为，不属于租赁行为。华新宾馆可进行如下筹划：与李华签订上交管理费合同，把原来每年"上交租金 40 万元"改为"上交管理费 40 万元"，同时李华不办理独立营业执照及税务登记证，这样一来，凤凰饭店可视作华新宾馆的内设机构，即仍以华新宾馆的名义对外经营凤凰饭店，则华新宾馆收取李华房屋租金部分的房产税、营业税及其附加就可以免除，只负担房产原值部分的房产税（此时房产税也以"管理费"形式上交给宾馆）。这样，华新宾馆每年只需按房产原值缴纳房产税 3.36 万元[400×（1－30％）×1.2％]，共可少缴纳税款 3.64 万元。

【案例 6-17】 某培训公司在全国各地举办培训，培训项目一般均提供住宿和餐饮。公司预计 2010 年度营业收入将达到 1 000 万元，其中公司支付给宾馆的住宿费和餐饮费有 400 万元。关于收费模式，该公司有两套方案可供选择。方案一：向学员收取 1 000 万元培训费，再向宾馆支付 400 万元费用。方案二：向学员收取 600 万元培训费，代宾馆收取 400 万元住宿费和餐费，发票由宾馆直接向学员开具。从节税的角度出发，该公司应当选择哪套方案？

方案一：

如果向学员收取 1 000 万元培训费，再向宾馆支付 400 万元费用，该公司纳税情况如下：应纳营业税为：1 000×5％＝50（万元）；应纳附加税为：50×10％＝5（万元）；累计纳税额为：50＋5＝55（万元）。

方案二：

如果向学员收取 600 万元培训费，代宾馆收取 400 万元住宿费和餐费，发票由宾馆直接向学员开具，该公司纳税情况如下：应纳营业税为：600×5％＝30（万元）；应纳附加税为：30×10％＝3（万元）；累计纳税额为：30＋3＝33（万元）；减少纳税额为：55－33＝22（万元）。

因此，该公司应当选择方案二。方案二由于将代收的各项费用全部从营业额中排除，从而达到了节税效果。

6.3.6 营业税缴纳时间的筹划方法

1. 恰当选择开票时机

根据《营业税暂行条例》第五条的规定，纳税人的营业额为纳税人提供应税劳务、转让无形资产或者销售不动产收取的全部价款和价外费用。根据《营业税暂行条例》第十二条的规定，营业税纳税义务发生时间为纳税人提供应税劳务、转让无形资产或者销售不动产并收讫营业收入款项或者取得索取营业收入款项凭据的当天。根据《营业税暂行条例实施细则》第二十四条的规定，收讫营业收入款项，是指纳税人应税行为发生过程中或者完成后收取的款项。取得索取营业收入款项凭据的当天，为书面合同确定的付款日期的当天；未签订书面合同或者书面合同未确定付款日期的，为应税行为完成的当天。实践中，营业税的纳税义务一般以开具发票之日来确定。因此，一旦纳税人开具发票就负有缴纳营业税的义务。纳税人可以通过恰当选择合适的开票时机来进行税收筹划。

根据《国家税务总局关于营业税若干问题的通知》（国税发〔1995〕76 号）的规定，对俱乐部、交易所或类似的会员制经济、文化、体育组织,在会员入会时收取的会员费、席位费、资格保证金和其他类似费用,如果在会员退会时予以退还,并且账务上直接冲减退还当期的营业收入,在计算缴纳营业税时可以从当期的营业额中减除。对于涉及退还培训费的情况可以比照上述规定予以处理,但如果在退还当期没有营业收入,实际上还是由企业承担营业税。另外,如果企业账务处理并不是直接冲减退还当期的营业收入,则无法按照上述方法进行计算。因此,在实践中,纳税人最好等相关收费金额确定以后再开具正式发票。

【案例 6-18】　某培训公司从事某项执业资格培训项目,参加该培训的学员分为全日制班和周末班,全日制班时间跨度一般为 35 天,周末班时间跨度一般为 140 天。学费在开学第一天交齐,学员随时可以退出学习,学费按照比例退还。另外,课程还设计了保过班,即保证学员通过资格考试,凡是未通过资格考试的可以退还相应科目的学费,保过班从收取学费到考试结束的周期为 5 个月。2009 年度,该培训公司共收取学费 1 000 万元,收费当日即开票,事后退还学费 100 万元,退还的学费无法开票。2010 年度预计全日制班将收取学费 200 万元,退还学费约 10 万元,周末班将收取学费 600 万元,退还学费约 30 万元,保过班将收取学费 500 万元,退还学费约 100 万元。关于开票日期的选择,该培训公司有两套方案可供选择。方案一:维持 2009 年度收取学费即开票的方法。方案二:收取学费时先开收据,待学习结束或者考试结束收费金额确定后再开具正式发票,市场月利率为 1%。从节税的角度出发,该公司应当选择哪套方案?

方案一:

如果维持 2009 年度收取学费即开票的方法,该公司的纳税和收益情况如下:应税营业额为:200+600+500＝1 300(万元);应纳营业税为:1 300×5%＝65(万元);应纳附加税为:65×10%＝6.5(万元);累计纳税额为:65+6.5＝71.5(万元)。

方案二:

如果收取学费时先开收据,待学习结束或者考试结束收费金额确定后再开具正式发票,该公司的纳税和收益情况如下:应税营业额为:200+600+500－10－30－100＝1 160(万元);应纳营业税为:1 160×5%＝58(万元);应纳附加税为:58×10%＝5.8(万元);累计纳税额为:58+5.8＝63.8(万元);减少纳税额为:71.5－63.8＝7.7(万元);全日班纳税额为:(200－10)×5.5%＝10.45(万元);延期纳税利息为:10.45×1%＝0.1(万元);周末班纳税额为:(600－30)×5.5%＝31.35(万元);延期纳税利息为:31.35×1%×5＝1.57(万元);保过班纳税额为:(500－100)×5.5%＝22(万元);延期纳税利息为:22×1%×5＝1.1(万元);累计增加利润:7.7+0.1+1.57+1.1＝10.47(万元)。

因此,该培训公司应当选择方案二。方案二由于充分把握了恰当的开票时机从而达到了节税效果。

工程决算时,要掌握好营业税的纳税义务发生时间。此阶段,税收筹划的操作空间就比较小,需要做的就是在规定的日期内尽可能推迟营业税的申报缴纳,取得资金的时间价值,缓解资金压力。

【案例 6-19】　施工企业 A 和建设单位甲在合同中约定的某项目工程结算书提交时间是 2009 年 12 月 25 日,甲方付款时间是 2010 年 6 月 25 日。施工企业 A 的会计在2010 年 3 月 25 日的时候,按照完工百分比法,确认了企业应纳税所得额的收入计税基础,然后按照对应的收入提取了营业税金及其附加,因此本期应缴营业税产生了贷方发生额,但是施工企业A并没有在接下来立刻申报缴纳企业的营业税,而是在2010年6月25日约定的工程款支付日期才申报缴纳营业税。

根据以下法律法规:

(1)《营业税暂行条例》第十二条规定:营业税纳税义务发生时间为纳税人提供应税劳务、转让无形资产或者销售不动产并收讫营业收入款项或者取得索取营业收入款项凭据的当天。

(2)《营业税暂行条例实施细则》第二十四条规定:条例第十二条所称取得索取营业收入款项凭据的当天,为书面合同确定的付款日期的当天;未签订书面合同或者书面合同未确定付款日期的,为应税行为完成的当天。

(3)《关于确认企业所得税收入若干问题的通知》(国税函〔2008〕875号)规定:企业在各个纳税期末,提供劳务交易的结果能够可靠估计的,应采用完工进度(完工百分比)法确认提供劳务收入。

建筑业由于在营业税和企业所得税确立纳税义务发生时间(即收入确认时间)上面的差异,所以在所得税法上规定的应缴所得税的纳税时间和营业税法规上规定的应缴营业税纳税的时间是不同的,特别是在合同约定的付款日期滞后于工程结算日期的时候,应该注意营业税的纳税义务发生日期。

6.4　避免不利的税收负担

6.4.1　合作建房税收筹划

通过合作建房的方式也可以成功进行税收筹划。所谓合作建房,就是指一方提供土地使用权,另一方提供资金,双方合作,建造房屋。根据《营业税问题解答(之一)》(国税函发〔1995〕156号)的规定,合作建房有两种方式,即纯粹"以物易物"的方式和成立"合营企业"的方式,两种方式中又因具体情况的不同产生了不同的纳税义务。在这种情况下,纳税人只要认真筹划,就会取得很好的效果。

合作建房的两种方式如下:

第一种方式是纯粹的"以物易物",即双方以各自拥有的土地使用权和房屋所有权相互交换。具体的交换方式也有以下两种:

(1)土地使用权和房屋所有权相互交换,双方都取得了拥有部分房屋的所有权。在这一合作过程中,甲方以转让部分土地使用权为代价,换取部分房屋的所有权,发生了转让土地使用权的行为;乙方则以转让部分房屋的所有权为代价,换取部分土地的使用权,发生了销售不动产的行为。因而合作建房的双方都发生了营业税的应税行为。对甲方应按"转让无形资产"税目中的"转让土地使用权"子目征收营业税;对乙方应按"销售不动产"税目征收营业税。由于双方没有进行货币结算,因此应当按照《营业税暂行条例实施细则》的规定分别核定双方各自的营业额。如果合作建房的双方(或任何一方)将分得的房屋销售出去,则又发生了销售不动产行为,应对其销售收入再按"销售不动产"税目征收营业税。

（2）以出租土地使用权为代价换取房屋所有权。例如，甲方将土地使用权出租给乙方若干年，乙方投资在该土地上建造建筑物并使用，租赁期满后，乙方将土地使用权连同所建的建筑物归还甲方。在这一经营过程中，乙方是以建筑物为代价换得若干年的土地使用权，甲方是以出租土地使用权为代价换取建筑物。甲方发生了出租土地使用权的行为，对其按"服务业——租赁业"征收营业税；乙方发生了销售不动产的行为，对其按"销售不动产"税目征收营业税。对双方分别征税时，其营业额也按《营业税暂行条例实施细则》的规定核定。

第二种方式是甲方以土地使用权乙方以货币资金合股，成立合营企业，合作建房。对此种形式的合作建房，则要视具体情况确定如何征税。

（1）房屋建成后，如果双方采取风险共担、利润共享的分配方式，按照营业税"以无形资产投资入股，参与接受投资方的利润分配、共同承担投资风险的行为，不征营业税"的规定，对甲方向合营企业提供的土地使用权，视为投资入股，对其不征营业税；只对合营企业销售房屋取得的收入按销售不动产征收营业税；对双方分得的利润不征营业税。

（2）房屋建成后，甲方如果采取按销售收入的一定比例提成的方式参与分配，或提取固定利润，则不属营业税所称的投资入股不征营业税的行为，而属于甲方将土地使用权转让给合营企业的行为，那么，对甲方取得的固定利润或从销售收入按比例提取的收入按"转让无形资产"税目征收营业税；对合营企业则按全部房屋的销售收入依"销售不动产"税目征收营业税。

（3）如果房屋建成后双方按一定比例分配房屋，则此种经营行为，也未构成营业税所称的以无形资产投资入股，共同承担风险的不征营业税的行为。因此，首先对甲方向合营企业转让的土地，按"转让无形资产"税目征收营业税，其营业额按《营业税暂行条例实施细则》的规定核定。因此，对合营企业的房屋，在分配给甲乙方后，如果各自销售，则再按"销售不动产"税目征收营业税。

【案例 6-20】　甲乙两个企业合作建房，甲企业提供土地、乙企业提供资金。甲、乙两企业合同约定，房屋建好以后，双方均分，完工后经有关部门评估，该建筑物价值为 1 500 万元，于是甲、乙两企业各得 750 万元的房屋。

根据规定，甲企业通过转让土地使用权而拥有了部分新房屋的所有权，从而产生转让无形资产应缴纳营业税的义务。此时，转让无形资产即土地使用权的营业额为 750 万元，甲企业应纳营业税额为：$750 \times 5\% = 37.5$（万元）。

若甲企业进行事前税收筹划，则可不必缴纳营业税，具体操作过程如下：

甲企业以土地使用权，乙企业以货币资金合股成立合营企业，合作建房，房屋建成以后，双方采取风险共担、利润共享的分配方式。而现行营业税法规定：以无形资产投资入股，参与接受投资方的利润分配、共同承担投资风险行为，不征营业税。由于甲企业投资的土地使用权是无形资产，因此，就不须缴纳营业税，仅此一项甲企业就节省营业税款 37.5 万元，这就是事前进行税收筹划的效果。

确定营业额时，安装工程作业尽可能不要将设备价值作为安装工程产值，因为如果设备价值作为安装工程产值，则设备价值包括在营业额中，从而不利于节税。

确定营业额时，纳税人一方面应注意建筑、修缮、装饰工程所用材料、物资和动力应包括在营业额中，另一方面通过一物多用、减少价款计算等合法手段减少营业额，从而达到节税的目的。

6.4.2 运输业的节税策略

运输企业自中华人民共和国境内运载旅客或货物,在境外改由其他企业承运旅客或者货物的,以全程运费减去付给该承运企业的运费后的余额为营业额。因此,从企业节税角度考虑,应当要求外方承运时扩大运费从而冲减总运费,寻求外方用其他方式回报高费用冲减带来的损失。

【案例 6-21】 某工厂和一运输公司签订一项货物运输合同,合同规定,运输公司负责将工厂货物运往某国 A 地,总运费为 80 万元人民币,该运输公司将货物运往某国 B 地以后,委托该国另一家企业,将货物运往 A 地同时支付运费 20 万元。

则运输企业该项业务应纳营业税为

$(80-20)\times 3\% = 1.8$(万元)

如果支付给国外企业运输费为 40 万元,则该运输企业该项业务应纳营业税为

$(80-40)\times 3\% = 1.2$(万元)

减少了$(1.8-1.2)0.6$万元。国内运输公司虽然收入减少,但可以商榷从国外运输企业的其他方面得到补偿。

6.4.3 旅游业节税策略

旅游业务以全部收费减去为旅游者付给其他单位的食宿费用、交通费用、门票费和其他代付费用后的余额为营业额。组织旅游团到中国境外旅游,在境外改由其他旅游企业接团的,或者组织旅游团在中国境内旅游的,改由其他旅游企业接团的,以全程旅游费减去付给该接团企业的旅游费后的余额为营业额。这样,各旅游团之间,通过配合就有了节税可能,特别是在收费项目和门票费用上,旅游团及导游通过各种形式回扣节税。

6.4.4 建筑、安装业的材料费和设备价款节税策略

建筑、修缮、装饰工程作业行为的营业额,不论纳税人与对方如何结算,其工程用材料费用均应包括在营业额中。安装工程作业中的设备价款,如果该设备价款作为安装工程产值的,营业额中则应包括该设备价款。因此,企业从节税角度看,企业常常通过降低材料费用和设备价款的方式降低营业额,达到节税的目的。

【案例 6-22】 有一施工企业甲为某建设单位乙合同约定建造一座宿舍楼,总承包价为 800 万元。工程所需要材料由建设单位乙来购买,价款为 600 万元,价款结清以后,施工企业甲应纳营业税为:$(800+600)\times 3\% = 42$(万元)。

若甲企业进行税收筹划,不让乙企业购买建筑材料,而由甲企业进行购买,这样甲企业就可以利用自己在建材市场的优势,诸如熟悉建材市场行情、客户相对熟悉等因素,以相对低价买到原材料,若甲企业以 500 万元的价款买到所需材料,这样总承包价就变成了 1 300 万元,此时,甲企业应纳营业税额为:$1\,300\times 3\% = 39$(万元),与筹划前相比节约$(42-39)3$万元。

6.4.5　转贷业务节税策略

转贷业务是指将借入的资金贷与他人使用的业务(将吸收的单位或者个人的存款或自有资金贷与他人使用的业务不属于转贷业务)。转贷业务以贷款利息减去借款利息后的余额为营业额。转贷业务节税策略在于人为地增大借款利息,缩小贷款利息,从而缩小营业额,达到节税目的。

6.4.6　单位和个人演出业务节税策略

单位或个人演出,以全部票价收入或者包场收入减去付给提供演出场所的单位、演出公司或者经纪人的费用后的余额为营业额。纳税人通过人为设计降低票价收入或者包场收入,扩大演出公司或者经纪人支出(同时又用其他形式返回),从而压缩营业额,达到节税目的。

6.4.7　委托代销方式的税收筹划

企业在销售方式上经常采用委托代销方式,这种销售方式主要存在两种具体的形式:第一种形式为收取代销费方式,即委托方将商品交付给受托方,受托方按照委托方的定价销售商品,商品销售以后,委托方确认收入,缴纳增值税,并支付受托方代销费,受托方收取代销费以后需要缴纳营业税。第二种形式为视同买断方式,即委托方和受托方签订合同,委托方将商品按照一定的价格交付给受托方,由受托方按照一个较高的价格销售商品,两个价格之间的差价作为受托方的收入,委托方不再支付手续费。在这种方式下(收取代销费方式),委托方将商品交付受托方时不需要确认收入,当受托方销售商品以后,委托方和受托方同时确认收入,委托方缴纳增值税,受托方也需要缴纳增值税。后面一种方式不用缴纳营业税,在税收上较为有利。

【案例 6-23】 甲企业委托乙企业(双方都是增值税一般纳税人)代理销售自己生产的商品,双方在合同中约定,每件商品售价 300 元(不含税),乙企业按销售收入的 30% 收取代理费。乙企业在 2009 年 9 月,共销售了 800 件商品。请计算双方的税收负担,并提出税收筹划方案。

甲企业应当支付代理费:$300 \times 800 \times 30\% = 72\ 000$(元)。乙企业应当缴纳营业税及其附加为:$300 \times 800 \times 30\% \times 5\% \times (1+10\%) = 3\ 960$(元)。不考虑其他成本和费用,乙企业的所得税前利润为:$72\ 000 - 3\ 960 = 68\ 040$(元)。不考虑其他成本和费用,甲企业的税前利润为:$300 \times 800 - 72\ 000 = 168\ 000$(元)。

通过税收筹划,乙企业可以将代理销售改为购进货物再销售,乙企业可以按照 213 元(不含税)的价格从甲企业进货,再以 300 元(不含税)的价格对外销售,由于增值税是由消费者负担的,乙企业不需要负担增值税,此时也不需要缴纳营业税。不考虑其他成本和费用,乙企业的所得税税前利润为:$(300 - 213) \times 800 = 69\ 600$(元)。增加利润:$69\ 600 - 68\ 040 = 1\ 560$(元)。不考虑其他成本和费用,甲企业的税前利润为:$800 \times 213 = 170\ 400$(元)。增加利润:$170\ 400 - 168\ 000 = 2\ 400$(元)。甲乙两个企业都增加了利润。

6.4.8 改变运费收取方式以减轻税收负担

企业在销售货物时所收取的运费,根据具体形式的不同,需要缴纳增值税或者营业税。根据《增值税暂行条例》第六条的规定,销售额为纳税人销售货物或者应税劳务向购买方收取的全部价款和价外费用,但是不包括收取的销项税额。根据《增值税暂行条例实施细则》第十二条的规定,同时符合以下条件的代垫运费不属于价外费用,不征增值税:

(1)承运部门的运输费用发票开具给购买方的。

(2)纳税人将该项发票转交给购买方的。

这种选择性就为企业进行税收筹划提供了空间。在一定条件下,企业可以将自营车辆设立为运输子公司,通过让子公司开具普通发票收取运费,使运费收入转变为符合免征增值税条件的代垫运费,从而降低税负。

【案例6-24】 甲企业为增值税一般纳税人,某月销售给乙企业某产品8 000件,不含税销售价100元/件,价外运费15元/件,同期进项税额为100 000元,其中自营汽车所耗用的油料等抵扣进项税额5 000元。请计算甲乙两个企业需要缴纳的营业税和增值税,并提出税收筹划方案。

根据案例所述情况,甲企业该月的销项税额为:$8\ 000 \times 100 \times 17\% + 8\ 000 \times 15 \div (1 + 17\%) \times 17\% = 153\ 435.9$(元),应纳增值税额为:$153\ 435.9 - 100\ 000 = 53\ 435.9$(元)。如果设立运输子公司,改变运费收取方式,使运费收入转变为符合免征增值税条件的代垫运费,则甲企业的销项税额为:$8\ 000 \times 100 \times 17\% = 136\ 000$(元),同时甲企业自营汽车原本可以抵扣的5 000元进项税额此时不能予以抵扣,进项税额变为95 000元,甲企业应纳增值税:$136\ 000 - 95\ 000 = 41\ 000$(元),运输子公司应缴纳的营业税为:$8\ 000 \times 15 \times 3\% = 3\ 600$(元),总体而言,甲企业该月税收负担为:$41\ 000 + 3\ 600 = 44\ 600$(元)。由此可见,改变运费收取方式后甲企业减轻税收负担:$53\ 435.9 - 44\ 600 = 8\ 835.9$(元)。相应还会减少883.59($8\ 835.9 \times 10\%$)元的城市维护建设税和教育费附加。

练习题

一、单项选择题

1.我国营业税采用(　　)税率形式。

　A.定额税率　　　　B.累进税率　　　　C.超额累进税率　　　　D.比例税率

2.现行营业税共有(　　)税目。

　A.14个　　　　B.8个　　　　C.12个　　　　D.9个

3.下列行业中,(　　)不按3%的税率缴纳营业税。

　A.娱乐业　　　　B.邮电通信业　　　　C.文化体育业　　　　D.交通运输业

4.下列项目中,属于营业税征税范围的有(　　)。

　A.转让无形资产在境外使用

　B.在境外组织入境游

　C.境外保险机构为出口货物在境外提供的保险劳务

　D.境外保险机构为境内货物提供的保险劳务

5.关于营业税科目的划分,下列表述正确的有(　　)

　　A.管道运输业务属于交通业务

　　B.广告播映属于娱乐业务

　　C.报社向作者收取的版面费属于文化体育业

　　D.旅游景点的游船收入属于运输业

6.下列项目中,属于营业税中服务业征收范围的是(　　)。

　　A.旅游行业　　　　B.歌厅　　　　C.高尔夫球　　　　D.网吧

7.按《营业税暂行条例实施细则》的规定,企业下列行为中,属于兼营应税劳务与货物或非应税劳务的有(　　)。

　　A.运输企业销售货物并负责运输所售货物

　　B.饭店开设客房、餐饮从事服务业务并附设商场销售货物

　　C.药店销售药品并提供医疗咨询服务

　　D.建筑公司为承建的某项工程既提供建筑材料又承担建筑、安装业务

二、多项选择题

1.下列项目中,免征营业税的有(　　)。

　　A.残疾人本人为社会提供的劳务　　　　B.医院为患者提供的医疗服务

　　C.公园的第一道门票收入　　　　D.博物馆第一道门票收入

2.下列项目中,免征营业税的有(　　)

　　A.学生勤工俭学提供的劳务

　　B.个人转让著作权

　　C.保险公司开展一年以上返还性人身保险业务

　　D.托儿所、幼儿园提供养育服务取得的收入

三、判断题

1.营业税是价外税。　　　　　　　　　　　　　　　　　　　　　(　　)

2.公园内的游艺场(射击、碰碰车、游戏机等)应按文化体育业缴纳营业税。(　　)

3.娱乐业是指娱乐活动提供场所和服务的业务,应按20%税率征收营业税。(　　)

四、案例分析

　　北京某展览公司是一家中介服务公司,主要业务是帮助外地客商在北京举办展览会,在北京市场上推销其产品。2012年6月,该展览公司在北京某展览馆举办了一场西服展览会,支付展馆租金100万元。共有100家厂商参展,每家厂商收费2万元。展览公司会计认为,应按200万元的营业额缴纳营业税。

　　请分析展览公司是否具备税收筹划空间,并提出筹划方案。

第7章 增值税筹划

课程内容

利用税收优惠政策筹划增值税、利用税法制度设计筹划增值税,包括纳税人身份选择筹划、供应商类型选择、选择有利核算方式、兼营与混合销售的税收筹划、抵扣方面的筹划、增值税缴纳方面的筹划等。

基本要求

一、熟悉增值税税收优惠政策相关规定;了解增值税税收制度设计差异及其税收筹划空间。

二、掌握利用税收优惠政策筹划增值税;掌握利用税收制度设计筹划增值税的各种具体方法,掌握如何选择纳税人身份、如何选择供应商类型、如何选择有利的核算方式;掌握如何筹划兼营行为与混合销售行为、筹划可抵扣的进项税额;掌握如何在缴纳方面筹划增值税。

7.1 增值税筹划概述

增值税作为我国三大流转税之一,具有税负转嫁的特性,在税收筹划的路径上,可以从利用税收优惠政策、利用税法的制度设计、避免不利的税收负担等几个方面进行。其中,从利用税法的制度设计角度考虑增值税的税收筹划问题,比较复杂,但筹划方法也比较多。

7.2 利用税收优惠政策筹划增值税

7.2.1 增值税减免税政策内容

增值税的税收优惠政策,主要是包括减免税项目、先征后退、即征即退等和起征点的规定。

1. 免税项目

《中华人民共和国增值税暂行条例》(以下简称《增值税暂行条例》)规定的免税项目:

(1)农业生产者销售的自产农产品。

农业,是指种植业、养殖业、林业、牧业、水产业。农业生产者,包括从事农业生产的单位和个人。农业生产者销售的自产农产品,是指直接从事植物的种植、收割和动物的饲养、捕捞的单位和个人销售的自产农产品,具体范围由财政部、国家税务总局确定;对上述单位和个人销售的外购农产品,以及单位和个人外购农产品生产、加工后销售的仍然属于规定范围的农业产品,不属于免税范围,应当按照规定的税率征收增值税。

(2)避孕药品和用具。

(3)古旧图书。古旧图书,是指向社会收购的古书和旧书。

(4)直接用于科学研究、科学试验和教学的进口仪器、设备。

(5)外国政府、国际组织无偿援助的进口物资和设备。

(6)由残疾人的组织直接进口供残疾人专用的物品。

(7)销售的自己使用过的物品。自己使用过的物品,是指其他个人自己使用过的物品。

2. 起征点的规定

增值税起征点的规定涉及征税范围的大小问题,即未达到起征点的不列入增值税的征税范围。增值税起征点的适用范围限于个人。增值税起征点的幅度规定如下:

(1)销售货物的,为月销售额2 000～5 000元;

(2)销售应税劳务的,为月销售额1 500～3 000元;

(3)按次纳税的,为每次(日)销售额150～200元。

上述所称的销售额,是指小规模纳税人的销售额,即小规模纳税人的销售额不包括其应纳税额。

省、自治区、直辖市财政厅(局)和国家税务局应在规定的幅度内,根据实际情况确定本地区适用的起征点,并报财政部、国家税务总局备案。

纳税人销售额未达到国务院财政、税务主管部门规定的增值税起征点的,免征增值税;达到起征点的,依照该条例规定全额计算缴纳增值税。

7.2.2 利用税收优惠政策筹划增值税

(1)纳税人兼营免税、减税项目的,应当分别核算减税、免税项目的销售额,未分别核算销售额的,不得免税、减税。

(2)个人月销售额将达到税务机关核定的起征点时,可采取降价销售等措施减少销售额,从而达到利用起征点节税的目的。

根据《增值税暂行条例》第十七条的规定,纳税人销售额未达到国务院财政、税务主管部门规定的增值税起征点的,免征增值税;达到起征点的,依照该条例规定全额计算缴纳增值税。根据《中华人民共和国增值税暂行条例实施细则》(以下简称《增值税暂行条例实施细则》)第三十七条的规定,增值税起征点的适用范围限于个人。所称销售额,是指《增值税暂行条例实施细则》第三十条第一款所称小规模纳税人的销售额,即不含税销售额。

如果纳税人的不含税销售额位于当地规定的增值税起征点附近,应当尽量使自己的不含税销售额低于税法规定的起征点,从而享受免税的优惠待遇。但这一优惠仅能适用于个人和个体工商户,不能适用于个人独资企业、合伙企业和有限责任公司。

【案例 7-1】 某个体工商户销售水果,每月含税销售额为 5 200 元左右,当地财政厅和国家税务局规定的增值税起征点为 5 000 元。请计算该个体工商户 2009 年应纳增值税额,并提出税收筹划方案。

该个体工商户每月不含税销售额为:$5 200÷(1+3\%)=5 048$(元),超过了增值税的起征点,应当缴纳增值税。全年应纳增值税为:$5 200÷(1+3\%)×3\%×12=1 817.48$(元)。不考虑其他税费,该个体户每年收入为:$5 200×12-1 817.48=60 582.52$(元)。如果该个体户进行税收筹划,将其每月含税销售额降低为 5 140 元,则每月不含税销售额为:$5 140÷(1+3\%)=4 990.29$(元)。没有达到增值税的起征点,不需要缴纳增值税。不考虑其他税费,该个体户每年收入为:$5 140×12=61 680$(元)。由此可见,虽然该个体户每月销售收入降低了,但全年收入反而增加了 1 097.48 元($61 680-60 582.52$)。

(3)充分利用农产品免税政策进行税收筹划

根据《增值税暂行条例》第十五条的规定,农业生产者销售的自产农产品免征增值税,但其他生产者销售的农产品不能享受免税待遇。农业,是指种植业、养殖业、林业、牧业、水产业。农业生产者,包括从事农业生产的单位和个人。农产品,是指初级农产品,具体范围由财政部、国家税务总局确定。销售农产品免税必须符合上述条件,否则,就无法享受免税的待遇。同时,根据《增值税暂行条例》第八条规定,购进农产品,除取得增值税专用发票或者海关进口增值税专用缴款书外,按照农产品收购发票或者销售发票上注明的农产品买价和 13% 的扣除率计算进项税额。进项税额计算公式为

$$进项税额=买价×扣除率$$

如果农业生产者希望自己对产品进行深加工使其增值以后再出售,就无法享受免税待遇,往往获得比深加工之前更差的效果,摆脱这种状况就需要通过适当地安排使得自己既能够享受免税待遇同时还可以有机会得以对初级农产品进行加工增值。

【案例 7-2】 在某乡镇农村,一些农户在田头、地角栽种了大量速生材,目前,已进入砍伐期。一些农户直接出售原木,价格每立方米价格为 100 元,另一些农户则不满足廉价出售原木,自己对原木进行深加工,如将原木加工成薄板、包装箱等再出售。假设加工 1 立方米原木需要耗用电力 6 元、人工费 2 元,因此,其出售价最低为 108 元。但是这个价格没有人愿意收购,深加工以后的原木反而要以比没有加工的原木更低的价格出售。请分析其中的原因并提出税收筹划方案。

农户出售原木属免税农业产品,增值税一般纳税人收购后,可以抵扣 13% 的税款。因此,增值税一般纳税人收购 100 元的原木可抵扣 13 元税金,原材料成本只有 87 元。而农户深加工的产品出售给工厂,工厂不能计提进项税。增值税一般纳税人根据这种情况,只愿意以 95 元的价格收购深加工的产品(87 元的原木成本加上加工所耗用的电力和人工费 8 元)。另一方面,深加工后的农产品已不属免税产品,农户还要纳增值税和所得税(如果达不到增值税起征点,可以免征增值税)。在这种情况下,农户深加工农业产品是失败的,这既有不能享受税收优惠的原因,也有增值率太低的因素。

经过税收筹划,可以采取另一种方式来避免出现以上情况,即农户将原木直接出售给工厂,工厂收购原木后雇用农户加工。通过改变加工方式,农户出售 100 元的原木可得收入 100 元,工厂雇用农户加工,6 元的电费由工厂支付,还可以抵扣进项税额,工厂另外

向农户支付人工费 2 元。这样,农户可得收入 102 元,企业也可抵扣农产品的 13 元税款以及电费所含进项税额,使成本得以降低。

(4)利用古旧图书免征增值税政策

根据《增值税暂行条例》第十五条的规定,古旧图书免征增值税。根据《增值税暂行条例实施细则》第三十五条的规定,这里所谓的古旧图书,是指向社会收购的古书和旧书。也就是说,如果出版社出售自己出版的旧书,仍然不能享受免征增值税的政策。但是,出版社可以成立一家专门收购旧书的公司,由该公司从出版社收购旧书然后再销售,则就能够享受免征增值税的政策。

【案例 7-3】 某出版社库存大量旧书,图书标价为 600 万元,其印刷成本为 200 万元,为了收回资金,出版社决定处理这些旧书。出版社领导经过研究并咨询税收筹划专家,认为有三种方案可供选择:第一种方案是直接打五折销售,预计一年内可以销售 80%;第二种方案是直接打三折销售给旧书收购公司,一年内即可全部售出;第三种方案是成立一家旧书收购公司,按照四折的价格全部销售给该收购公司,该收购公司以五折的价格一年内可以销售 80%。请分别比较以上三种方案,并确定税收筹划方案。

按照第一种方案,该批图书的销项税额为:$600 \times 50\% \times 80\% \div (1 + 13\%) \times 13\% = 27.61$(万元),进项税额为:$200 \times 80\% \div (1 + 13\%) \times 13\% = 18.4$(万元),应当缴纳增值税:$27.61 - 18.4 = 9.21$(万元)。不考虑其他成本,处理该批图书的收入为:$600 \times 50\% \times 80\% - 200 \times 80\% - 9.21 = 70.79$(万元),另外还有标价 120 万元的积压图书。

按照第二种方案,该批图书的销项税额为:$600 \times 30\% \div (1 + 13\%) \times 13\% = 20.71$(万元),进项税额为:$200 \div (1 + 13\%) \times 13\% = 23$(万元),留待下期抵扣增值税额为:$23 - 20.71 = 2.29$(万元)。不考虑其他成本,处理该批图书的收入为:$600 \times 30\% - 200 + 2.29 = -17.71$(万元),即亏损 17.71 万元。

按照第三种方案,该批图书的销项税额为:$600 \times 40\% \div (1 + 13\%) \times 13\% = 27.61$(万元),进项税额为:$200 \div (1 + 13\%) \times 13\% = 23$(万元),应当缴纳增值税:$27.61 - 23 = 4.61$(万元)。收购公司收购成本为:$600 \times 40\% = 240$(万元),一年内销售收入为:$600 \times 50\% \times 80\% = 240$(万元)。不考虑其他成本,出版社与该收购公司收入为:$240 - 200 \times 80\% - 4.61 = 75.39$(万元),另外还有标价 120 万元的旧书。

当然,三种方案所导致的其他成本是不同的,第二种方案虽然发生了亏损,但是所发生的其他费用最少,可以视为 0。第一种方案要产生销售人员工资以及产品积压的费用,第三种方案要产生设立公司的费用,收购公司运营费用等。

由于该出版社将来还会有大量积压图书产生,因此,处理旧书是一个长期的过程,而且,扣除第三种方案所产生的其他费用仍然比其他两种方案有利。

7.3 利用税法制度设计筹划增值税

7.3.1 纳税人身份选择的筹划

根据《增值税暂行条例》和《增值税暂行条例实施细则》的规定,我国增值税的纳税人分为两类:一般纳税人和小规模纳税人。

对一般纳税人实行凭增值税专用发票抵扣税款的制度,对其会计核算水平要求较高,管理也较为严格;对小规模纳税人实行简易征收办法,对纳税人的管理水平要求不高。一般纳税人所适用的增值税税率为17%(部分增值税应税项目为13%),小规模纳税人所适用的税率为3%。一般纳税人的进项税额可以抵扣,而小规模纳税人的进项税额不可以抵扣。一般纳税人可以使用增值税专用发票,而小规模纳税人不可以使用增值税专用发票。

由于小规模纳税人不能自己开具增值税专用发票,从小规模纳税人处购买商品的一般纳税人无法取得增值税专用发票,也就无法抵扣这部分商品中所包含的增值税款,因此,容易增加产品购买方的税收负担,小规模纳税人的产品销售可能因此受到影响。由于一般纳税人和小规模纳税人所使用的征税方法不同,因此就有可能导致二者的税收负担存在一定的差异。在一定情况下,小规模纳税人可以向一般纳税人转化,这就为具备相关条件的小规模纳税人提供了税收筹划的空间。小规模纳税人向一般纳税人转化,除了必须考虑税收负担以外,还必须考虑会计成本,因为税法对一般纳税人的会计制度要求比较严格,小规模纳税人向一般纳税人转化会增加会计成本。比如,企业需要增设会计账簿、培养或聘请会计人员等。

企业为了减轻增值税税收负担,就需要综合考虑各种因素,从而决定如何在一般纳税人和小规模纳税人之间做出选择。一般来讲,企业可以根据三个标准来判断一般纳税人和小规模纳税人之间增值税税收负担的差异。

1. 增值率判别法

增值率是增值额占不含税销售额的比例。假设某工业企业某年度不含税的销售额为 M,不含税购进额为 N,增值率为 A。如果该企业为一般纳税人,其应纳增值税为:$M \times 17\% - N \times 17\%$;引入增值率计算,则为:$M \times A \times 17\%$;如果是小规模纳税人,应纳增值税为:$M \times 3\%$。令两类纳税人的税负相等,则有

$$M \times A \times 17\% = M \times 3\%$$

$$A = 17.6\%$$

也就是说,当增值率为17.6%时,企业无论是选择成为一般纳税人还是小规模纳税人,增值税的税收负担是相等的;当增值率小于17.6%时,企业作为一般纳税人的税负小于作为小规模纳税人的税负;当增值率大于17.6%时,企业作为一般纳税人的税负大于作为小规模纳税人的税负。

需要指出的是,这里所考虑的仅仅是企业的增值税税收负担,而不包括其他因素。因此,在决定是选择一般纳税人还是小规模纳税人身份时,不能仅仅以增值率为标准,还要考虑企业对外经济活动的难易程度以及一般纳税人的会计成本等。由于后者难以量化,因此,税收筹划更多地体现了一种创造性的智力活动,而不是一个简单的计算问题或者数字操作问题。

2. 购货额占销售额比重判别法

由于增值税税率和征收率存在多种税率,这里仅仅考虑一般情况,其他情况的计算方法与这里的计算方法是一致的。在一般情况下,一般纳税人适用17%的税率,小规模纳税人适用3%的征收率。假定某工业企业不含税的销售额为 A,X 为购货额占销售额的比重,则购入货物的金额为 AX。如果该企业为一般纳税人,应纳增值税为:$A \times 17\% - AX$

$\times 17\%$;如果是小规模纳税人,应纳增值税为:$A \times 3\%$。令两类纳税人的税负相等,则有

$$A \times 17\% - AX \times 17\% = A \times 3\%$$

$$X = 82.4\%$$

也就是说,当企业购货额占销售额的比重为 82.4% 时,两种纳税人的增值税税收负担完全相同;当比重大于 82.4% 时,一般纳税人的增值税税收负担轻于小规模纳税人;当比重小于 82.4% 时,一般纳税人的增值税税收负担重于小规模纳税人。

3. 含税销售额与含税购货额比较法

假设 Y 为含增值税的销售额,X 为含增值税的购货额,且两者均为同期。令两类纳税人的税负相等,则有

$$[Y \div (1 + 17\%) - X \div (1 + 17\%)] \times 17\% = Y \div (1 + 3\%) \times 3\%$$

$$X \div Y = 80\%$$

可见,当企业的含税购货额为同期销售额的 80% 时,两种纳税人的增值税税收负担相同;当企业的含税购货额大于同期销售额的 80% 时,一般纳税人增值税税收负担轻于小规模纳税人;当企业含税购货额小于同期销售额的 80% 时,一般纳税人增值税税收负担重于小规模纳税人。

企业在设立时,可以根据上述三个标准来判断其自身所负担的增值税,并根据对各种因素的综合考量,进行合理的税收筹划。由于企业在成立之前就需要进行这种筹划,因此,企业对各种情况的估计就存在很大的不确定性,这种税收筹划结果的确定性就比较小。对此,小型企业一般可以先选择小规模纳税人的身份,在生产经营过程中积累本企业的各项指标数据,然后再进行增值税的税收筹划。这样,税收筹划的结果就比较准确了。

在进行税收筹划时需要注意,小规模纳税人的标准和一般纳税人的认定制度。小规模纳税人的标准为:

(1)从事货物生产或者提供应税劳务的纳税人,以及以从事货物生产或者提供应税劳务为主,并兼营货物批发或者零售的纳税人,年应征增值税销售额(以下简称应年税销售额)在 50 万元以下(含本数,下同)的。

(2)其他纳税人,年应税销售额在 80 万元以下的。以从事货物生产或者提供应税劳务为主,是指纳税人的年货物生产或者提供应税劳务的销售额占年应税销售额的比重在 50% 以上。年应税销售额超过小规模纳税人标准的其他个人按小规模纳税人纳税;非企业性单位、不经常发生应税行为的企业可选择按小规模纳税人纳税。

根据《增值税一般纳税人资格认定管理办法》的规定,增值税纳税人(以下简称纳税人),年应税销售额超过财政部、国家税务总局规定的小规模纳税人标准的,除该办法第五条规定外,应当向主管税务机关申请一般纳税人资格认定。年应税销售额,是指纳税人在连续不超过 12 个月的经营期内累计应征增值税销售额,包括免税销售额。

年应税销售额未超过财政部、国家税务总局规定的小规模纳税人标准以及新开业的纳税人,可以向主管税务机关申请一般纳税人资格认定。对提出申请并且同时符合下列条件的纳税人,主管税务机关应当为其办理一般纳税人资格认定:

(1)有固定的生产经营场所;

(2)能够按照国家统一的会计制度规定设置账簿,根据合法、有效凭证核算,能够提

供准确税务资料。

下列纳税人不办理一般纳税人资格认定：

(1)个体工商户以外的其他个人；

(2)选择按照小规模纳税人纳税的非企业性单位；

(3)选择按照小规模纳税人纳税的不经常发生应税行为的企业。

纳税人应当向其机构所在地主管税务机关申请一般纳税人资格认定。一般纳税人资格认定的权限，在县(市、区)国家税务局或者同级别的税务分局(以下称认定机关)。

如果纳税人有固定的生产经营场所，能够按照国家统一的会计制度规定设置账簿，根据合法、有效凭证核算，能够提供准确税务资料，按照下列程序办理一般纳税人资格认定：

(1)纳税人应当在申报期结束后40日(工作日，下同)内向主管税务机关报送《增值税一般纳税人申请认定表》(以下简称申请表)，申请一般纳税人资格认定。

(2)认定机关应当在主管税务机关受理申请之日起20日内完成一般纳税人资格认定，并由主管税务机关制作、送达《税务事项通知书》，告知纳税人。

(3)纳税人未在规定期限内申请一般纳税人资格认定的，主管税务机关应当在规定期限结束后20日内制作并送达《税务事项通知书》，告知纳税人。

纳税人符合不办理一般纳税人资格认定条件的，应当在收到《税务事项通知书》后10日内向主管税务机关报送《不认定增值税一般纳税人申请表》，经认定机关批准后不办理一般纳税人资格认定。认定机关应当在主管税务机关受理申请之日起20日内批准完毕，并由主管税务机关制作、送达《税务事项通知书》，告知纳税人。

如果纳税人年应税销售额未超过财政部、国家税务总局规定的小规模纳税人标准或者属于新开业的纳税人，按照下列程序办理一般纳税人资格认定：

(1)纳税人应当向主管税务机关填报申请表，并提供下列资料：《税务登记证》副本；财务负责人和办税人员的身份证明及其复印件；会计人员的从业资格证明或者与中介机构签订的代理记账协议及其复印件；经营场所产权证明或者租赁协议，或者其他可使用场地证明及其复印件；国家税务总局规定的其他有关资料。

(2)主管税务机关应当当场核对纳税人的申请资料，经核对一致且申请资料齐全、符合填列要求的，当场受理，制作《文书受理回执单》，并将有关资料的原件退还纳税人。对申请资料不齐全或者不符合填列要求的，应当当场告知纳税人需要补正的全部内容。

(3)主管税务机关受理纳税人申请以后，根据需要进行实地查验，并制作查验报告。查验报告由纳税人法定代表人(负责人或者业主)、税务查验人员共同签字(签章)确认。实地查验时，应当有两名或者两名以上税务机关工作人员同时到场。实地查验的范围和方法由各省税务机关确定并报国家税务总局备案。

(4)认定机关应当自主管税务机关受理申请之日起20日内完成一般纳税人资格认定，并由主管税务机关制作、送达《税务事项通知书》，告知纳税人。

主管税务机关应当在一般纳税人《税务登记证》副本"资格认定"栏内加盖"增值税一般纳税人"戳记。"增值税一般纳税人"戳记印色为红色，印模由国家税务总局制定。

纳税人自认定机关认定为一般纳税人的次月起(新开业纳税人自主管税务机关受理申请的当月起)，按照《增值税暂行条例》第四条的规定计算应纳税额，并按照规定领购、使用增值税专用发票。除国家税务总局另有规定外,纳税人一经认定为一般纳税人后,不得转为小规模纳税人。

主管税务机关可以在一定期限内对下列一般纳税人实行纳税辅导期管理:

(1)年应税销售额未超过财政部、国家税务总局规定的小规模纳税人标准以及新开业的小型商贸批发企业被新认定为一般纳税人的;

(2)国家税务总局规定的其他一般纳税人。

需要注意的是,纳税人销售额超过小规模纳税人标准,未申请办理一般纳税人认定手续的,应按销售额依照增值税税率计算应纳税额,不得抵扣进项税额,也不得使用增值税专用发票。

【案例7-4】 某生产型企业年应纳增值税销售额为90万元,会计核算制度也比较健全,符合一般纳税人的条件,属于增值税一般纳税人,适用17%的增值税税率。但是,该企业准予从销项税额中抵扣的进项税额较少,只占销项税额的10%。依照增值率判别法,增值率为:$(90-90\times10\%)\div90=90\%>35.3\%$。所以,该企业作为一般纳税人的增值税税负要远大于小规模纳税人。

由于增值税小规模纳税人可以转化为一般纳税人,而增值税一般纳税人不能转化为小规模纳税人,因此,可以将该企业分设为两个企业,各自作为独立核算的单位。两个企业年应税销售额分别为45万元和45万元,并且符合小规模纳税人的其他条件,按照小规模纳税人的征收率征税。在这种情况下,两个企业总共缴纳增值税:$(45+45)\times3\%=2.7$(万元),而作为一般纳税人则需要缴纳增值税为:$90\times90\%\times17\%=13.77$(万元)。通过筹划,企业可以少纳增值税:$13.77-2.7=11.07$(万元)。

7.3.2 供应商类型选择

增值税一般纳税人和小规模纳税人不仅会影响自身的增值税负担,而且会影响采购它们的产品的企业的增值税负担,因为,增值税一般纳税人可以开具增值税专用发票,从一般纳税人处采购货物的纳税人可以抵扣其中所包含的增值税,增值税小规模纳税人只能开具普通发票,从小规模纳税人处采购货物的纳税人无法抵扣其中所包含的增值税,但是,增值税一般纳税人的产品相对价格较高,这就有一个选择和比较的问题。很多企业都会遇到这样的问题:本厂需要的某材料一直由某一家企业供货,该企业属于增值税一般纳税人。同时,另外一家企业(属于工业小规模纳税人)也能够供货,而且愿意给予价格优惠,但不能提供增值税专用发票,因此该企业就想知道价格降到多少合适。与此相反的情况也会存在。问题的实质是:增值税一般纳税人产品的价格与增值税小规模纳税人产品的价格之比达到什么程度就会导致采购某种类型企业的产品比较合算。

取得17%增值税税率专用发票与取得普通发票税收成本如何换算呢?下面通过税负平衡点来解决这个问题。

假定取得普通发票的购货单价为X,取得17%增值税税率专用发票的购货含税(本题下同)单价为Y,因为专用发票可以抵扣$Y\div1.17\times17\%$的进项税以及10%进项税的城市维护建设税和教育费附加。令二者相等,得到下面的等式:

$$Y-Y\div1.17\times17\%\times(1+10\%)=X$$
$$Y=1.19X$$

也就是说，如果从增值税一般纳税人处的进价为 Y，从小规模纳税人处的进价等于 $Y \div 1.19$，二者所导致的增值税税收负担就是相等的。如果大于 $Y \div 1.19$，则从小规模纳税人采购货物所导致的增值税税收负担较轻。

如果取得 13% 增值税税率专用发票，其与取得普通发票税收成本换算按照上面的原理，可以求出 $Y = 1.14X$。

如果小规模纳税人能请税务机关开出 3% 的专用发票，则要减去 3% 的专用发票可以抵扣的进项税额。其与取得 17% 增值税税率专用发票的等成本换算公式为

$$Y - Y \div 1.17 \times 17\% \times (1 + 10\%) = X - X \div 1.03 \times 3\% \times (1 + 10\%)$$

$$Y = 1.15X$$

此外还有几种情况，不再具体分析，如表 7-1 所示：

表 7-1　　　　　　　增值税专用发票与普通发票税收成本换算

	17%增值税专用发票	13%增值税专用发票
普通发票	1.19	1.14
3%征收率专用发票	1.15	1.11

使用方法是"由低求高用乘法、由高求低用除法"，即原来从增值税小规模纳税人处进货的价格较低，当从增值税一般纳税人处进货需要提高价格时，用原来的定价乘以相应系数，即可得出最高的定价是多少。例如，某增值税一般纳税人从小规模纳税人处进货，价格为 10 元，只能取得普通发票，这时可以从某增值税一般纳税人处进货，能取得 17% 增值税专用发票，那么定价为 10×1.19 的结果 11.9 元就是从增值税一般纳税人处进货的最高价格，低于此价格，可以考虑进货，高于此价格，不予考虑。

【案例 7-5】某企业属于增值税一般纳税人，其所使用的原材料有两种进货渠道：一种是从一般纳税人那里进货，含税价格为 12 元/件，可以开具 17% 的增值税专用发票；另一种是从小规模纳税人那里进货，含税价格为 10 元/件，不能开具增值税专用发票。该企业 2011 年度一直从一般纳税人那里进货，一共进货 10 万件。该企业应该选择哪类企业作为供应商？

由于从小规模纳税人那里购进货物，在取得普通发票时不能抵扣进项税额，因此，含税价格就是纳税人的进货成本；而从一般纳税人那里购进货物，在取得增值税专用发票时可以抵扣进项税额，因此，不含税价格是纳税人的进货成本。因此，只需要将从一般纳税人那里购进货物的不含税价格与从小规模纳税人那里购进货物的含税价格相比较，就可以选择合适的供应商。一般纳税人购进货物的不含税价格为：$12 \div (1 + 17\%) = 10.26$（元）。因此，从一般纳税人那里购进货物的价格较高。该企业应当选择小规模纳税人为供应商。当然，选择购货伙伴除了考虑这里的增值税负担以外，还需要考虑其他因素，比如信用关系、运输成本、洽谈成本等，因此，应当将这里的增值税负担标准与其他的标准综合考虑。

7.3.3　选择有利核算方式

服务公司混合销售商品可以选择单独核算，也可以选择与服务项目统一核算。统一核算的，需要和服务项目一起缴纳营业税，单独核算的可以单独缴纳增值税。在单独核

算中,服务公司又可以以小规模纳税人和一般纳税人两种身份出现。一般而言,销售商品数量不多的情况下可以选择统一核算,这样就不需要开具增值税发票,也就不需要进行增值税纳税申报。但如果销售商品数量较多、价值较大,则应当选择单独核算。服务业营业税税率为5%,小规模纳税人增值税征收率仅为3%,因此,销售商品从统一核算变为单独核算可以减轻税收负担。至于服务公司选择一般纳税人身份还是小规模纳税人身份则应当看其销售商品的增值率,如果增值率较高,选择小规模纳税人身份比较有利;如果增值率较低,选择一般纳税人身份则比较有利。由于服务公司一般不对商品进行加工,因此,增值率一般都比较低,所以,服务公司应选择一般纳税人身份。但选择一般纳税人身份需要经过税务机关认定,程序比较烦琐,管理比较严,增值税纳税申报也比较复杂。因此,如果服务公司的商品销售量不是很大,可以考虑选择小规模纳税人身份,避免一般纳税人增值税申请、管理和申报的复杂程序。

【案例 7-6】 某培训公司每年需要购进大量图书作为培训教材,公司预计 2013 年度将花费 500 万元(不含增值税,取得增值税专用发票)购进图书,该批图书将随同培训课程以 600 万元(含增值税)的价格予以销售。关于图书的核算方式,该公司有三套方案可供选择。

方案一:放入培训收费之中核算,不单独核算。

方案二:单独核算销售图书项目,公司以小规模纳税人身份存在。

方案三:单独核算销售图书项目,公司以一般纳税人身份存在。

从税收筹划的角度出发,该公司应当选择哪套方案?

如果放入培训收费之中核算,不单独核算,该公司的纳税和收益情况如下:应纳营业税为:$600 \times 5\% = 30$(万元);应纳附加税为:$30 \times 10\% = 3$(万元);累计纳税额为:$30 + 3 = 33$(万元);所得税前收益为:$600 - 500 - 33 = 67$(万元)。

如果单独核算销售图书项目,公司以小规模纳税人身份存在,该公司的纳税和收益情况如下:应纳增值税为:$600 \times 3\% = 18$(万元);应纳附加税为:$18 \times 10\% = 1.8$(万元);累计纳税额为:$18 + 1.8 = 19.8$(万元);所得税前收益为:$600 - 500 - 19.8 = 80.2$(万元)。

如果单独核算销售图书项目,公司以一般纳税人身份存在,该公司的纳税和收益情况如下:应纳增值税为:$(600 - 500) \times 13\% = 13$(万元);应纳附加税为:$13 \times 10\% = 1.3$(万元);累计纳税额为:$13 + 1.3 = 14.3$(万元);所得税前收益为:$600 - 500 - 14.3 = 85.7$(万元);增加所得税前收益为:$85.7 - 67 = 18.7$(万元)。

因此,该公司应当选择方案三。方案三由于以一般纳税人的身份单独核算销售图书项目从而达到了节税效果。

7.3.4 兼营与混合销售的筹划方法

1. 兼营不同税率的税收筹划

根据《增值税暂行条例》第三条的规定,纳税人兼营不同税率的货物或者应税劳务,应当分别核算不同税率货物或者应税劳务的销售额;未分别核算销售额的,从高适用税率。所谓兼营不同税率的货物或应税劳务,是指纳税人生产或销售不同税率的货物,或者既销售货物又提供应税劳务。因此,纳税人兼营不同税率的货物或者应税劳务时,一定要分别核算,否则,会增加纳税人的税收负担。

【案例 7-7】 某钢材厂属于增值税一般纳税人。某月销售钢材,取得含税销售额1 800万元,同时又经营农机,取得含税销售额 200 万元。前项经营的增值税税率为17%,后项经营的增值税税率为13%。该厂对两种经营统一进行核算。请计算该厂应纳增值税税款,并提出税收筹划方案。

在未分别核算的情况下,该厂应纳增值税为:(1 800+200)÷(1+17%)×17%=290.6(万元)。由于两种经营的税率不同,分别核算对企业有利,如果该厂对两种经营活动分别核算,应纳增值税为:1 800÷(1+17%)×17%+200÷(1+13%)×13%=284.55(万元)。分别核算和未分别核算之差为:290.6-284.55=6.05(万元)。由此可见,分别核算可以为该厂减轻增值税税负6.05万元。

2. 混合销售行为的税收筹划

一项销售行为如果既涉及货物又涉及非增值税应税劳务,则为混合销售行为。纳税人的下列混合销售行为,应当分别核算货物的销售额和非增值税应税劳务的营业额,并根据其销售货物的销售额计算缴纳增值税,非增值税应税劳务的营业额不缴纳增值税;未分别核算的,由主管税务机关核定其货物的销售额:

(1)销售自产货物并同时提供建筑业劳务的行为;

(2)财政部、国家税务总局规定的其他情形。

除上述规定外,从事货物的生产、批发或者零售的企业、企业性单位和个体工商户的混合销售行为,视为销售货物,应当缴纳增值税;其他单位和个人的混合销售行为,视为销售非增值税应税劳务,不缴纳增值税。从事货物的生产、批发或者零售的企业、企业性单位和个体工商户,包括以从事货物的生产、批发或者零售为主,并兼营非增值税应税劳务的单位和个体工商户在内。由于不同主体的混合销售行为纳税方式不同,纳税人有必要核算自己采取哪种经营模式在税法上更有利,当然,前提是纳税人采取不同经营模式的收入水平是相同的。纳税人可以通过分立企业的方式将混合销售行为变为两种独立的销售行为。

混合销售行为根据主营业务的不同而征收不同的税种,而不同税种的税率是不同的,这就为企业进行税收筹划提供了空间。纳税人在进行税收筹划时,必须准确界定什么是混合销售行为。发生混合销售行为的纳税人,应当首先考虑自己是否属于从事货物的生产、批发、零售的企业、企业性单位以及个体工商户,或者是否属于以从事货物的生产、批发、零售为主,并兼营非应税劳务的企业、企业性单位及个体工商户。如果属于上述两种类型,则需要缴纳增值税,如果均不属于上述两种类型,则只需缴纳营业税。当然,企业也可以根据缴纳两种税所导致的税收负担的不同而进行适当调整,从而可以减轻自己的税收负担。

【案例 7-8】 某大型商城的财务部经理于 2011 年 12 月底对该商城的经营情况做综合分析时发现:该商城在 2011 年度销售各种型号的空调器 6 800 台,取得安装调试及维修服务收入 1 000 000 元;销售热水器 1 500 台,取得安装调试及维修服务收入 170 000元,两项收入合计 1 170 000 元,上述收入按照混合销售行为进行税务处理,实际缴纳增值税 170 000 元。请提出该商城的税收筹划方案。

根据规定,货物的生产企业为搞好售后服务,支付给经销企业修理费用,作为经营企业为用户提供售后服务的费用支出,对经销企业从货物的生产企业取得的"三包"收入,应按"修理修配"征收增值税。由此,我们对该商城的经营管理提出以下建议:一是企业应走专业化发展的道路,建立专业服务公司,从而进一步满足消费者对服务越来越高的需要。二是采用适当的组织形式,组建具有独立法人资格的专业服务公司,在财务上实行独立核算,独立纳税,在业务上与生产企业直接挂钩,与商城配套服务。三是完善经济业务关系,将原来生产企业与商城的双重业务关系,改为生产企业与商城的关系是单纯的货物买卖经销关系,生产企业与专业服务公司关系是委托安装、委托维修服务的关系。

根据上述思路,假设该商城 2011 年度经销的空调器和热水器数量不变,那么专业服务公司接受委托安装服务的收入金额为 1 170 000 元,适用 3% 税率征收营业税,则公司应纳营业税额为:$1\ 170\ 000 \times 3\% = 35\ 100$(元)。经过以上筹划,从企业整体利益的角度讲,企业实际少缴税款为:$170\ 000 - 35\ 100 = 134\ 900$(元)。

7.3.5　进项税额的筹划方法

1. 运输费用的筹划方法

运输费用是企业生产经营过程中不可缺少的费用支出,企业可以通过自己购买车辆、自己运输,也可以采用由专门的运输公司来运输、自己支付运输费的方式。企业自己购买车辆进行运输,其中购买货车所包含的增值税进项税额可以抵扣,货车作为固定资产,在计算企业所得税时不能直接进行税前扣除,而只能通过折旧的方式列入企业的生产经营成本。车辆运营过程中所发生的燃料和材料配件支出以及修理修配支出可以抵扣 17% 的进项增值税。假设运费价格中可扣税的物资耗用的比例为 R,则相应的增值税抵扣率就等于 17%R。如果企业选择由专门的运输公司进行运输的方式,则需要支付运输费,该运输费可以抵扣 7% 的进项增值税,同时,收取该运输费的运输公司也应该缴纳 3% 的营业税。从国家的角度来看,国家只减少了 4% 的税收收入,也就是说,该运费只有 4% 的抵扣率,令 17%R=4%,即可以求出 R=4/17,这就是运费的扣税平衡点。当企业运输过程中所耗费的燃料、材料及修理修配支出比例比较大时,采用自己运输的方式比较有利;而当所耗费的燃料、材料及修理修配支出比例比较小时,采用他人运输的方式比较有利。

当然,在具体筹划过程中还应该考虑支付给专门运输公司的运输费的高低问题以及自己运输所产生的人员工资费用等问题,在综合考虑以上问题的基础上进行企业运输费用的税收筹划将能收到很好的效果。

【案例 7-9】 某企业每月都有大量的运输任务,为此,该企业准备成立一个运输部,购买车辆自己运输。经过相关测算,购车成本约 1 920 000 元,每月需耗费燃油、配件和相应修理费 5 000 元,支付司机工资 18 000 元。请对该企业的计划提出税收筹划方案。

该企业购置的价值 1 920 000 元的车辆只能作为固定资产管理,按照四年期折旧,每年提取折旧费 480 000 元,每月提取折旧 40 000 元。每月耗费燃油、配件和相应修理费 5 000 元,可以抵扣进项税额:$5\ 000 \div (1 + 17\%) \times 17\% = 726$(元)。为此,该企业每月需要为运输支付成本(不考虑购车款的时间价值):$40\ 000 + 5\ 000 + 18\ 000 - 726 = 62\ 274$(元)。

该企业可以考虑为该企业的运输单独设立一个全资子公司,该子公司的各项费用开支与上述运输部的开支基本相同。假设该企业每月向该子公司支付 70 000 元运输费,基本符合正常交易原则。该企业集团就该运输所支付的费用为：40 000＋5 000＋18 000＋70 000×3.3％－70 000×7％＝60 410(元)。

每月节约成本：62 274－60 410＝1 864(元)。

2.通过将杂费并入运输费进行增值税筹划

物流企业在进行运输过程中，一般既收取运费，也要收取一些杂费。对于运费，可以抵扣增值税进项税额，但是杂费不能抵扣增值税进项税额。因此，如果能够将部分杂费并入运费，则可以增加增值税的抵扣额。但是，这种方式是具有一定限度的。根据《国家税务总局关于货物运输业若干税收问题的通知》(国税发〔2004〕88号)的规定，增值税一般纳税人取得税务机关认定为自开票纳税人的联运单位和物流单位开具的货物运输业发票准予计算抵扣进项税额。准予抵扣的货物运费金额是指自开票纳税人和代开票单位为代开票纳税人开具的货运发票上注明的运费、建设基金和现行规定允许抵扣的其他货物运输费用；装卸费、保险费和其他杂费不予抵扣。货运发票应当分别注明运费和杂费，对未分别注明而合并注明为运杂费的不予抵扣。《增值税暂行条例实施细则》第十八条规定，运输费用金额，是指运输费用结算单据上注明的运输费用(包括铁路临管线及铁路专线运输费用)、建设基金，不包括装卸费、保险费等其他杂费。因此，纳税人在运用这种方式进行税收筹划时，应当适可而止。

【案例7-10】 某物流企业每月的营业额为100万元左右，其中，运费收入为80万元左右，其他费用收入为20万元左右。请计算该企业每月需缴纳的营业税及其附加以及可以抵扣的增值税额，并提出税收筹划方案。

根据税法的规定，该企业每月需要缴纳营业税及其附加：100×3‰×(1＋10％)＝3.3(万元)，其所开具的运费发票可以抵扣增值税：80×7％＝5.6(万元)。

如果该物流企业进行税收筹划，适当调整杂费和运费，将部分杂费放入运费中，即运费收入为90万元，其他费用收入为10万元。则该企业每月需要缴纳营业税及其附加仍然是3.3万元，其所开具的运费发票可以抵扣增值税：90×7％＝6.3(万元)。经过税收筹划，增加抵扣增值税：6.3－5.6＝0.7(万元)。虽然物流企业本身无法享受增加抵扣增值税的优惠，但由于其给其他企业增加了抵扣增值税的数额。因此，可以从其他企业取得一些其他利益，例如可以适当提高运费。

3.选择适当的进项抵扣办法进行税收筹划

根据规定，纳税人为制作、印刷广告所用的购进货物不得计入进项税额抵扣，因此，纳税人应准确划分不得抵扣的进项税额；对无法准确划分不得抵扣的进项税额的，按规定划分不得抵扣的进项税额。确定文化出版单位用于广告业务的购进货物的进项税额，应以广告版面占整个出版物版面的比例为划分标准，凡文化出版单位能准确提供广告所占版面比例的，应按此项比例划分不得抵扣的进项税额。

一般纳税人兼营免税项目或者非增值税应税劳务而无法划分不得抵扣的进项税额的，按下列公式计算不得抵扣的进项税额：不得抵扣的进项税额＝当月无法划分的全部进项税额×当月免税项目销售额、非增值税应税劳务营业额合计÷当月全部销售额、营业额合计。

对报社和出版社根据文章篇幅、作者名气等向作者收取的版面费收入，按照"服务业"税目中的广告业征收营业税。

纳税人是否对这些项目分别核算并提供准确的广告版面比例则可以根据其具体的经营状况来决定,从而最大限度地减轻自己的税收负担。

【案例 7-11】　某出版社在出版物中兼营广告业务,广告版面占整个出版物版面的比例为 5%。该出版物的材料及印刷成本为 113 万元,其中包括进项税额 13 万元,该出版物的销售额为 226 万元,其中销售收入为 200 万元,增值税销项税额 26 万元,另外还有广告收入 20 万元。请对此提出税收筹划方案。

根据税法的规定,如果该出版社提供广告版面占整个出版物版面准确的 5% 的比例,则该出版社不得抵扣的进项税额为:13×5%=0.65(万元),应该缴纳增值税:26-13+0.65=13.65(万元)。不考虑其他成本,利润为:226-113-13.65=99.35(万元)。

如果该出版社不提供广告版面占整个出版物版面的准确比例,则该出版社不得抵扣的进项税额为:13×20÷200=1.3(万元),应该缴纳增值税:26-13+1.3=14.3(万元)。不考虑其他成本,利润为:226-113-14.3=98.7(万元)。显然,提供准确的比例比较有利。

但是,如果该广告收入为 2 万元,不提供准确比例时,不得抵扣的进项税额为:13×2÷200=0.13(万元),应该缴纳增值税:26-13+0.13=13.13(万元)。不考虑其他成本,利润为:226-113-13.13=99.87(万元)。显然,不提供准确的比例比较有利。

7.3.6　特殊销售的税收筹划

1. 折扣销售中的税收筹划

根据《增值税若干具体问题的规定》(国税发〔1993〕154 号)第二条第(二)项的规定,纳税人采取折扣方式销售货物,如果销售额和折扣额在同一张发票上分别注明的,可按折扣后的销售额征收增值税;如果将折扣额另开发票,不论其在财务上如何处理,均不得从销售额中减除折扣额。根据《国家税务总局关于折扣额抵减增值税应税销售额问题的通知》(国税函〔2010〕56 号)的规定,纳税人采取折扣方式销售货物,销售额和折扣额在同一张发票上分别注明是指销售额和折扣额在同一张发票上的"金额"栏分别注明的,可按折扣后的销售额征收增值税。未在同一张发票"金额"栏注明折扣额,而仅在发票的"备注"栏注明折扣额的,折扣额不得从销售额中减除。

所谓折扣销售,是指售货方在销售货物或应税劳务时,因购货方购买数量较大或购买行为频繁等原因,给予购货方价格方面的优惠。这种行为在现实经济生活中很普遍,是企业销售策略的一部分。由于税法对上述两种情况规定了差别待遇,这就为企业进行税收筹划提供了空间。

根据《国家税务总局关于纳税人折扣折让行为开具红字增值税专用发票问题的通知》(国税函〔2006〕1279 号)的规定,纳税人销售货物并向购买方开具增值税专用发票后,由于购货方在一定时期内累计购买货物达到一定数量,或者由于市场价格下降等原因,售货方给予购货方相应的价格优惠或补偿等折扣、折让行为,售货方可按现行《增值税专用发票使用规定》的有关规定开具红字增值税专用发票。

【案例 7-12】　某企业为了促销,规定凡购买其产品在 6 000 件以上的,给予折扣10%。该产品不含税单价 200 元,折扣后的不含税价格为 180 元。该企业未将销售额和折扣额在同一张发票上分别注明。请计算该企业应当缴纳的增值税,并提出税收筹划方案。

由于该企业没有将折扣额写在同一张发票上（假如企业销售了 6 000 件），该企业缴纳增值税应当以销售额的全额计缴，即 $200 \times 6\ 000 \times 17\% = 204\ 000$（元）。如果该企业熟悉税法的规定，将销售额和折扣额在同一张发票上分别注明，那么该企业应纳增值税应当以折扣后的余额计缴，即 $180 \times 6\ 000 \times 17\% = 183\ 600$（元）。税收筹划所导致的节税效果为：$204\ 000 - 183\ 600 = 20\ 400$（元）。

2. 将实物折扣变成价格折扣进行税收筹划

企业在运用折扣销售的方式进行税收筹划时，还应当注意一个问题，即折扣销售的税收优惠仅适用于对货物价格的折扣，而不适用于实物折扣。如果销售者将资产、委托加工和购买的货物用于实物折扣，则该实物款额不仅不能从货物销售额中扣除，而且还应当对用于折扣的实物按照"视同销售货物"中的"赠送他人"项目计征增值税。因此，企业在选择折扣方式时，尽量不选择实物折扣，在必须采用实物折扣方式时，企业可以在发票上通过适当调整而变为价格折扣。

【案例 7-13】 某企业销售一批商品，共 10 000 件，每件不含税价格为 100 元，根据需要采取实物折扣的方式，即在 100 件商品的基础上赠送 10 件商品，实际赠送 1 000 件商品。请计算该企业应当缴纳的增值税并提出税收筹划方案。

按照实物折扣的方式销售后，企业收取价款为：$10\ 000 \times 100 = 1\ 000\ 000$（元），收取增值税销项税额为：$10\ 000 \times 100 \times 17\% = 170\ 000$（元），需要自己承担销项税额为：$1\ 000 \times 100 \times 17\% = 17\ 000$（元）。如果该企业进行税收筹划，将这种实物折扣在开发票时变成价格折扣，即按照出售 11 000 件商品计算，商品价格总额为 1 100 000 元，打折以后的价格为 1 000 000 元。这样，该企业就可以收取 1 000 000 元的价款，同时收取的增值税额为：$1\ 000\ 000 \times 17\% = 170\ 000$（元），不用自己负担增值税了。通过税收筹划，减轻税收负担 17 000 元。

3. 销售折扣中的税收筹划

销售折扣是指企业在销售货物或提供应税劳务的行为发生后，为了尽快收回资金而给予债务方一定的价格上的优惠的形式。销售折扣通常采用符号 3/10、1/20、N/30 等。这三种符号的含义是：如果债务方在 10 天内付清款项，则折扣额为 3%；如果在 20 天内付清款项，则折扣额为 1%；如果在 30 天内付清款项，则应全额支付。由于销售折扣发生在销售货物之后，本身并不属于销售行为，而为一种融资性的理财行为，因此销售折扣不得从销售额中减除，企业应当按照全部销售额计缴增值税。销售折扣在实际发生时计入财务费用。

从企业税负角度考虑，折扣销售方式优于销售折扣方式。如果企业面对的是一个信誉良好的客户，销售货款回收的风险较小，那么企业可以考虑通过修改合同，将销售折扣方式改为折扣销售方式。

【案例 7-14】 企业与客户签订的合同约定不含税销售额为 100 000 元，合同中约定的付款期为 40 天。如果对方可以在 20 天内付款，将给予对方 3% 的销售折扣，即 3 000 元。由于企业采取的是销售折扣方式，折扣额不能从销售额中扣除，企业应按照 100 000 元的销售额计算增值税销项税额。这样，增值税销项税额为：$100\ 000 \times 17\% = 17\ 000$（元）。请提出该企业的税收筹划方案。

该企业可以用两种方法实现税收筹划：

方案一：企业在承诺给予对方 3% 的折扣的同时，将合同中约定的付款期缩短为 20 天，这样就可以在给对方开具增值税专用发票时，将以上折扣额与销售额开在同一张发票上，使企业按照折扣后的销售额计算销项增值税，增值税销项税额为：$100\ 000 \times (1 - 3\%) \times 17\% = 16\ 490$（元）。这样，企业收入没有降低，但节省了 510 元的增值税。当然，这种方法也有缺点，如果对方企业没有在 20 天之内付款，企业会遭受损失。

方案二：企业主动压低该批货物的价格，将合同金额降低为 97 000 元，相当于给予对方 3% 折扣之后的金额。同时在合同中约定，对方企业超过 20 天付款加收 3 510 元滞纳金（相当于 3 000 元销售额和 510 元增值税）。这样，企业的收入并没有受到实质影响。如果对方在 20 天之内付款，可以按照 97 000 元的价款给对方开具增值税专用发票，并计算 16 490 元的增值税销项税额。如果对方没有在 20 天之内付款，企业可向对方收取 3 000 元滞纳金（不含税），并以"全部价款和价外费用"100 000 元计算销项增值税，也符合税法的要求。

4. 利用不同的促销方式进行税收筹划

不同的促销方式在增值税上所受的待遇是不同的，利用这些不同待遇就可以进行税收筹划。在增值税法上，赠送行为视同销售行为，征收增值税或者营业税，因此，当企业计划采用赠送这种促销方式时，应当考虑将赠送的商品放入销售的商品中，与销售的商品一起进行销售，这样就把赠送行为隐藏在销售行为之中，避免了赠送商品所承担的税收。比如，市场上经常看到的"加量不加价"的促销方式就是运用这种税收筹划方法的典型例子，如果采用在原数量和价格的基础上赠送若干数量商品的方法进行促销，则该赠送的商品就需要缴纳增值税或者营业税，就加重了企业的税收负担。

【案例 7-15】 某房地产公司（属于增值税小规模纳税人）为促销房产，采取购买房屋赠送汽车的促销方式（个人所得税由公司负担）。假设某套房屋的售价为 2 000 000 元，汽车市场零售价格为 200 000 元。请计算该公司销售一套房屋需要缴纳的营业税及其附加、增值税及其附加和代扣代缴的个人所得税，并提出税收筹划方案。

该房地产公司销售一套房屋需要缴纳营业税及其附加为：$2\ 000\ 000 \times 5\% \times (1 + 7\% + 3\%) = 110\ 000$（元），增值税及其附加为：$200\ 000 \div (1 + 3\%) \times 3\% \times (1 + 7\% + 3\%) = 6\ 407.77$（元），公司代扣代缴个人所得税为：$200\ 000 \div (1 - 20\%) \times 20\% = 50\ 000$（元）。不考虑企业所得税，赠送汽车，每套房屋需要负担税款 166 407.77 元。如果经过税收筹划，该房地产企业将促销方式改为"销售带有汽车的房屋"，即捆绑销售房屋和汽车，价款合计为 2 000 000 元，其中房屋价款为 1 800 000 元，汽车价款为 200 000 元。则销售房屋的营业税及其附加为：$1\ 800\ 000 \times 5\% \times (1 + 7\% + 3\%) = 99\ 000$（元），增值税及其附加为：$200\ 000 \div (1 + 3\%) \times 3\% \times (1 + 7\% + 3\%) = 6\ 407.77$（元），合计纳税：$99\ 000 + 6\ 407.77 = 105\ 407.77$（元），节约税款：$166\ 407.77 - 105\ 407.77 = 61\ 000$（元）。

【案例 7-16】 某电信公司采取预缴电话费送手机的促销活动，假设预缴两年 5 000 元话费送价值 2 000 元的 CDMA 手机。请计算该公司应当缴纳的营业税及其附加，并提出税收筹划方案。

该电信公司收取的 5 000 元话费应该按照 3.3% 的税率缴纳营业税及其附加 165（$5\ 000 \times 3.3\%$）元。对于赠送的手机应该按照混合销售行为 3.3% 的税率征收营业税及其附加(2 000×3.3‰)66元。

如果经过税收筹划,该电信公司采取"CDMA 手机+两年话费=5 000 元"的方式进行促销活动,则该电信公司仅需就 5 000 元的混合销售收入按照 3.3%的税率缴纳营业税及其附加。因此,一次销售行为就节税 66 元。

7.3.7　增值税缴纳方面的筹划方法

1. 充分利用市场定价自主权进行筹划

增值税有关法规没有对企业市场定价的幅度做出具体限制,因此企业享有充分的市场定价自主权。这就使得关联企业之间能够通过转移价格及利润的方式,进行税收筹划,从而达到延期纳税的目的。虽然关联企业之间转移价格的行为并不能减少企业的总体税负,但是通过延期纳税,企业可以利用通货膨胀和资产时间价值因素,相对降低自己的税负。

【案例 7-17】　甲、乙、丙为集团公司内部三个独立核算的企业,彼此存在购销关系(见表 7-2)。甲企业生产的产品可以作为乙企业的原材料。乙企业制造的产品的 80% 提供给丙企业。

表 7-2

企业名称	增值税率(%)	生产数量(吨)	正常市价(元/吨)	转移价格(元)
甲	17	1 000	500	400
乙	17	1 000	600	500
丙	17	800	700	700

注:以上价格均为含税价。

假设 2010 年度甲企业进项税额为 40 000 元,市场年利率为 24%。

三个企业均按照正常市价结算货款。请计算三个企业分别应当缴纳的增值税以及企业集团应当缴纳的增值税,并提出税收筹划方案。

三个企业应纳增值税税额如下:

甲企业应纳增值税税额=1 000×500÷(1+17%)×17%−40 000=32 650(元)

乙企业应纳增值税税额=1 000×600÷(1+17%)×17%−72 650=14 529(元)

丙企业应纳增值税税额=800×700÷(1+17%)×17%−87 179×80%=11 624(元)

集团合计应纳增值税税额=32 650+14 530+11 624=58 804(元)

但是,如果三个企业采取转移价格的方法进行筹划,转移价格如上表所示,则应纳增值税情况如下:

甲企业应纳增值税税额=1 000×400÷(1+17%)×17%−40 000=18 120(元)

乙企业应纳增值税税额=(800×500+200×600)÷(1+17%)×17%−58 120=17 436(元)

丙企业应纳增值税税额=800×700÷(1+17%)×17%−800×500÷(1+17%)×17%=23 248(元)

集团合计应纳增值税税额=18 120+17 436+23 248=58 804(元)

由于三个企业在生产上具有连续性,这就使得本应由甲企业当期应纳的税款相对减少了(32 650−18 120)14 530元,该笔税款通过乙企业,延至第二期缴纳。这就使得乙企业第二期和丙企业第三期纳税额分别增加了(17 436−14 529)2 907元和(23 248−11 624)11 624元。但是,如果假设生产周期为三个月,各期相对增减金额折合为现值,则使税收负担相对下降了:14 530−2 907÷$(1+2\%)^3$−11 624÷$(1+2\%)^6$=1 470(元)。虽然从企业集团的总体税负的数额上看,筹划前和筹划后没有区别,但是企业通过打时间差,仍然可以达到节税的目的,从而为企业集团创造了新的投资收益。

2. 增值税结算方式的税收筹划

根据税法规定,增值税纳税义务发生时间如下:

(1)销售货物或者应税劳务,为收讫销售款项或者取得索取销售款项凭据的当天;先开具发票的,为开具发票的当天。

(2)进口货物,为报关进口的当天。

收讫销售款项或者取得索取销售款项凭据的当天,按销售结算方式的不同,具体为:

①采取直接收款方式销售货物,不论货物是否发出,均为收到销售款项或者取得索取销售款项凭据的当天。

②采取托收承付和委托银行收款方式销售货物,为发出货物并办妥托收手续的当天。

③采取赊销和分期收款方式销售货物,为书面合同约定的收款日期的当天;无书面合同的或者书面合同没有约定收款日期的,为货物发出的当天。

④采取预收货款方式销售货物,为货物发出的当天,但生产销售生产工期超过12个月的大型机械设备、船舶、飞机等货物,为收到预收款或者书面合同约定的收款日期的当天。

⑤委托其他纳税人代销货物,为收到代销单位的代销清单或者收到全部或者部分货款的当天。未收到代销清单及货款的,为发出代销货物满180天的当天。

⑥销售应税劳务,为提供劳务同时收讫销售款或者取得索取销售款的凭据的当天。

⑦纳税人发生视同销售货物行为,为货物移送的当天。

纳税人可以充分利用上述增值税纳税义务发生时间的规定,通过适当调整结算方式进行税收筹划。例如,采取赊销和分期收款方式销售货物时,购买方在合同约定时间无法支付货款,则应当及时修改合同,以确保销售方在收到货款后再缴纳增值税,否则,销售方则需要在合同约定的付款日期(在该日期实际上并未收到货款)产生增值税的纳税义务并应当在随后的纳税期限到来后缴纳增值税。对于委托销售的,如果发出代销货物即将满180天仍然未收到代销清单及货款,则应当及时办理退货手续,否则就产生了增值税的纳税义务。

【案例7-18】 甲公司委托乙公司代销一批货物。甲公司于2009年1月1日发出货物,2009年12月1日收到乙公司的代销清单和全部货款117万元。甲公司是按月缴纳增值税的企业。甲公司应当在何时缴纳增值税,并提出税收筹划方案。

甲公司应当在发出代销货物满180天的当天计算增值税的纳税义务,即2009年6月29日计算增值税,应纳增值税:117÷$(1+17\%)$×17%=17(万元)。甲公司应当在7月15日之前缴纳17万元的增值税(如有进项税额,可以抵扣进项税额后再缴纳)。

经过税收筹划,甲公司为了避免在发出货物满180天时产生增值税的纳税义务,可以在发出货物 179 天之时,即 2009 年 6 月 28 日,要求乙公司退还代销的货物,然后在 2009 年 6 月 29 日与乙公司重新办理代销货物手续。这样,甲公司就可以在实际收到代销清单及 117 万元的货款时计算 17 万元的增值税销项税额,并于 2010 年 1 月 15 日之前缴纳 17 万元的增值税。

练习题

一、单项选择题

1. 以下不免增值税的项目是( )。
  A. 用于集体福利的购进货物　　　　　B. 向社会收购的古书
  C. 避孕药品和用具　　　　　　　　　D. 国际组织无偿援助的进口物资

2.《增值税暂行条例》规定,小规模纳税人增值税征收率为( )。
  A. 3%　　　　　B. 13%　　　　　C. 6%　　　　　D. 4%

3. 现行政策规定购进免税农业产品的扣税率为( )。
  A. 17%　　　　　B. 13%　　　　　C. 10%　　　　　D. 7%

4. 下列业务中,按规定应征收增值税的是( )。
  A. 建筑装修业务　　B. 汽车修理业务　　C. 装卸搬运业务　　D. 饮食服务业务

5. 下列项目中,应征收增值税额的是( )。
  A. 农业生产者出售的初级农产品　　　B. 邮电局销售报纸、杂志
  C. 企业转让商标取得的收入　　　　　D. 企业将自产钢材用于扩建厂房

6. 某机床厂生产销售精密机床,同时经营一家非独立核算的饭店,它属于( )。
  A. 混合销售行为　　　　　　　　　　B. 一般销售行为
  C. 兼营非应税劳务行为　　　　　　　D. 视同销售行为

二、多项选择题

1. 下列货物适用 13% 低税率的有( )。
  A. 粮食和食用植物油　　　　　　　　B. 图书、报纸、杂志
  C. 食用盐　　　　　　　　　　　　　D. 电子出版物

2. 选择增值税纳税人身份,可以通过( )。
  A. 增值率判别法　　　　　　　　　　B. 购货额占销售额比重判别法
  C. 含税销售额与含税购货额比较法　　D. 销售规模比较法

3. 增值税混合销售行为指一项行为同时涉及( )。
  A. 增值税劳务　　B. 营业税劳务　　C. 销售货物　　D. 销售不动产

三、判断题

1. 当增值率为 17.6% 时,企业无论是选择成为一般纳税人还是小规模纳税人,增值税的税收负担是相等的。　　　　　　　　　　　　　　　　　　　　( )

2. 纳税人兼营不同税率的货物或者应税劳务时,一定要分别核算。否则,会增加纳税人的税收负担。　　　　　　　　　　　　　　　　　　　　　　　　( )

3. 小规模纳税人可以自开增值税专用发票。　　　　　　　　　　　　　( )

4. 其他条件相同时,流转环节越多,增值税税负就越重。　　　　　　　( )

5.非酒类产品的包装物押金,收取时不纳增值税,逾期时缴纳增值税。　　（　　）

四、案例分析

某生产企业为增值税一般纳税人,适用增值税税率17%,主要耗用甲材料加工产品。现有 A、B、C 三个企业提供材料,其中 A 为生产甲材料的一般纳税人,能够出具增值税专用发票,适用税率为17%;B 为生产甲材料的小规模纳税人,能够委托主管税务局代开增值税税率为3%的专用发票;C 为个体工商户,只能出具普通发票,A、B、C 三个企业所提供的材料质量相同,但是含税价格却不同,分别为133 元,103 元,100 元。

分析:生产企业应当与 A、B、C 三家企业中哪家企业签订购销合同?

第 8 章   关税筹划

📖 **课程内容**

利用优惠税率筹划关税、利用税法制度设计筹划关税。

✍ **基本要求**

一、了解关税税率相关规定,了解关税税法制度设计差异及税收筹划空间。

二、掌握利用优惠税率筹划关税;掌握如何利用税法制度设计筹划关税。

8.1   关税筹划概述

关税是海关依法对进出关境的货物和物品征收的一种商品税。一个国家从本国利益出发,都鼓励本国商品出口,而不愿意让大量的外国商品进入本国国内,冲击本国市场,因此,各国都征收关税。所以关税的税收筹划,不仅要考虑本国因素,也要考虑别国因素,筹划的路径包括利用关税优惠税率筹划、利用税法制度设计筹划、避免不利的税收负担(主要是避免反倾销税)等几个方面。

8.2   利用优惠政策筹划关税

关税相关条例规定,进口税率分为普通税率和优惠税率两种。对于原产地是与中华人民共和国未签有关税互惠协议的国家或地区的进口货物,按普通税率征税;对于原产地是与中华人民共和国签有关税互惠协议的国家或地区的进口货物,按优惠税率征税。

在进口产品时,同等条件下应选择与中华人民共和国签有关税互惠协议的国家和地区。

需要注意的是,加入 WTO 后,普通税率和优惠税率的区别将逐步消失,对所有WTO 成员国都将执行同一个税率。

我国主要关税优惠政策,除了法定关税减免外,我国对关境内特定区域、特定行业或者有特定用途的进出口货物减免关税。目前实行的关税方面的优惠政策有:鼓励引进先进技术设备的政策;鼓励科学研究、教学领域、科技开发及科普事业发展的政策;鼓励、扶持慈善、救灾、残疾人保护等社会事业发展的政策;支持农业发展和社会主义新农村建设的政策;支持重点区域、重点行业发展的政策;支持重大技术装备研发制造政策;支持奥运会、世博会等文体事业政策;支持环境保护、资源节约等政策;推动国际交流合作政策;海关特殊监管区域政策;加工贸易政策等。

8.3 利用税法制度设计筹划关税

8.3.1 利用"实质性加工标准"进行税收筹划

关于货物原产地的确认,有两种标准:一是全部产地标准。即对于完全在一个国家内生产或制造的进口货物,其生产或制造国就是该货物的原产国。二是实质性加工标准。即经过几个国家加工制造的进口货物,以最后一个对货物进行经济上可以视为实质性加工的国家作为有关货物原产国。所谓的实质性加工是指产品经过加工后,在《海关税则》中已不按原有的税目税率征税,而应归入另外的税目征税,或者其加工增值部分所占新产品总值的比例已经超过30%以上的。两个条件具备一项,即可视为实质性加工。

另外,根据关税有关规定,对机器、仪器或车辆所用零件、部件、配件、备件以及工具,如与主件同时进口而且数量合理,其原产地按主件的原产地予以确定;如果是分别进口的,则应按其各自的原产地确定。石油产品以购自国为原产国。

【案例8-1】 A公司为从事汽车贸易的公司,在韩国、新加坡、马来西亚、菲律宾或越南设有零部件供应企业;如果韩国的子公司生产汽车仪表,新加坡的子公司生产汽车轴承和发动机,马来西亚的子公司生产阀门,菲律宾的子公司生产轮胎,越南的子公司供应玻璃,则汽车的总装配厂的选择将成为筹划的重点。根据关税有关规定,应首先了解一下这些国家、地区是否与中国签有关税互惠协议;接着仔细比较一下,在那些与中国签订关税互惠协议的国家和地区中,哪一个更优惠,哪一个在经济成本上更为有利,从而做出选择。这其中还要考虑到该国家或地区是否施行外汇管制和出口配额控制、政治经济形势是否稳定以及其他一些影响因素。同时,要使总装配厂的加工增值部分在技术和价值含量上达到30%的标准,可以通过转让定价的方法,降低其他地区的零部件生产价格,从而加大总装配厂增值部分占全部新产品的比重,达到或超过30%,成为实质性加工。这样产品仍可享受到税率的优惠。

当普通税率和优惠税率的区别不再存在时,选择产品的"实质性加工"地点,关税的因素不再存在。那时,只有两个因素可供考虑:一是成本,二是风险。

8.3.2 利用关税的完税价格进行税收筹划

如前所述,关税是对外贸易过程中的一个重要税种。从税收筹划的角度观察,关税作为一个世界性的税种,税负弹性较小:在税目、税基、税率以及减免税优惠等方面都是规定得相当详细、具体,不像所得税应纳税所得额的确定那样有那么大的伸缩余地。

关税弹性较大的是完税价格的确定。关税的计税依据有两种:一种是从量计征;另一种是从价计征,另外还有些物品采取从量和从价混合计征的办法。从量计征适用的范围窄,从价计征适用的范围宽。凡是适用从价计征的物品,完税价格就是它的税基。因此在同一税率下,完税价格如果高,税负则重;完税价格如果低,税负则轻,所以征纳双方对关税价格都极为关注。政府还以完税价格作为对外贸易统计的价格依据,海关作价制度的主要内容是确立完税价格准则及价格基础。例如:以到岸价格、离岸价格、出口价格、审定价格等作为价格依据,以规定的价格依据与一些价格因素组成的价格标准为价格依据。

1.进口货物完税价格筹划

进口货物以海关审定的正常成交价格为基础的到岸价格作为完税价格。到岸价格包括货价,加上货物运抵中华人民共和国关境内输入地点起卸前的包装费、运费、保险费和其他劳务费等费用。我国对进口货物的海关估价主要有两种情况:一是海关审查可确定的完税价格;二是成交价格经海关审查未能确定的。成交价格实际上是指进口货物的买方为购买该项货物而向卖方实际支付的或应当支付的价格,该成交价格的核心内容是货物本身的价格(即不包括运费、保险费、杂项费的货物价格)。该价格除包括货物的生产、销售等成本费用外,还包括买方在成交价格之外另行向卖方支付的佣金。筹划时可选择同类产品中成交价格比较低的,运费、杂项费用相对小的货物进口,才能降低完税价格。

【案例8-2】 一家钢铁企业,需要进口100万吨铁矿石,可供选择的进货渠道中有两家:一家是澳大利亚,另一家是加拿大。澳大利亚的铁矿石品位较高,价格为20美元/吨,运杂项费用60万美元;加拿大的铁矿石品位较低,价格为19美元/吨,但运杂项费用高达240万美元,暂不考虑其他条件,到底应该选择哪一个国家进口铁矿石呢?

计算如下:

澳大利亚铁矿石完税价格$=20\times100+60=2\,060$(万美元)

加拿大铁矿石完税价格$=19\times100+240=2\,140$(万美元)

经过计算,应该选择从澳大利亚进口铁矿石。如果按20%征收进口关税的话,至少可以节税16万美元。

对于无法按审定成交价格法确定其成交价格的,海关主要按以下方法依次估定完税价格:相同货物成交价格法、类似货物成交价格法、国际市场价格法、国内市场价格倒扣法、由海关按其他合理方法估定的价格。如果企业进口高新技术、特征资源、新产品等,由于这些产品没有确定的市场价格,并且成交价大多高于市场类似产品价格,这就为税收筹划提供了空间。

【案例8-3】 某企业进口一种高新技术产品,由于刚刚走出实验室,产品确切的市场价格尚未形成,难以估量,但巨大的研发投入费用必然使其初始价格远高于目前市场上已有的类似产品。

假如企业为进口此种产品付出200万美元,而其类似产品的市场价格仅为120万美元,则企业在向海关申报进口货物成交价格时,以100万美元申报,海关也因此种产品的创新,而无法依据审定成交价格法确定成交价格及完税价格,而只能以该产品的同一出口国或地区购进的类似产品的成交价格,作为确定被估进口产品完税价格的依据,即按类似产品成交价格法予以确认。这样的话,该项进口产品的海关估价最多只有120万美元,从而企业将有80万美元的支出无需纳税,这样就达到了合理合法避税目的。

2.出口货物完税价格筹划

出口商品的海关估价应是成交价格,即该出口商品售予境外的应售价格。应售价格应由出口商品的境内生产成本、合理利润及外贸所需的储运、保险等费用组成,也就是扣除关税后的离岸价格。

需要注意的是,出口货物的离岸价格,应以该项货物运离国境前的最后一个口岸的离岸价格为实际离岸价格。如果该项货物从内地起运,则从内地口岸至国境口岸所支付的国内段运输费用应予扣除。另外出口货物的成交价格如为货价加运费价格,或为国外口岸的到岸价格时,则应先扣除运费并再扣除保险费后,再按规定公式计算完税价格。当运费成本在价格中所占比重较大时,这一点就显得更为重要。另外,如果在成交价格外,还支付了国外的与此项业务有关的佣金,则应该在纳税申报表上单独列明。这样,该项佣金就可予以扣除。但如未单独列明,则不予以扣除。

8.3.3　利用保税制度筹划

保税制度是对保税货物加以监管的一种制度,是关税制度的重要组成部分。保税制度可以简化手续,便利通关,有利于促进对外加工、装配贸易等外向型经济的发展。目前,我国的保税制度包括保税仓库、保税工厂和保税区等制度。

保税货物是指经过海关批准,未办理纳税手续,在境内储存、加工、装配后复运出境的货物。保税货物属于海关监管货物,未经海关许可并补缴税款,不能擅自出售。未经海关许可,也不能擅自开拆、提取、支付、发运、改装、转让或者变更标记。

保税制度的运行是一个包含众多环节的过程。假设进口货物最终将复运出境,那么基本环节就是进口和出口。在这两个环节中,公司都必须向海关报关,在该公司填写的报关表中有单耗计量单位一栏,所谓单耗计量单位,即生产一个单位成品耗费几个单位原料,通常有以下几种形式:一种是度量衡单位/自然单位,如吨/块、米/套等;一种是自然单位/自然单位,如件/套、匹/件等;还有一种是度量衡单位/度量衡单位,如吨/立方米等。

【案例8-4】　某生产出口产品的家具生产公司,2000年5月从加拿大进口一批木材,并向当地海关申请保税,该公司报关表上填写的单耗计量单位为280块/套,即做成一套家具需耗用280块木材。在加工过程中,该公司引进先进设备,做成一套家具只需耗用200块木材。家具生产出来以后,公司将成品复运出口,完成了一个保税过程。

假设公司进口木材10万块,每块价格120元,海关关税税率为50%,则其节税成果为

$$(100\ 000-100\ 000\div280\times200)\times120\times50\%=1\ 714\ 285.8(元)$$

8.3.4　选购国外礼品的关税筹划

根据关税规定,入境旅客行李物品和个人邮递物品系指进入我国关境的非贸易性的应税自用物品,其中就包括馈赠物品。对这些物品征收的进口税包括关税、代征的国内增值税和消费税。纳税人是入境行李物品的携带人和进口邮件的收件人。

关税有关法律对烟、酒、化妆品、金银及其制品、包金饰品、纺织品和制成品、电器用具、手表、照相机、摄像机、汽车等规定了差异很大的关税税率。其中酒的关税税率是100%,摄像机的关税税率是80%,高档手表和其他手表的关税税率分别维持在30%和20%,金银及其制品的关税税率是10%。

【案例8-5】 李先生出国在国外购买了300美元的酒、500美元的摄像机、400美元的手表作为礼物馈赠亲朋,则他所负担的进口关税为

应纳关税税额＝300×100％＋500×80％＋400×30％＝300＋400＋120＝820(美元)

如果李先生用1 200美元购买金银及其制品或包金饰品的话,由于金银制品及包金饰品的关税税率较低,那么他负担关税要少得多。当然,这仅仅是从节税角度进行的选择,现实生活中还有许多变量会影响人们的决策。如果上例中李先生的亲朋不喜欢金银饰品,光考虑节税就失去了馈赠礼物的实际意义。但纳税多少仍然是做出决策的重要依据。

8.3.5 关税的税负转嫁筹划

关税是间接税,随着进出口货物的买卖而转嫁。关税的缴纳者很少是税负的真正承担者。纳税人通过各种方式,将所纳税款转移给进出口货物的真正购买者和消费者。

关税转嫁分为前转、后转和消转三种形式。关税由购买者负担的为前转,由供给者负担的为后转,由进出口商抵进出口成本,而不转嫁给他人的为消转。

关税转嫁与国家对外贸易关系和采取的贸易政策有关,也与国际市场的影响程度有关。对于经济发展程度不高的国家来说,或对一个实行进口限制的国家来说,进口商品的供给弹性十分明显,在这些国家进口数量与价格水平高低有着十分直接的关系:有利就进口,无利则不进。进口国对进口商品采取的压价或不正当提价的行为。都会导致外国供给商将进口产品转向他国市场。因此,此时不管需求弹性如何,进口商品的有关税收都会由进口目的地企业或消费者承担,而不会由进口商品的外国供给商承担。

在国际贸易各国管制逐步取消、自由化程度空前提高的今天,关税能否实现转嫁,取决于商品和服务的质量水平和创新速度。对一种技术创新垄断的商品,即使进口国的关税税率比较高,但由于需求旺盛,供给又带有一定的垄断,因而也就只能由商品的购买者承担关税税款。如果不承担关税,则有两个选择:一是在高关税造成的高价格前望而却步,停止交易,最终损害消费者利益;一是取消关税,自由贸易。让消费者完全根据自己的意愿真正在世界市场上进行选择。从长远来看,第二个选择能逐步达到经济学上的帕累托最优,符合消费者的根本和长远利益。

8.4 避免反倾销税筹划

中国加入WTO,国内企业面对的是一个统一的全球市场,从而其对外商品和劳务的出口规模和品种将会进一步扩大。但是出口也可能会遭遇进口国竞争者的倾销起诉,及倾销成立后的反倾销税,而高税率的反倾销税则完全能够使好不容易取得的市场丧失殆尽。因此国内企业在进行对外贸易时,必须全面地了解贸易伙伴国的关税政策,并做好各种准备,提防出口产品受到倾销指控;若遇到被征收反倾销税,也应积极应诉,以维护自己在国际市场上的正当利益。

具体来说,应从以下几方面着手:

(1)尽力减少被控诉的可能,包括:①提高产品附加值,取消片面的低价策略。我国出口产品基本上是属于资源密集型和劳动密集型,初级产品比重高,产品档次低,附加值

少,价格很难提高。从长远看来,我国企业应大力着手从初低级产品的形象中走出来,改变出口产品结构。②组建出口企业行业协会,加强内部协调和管理,一旦出现反倾销调查,可以集中力量应对。③分散出口市场,降低受控风险。

(2)采用技术手段避免被认为倾销,包括:①及时上调价格。这是因为欧美商业裁判机构每征满一年反倾销税时,会重新调查该倾销商是否仍有倾销行为,这时及时上调价格,就能被认为不具有倾销行为,从而可使被征的反倾销税也立即取消。②调整产品利润预测,改进企业会计财务核算,以符合国际规范和商业惯例;同时还要密切注意国际外汇市场的浮动状况。③将国外进口商组织起来,推动其反贸易保护活动。因为一旦我方产品被征收反倾销税,受损失的还有国外进口商。我们可通过加强与当地工商组织的交流,以实际的商业利益为砝码促使其向政府施加压力。

(3)避免被裁定为损害进口国产业,包括:①不要迫使进口国厂商采取降价促销的营销手段。②全面收集有关资料信息情报,有效地获取进口国市场的商情动态,查证控诉方并未受到损失,以便在应诉中占有主动地位。③就出口地设厂,筹建跨国公司。这样可以使我方产品免受进口配额等歧视性贸易条款的限制。④以便利的销售条件、优质的产品、高水平的服务和良好的运输条件去占取市场,提高单位产品的价值(效用),降低其替代率,从而增强外方消费市场对我方产品的依赖性,获取稳定的客户群。

练习题

一、多项选择题

1.目前我国原产地规定采用( )。

　　A.全部产地生产标准　　　　　　　B.参与性加工标准

　　C.实质性加工标准　　　　　　　　D.挂靠性加工标准

2.我国进口税则中设有的进口关税税率,包括( )。

　　A.最惠国税率　　B.协定税率　　C.特惠税率　　D.普通税率

3.关税减免税包括( )。

　　A.法定减免　　B.特定减免　　C.临时减免　　D.随时减免

二、判断题

1.根据我国关税法的有关规定,进口零部件与进口成品缴纳的关税是一样的。

( )

2.特别关税无法通过税收筹划减轻税负。 ( )

第9章 个人所得税筹划

📝 **课程内容**

利用税收优惠政策筹划个人所得税,利用税法制度设计筹划个人所得税。

📝 **基本要求**

一、了解并熟悉个人所得税税收优惠政策内容;掌握个人所得税税法制度设计差异及税收筹划空间。

二、掌握利用税收优惠政策筹划个人所得税的具体路径;掌握利用税法制度设计筹划个人所得税的具体方法。

9.1 个人所得税筹划概述

伴随着世界经济形势的新变化以及面临的新挑战,我国居民个人收入来源和形式日趋多样化、多极化,不可避免地会使越来越多的个人成为个人所得税的重要来源。与之相应,财政收入中来源于个人所得税的比重也呈逐年上升的趋势,从维护切身利益、减轻税收负担的角度出发,个人所得税的税收筹划越来越受到纳税人的重视。

我国现行的个人所得税将个人的十一项所得作为课税对象,如工资薪金所得,劳务报酬所得,稿酬所得,财产租赁所得,特许权使用费所得,利息、股息、红利所得,偶然所得等。这些项目分别规定了不同的费用扣除标准、适用不同的税率和不同的计税方法。这就为纳税人进行税收筹划提供了潜在的空间。筹划个人所得税,可以选择的路径包括利用税收优惠政策、利用税法制度设计、避免不利的税收负担等。

9.2 利用税收优惠政策筹划个人所得税

现行的个人所得税法规定了一系列的税后优惠政策,包括一些减税、免税政策及额外的扣除标准。是否能有效地利用这些政策,直接关系到个人缴纳税收的多少。

9.2.1 个人所得税主要优惠政策

《中华人民共和国个人所得税法》(以下简称《个人所得税法》)及其实施条例以及财政部、国家税务总局的若干规定等,都对个人所得项目给予了减税、免税的优惠,主要有免征个人所得税优惠、减征个人所得税优惠、非居民纳税人的减免税优惠。

1. 免征个人所得税的优惠

(1)省级人民政府、国务院部委和中国人民解放军军以上单位,以及外国组织颁发的科学、教育、技术、文化、卫生、体育、环境保护等方面的奖金。

(2)国债利息和国家发行的金融债券利息。这里所说的国债利息,是指个人持有中华人民共和国财政部发行的债券而取得的利息所得;所说的国家发行的金融债券利息,是指个人持有经国务院批准发行的金融债券而取得的利息所得。

(3)按照国家统一规定发给的补贴、津贴。这里所说的按照国家统一规定发给的补贴、津贴,是指按照国务院规定发给的政府特殊津贴和国务院规定免纳个人所得税的补贴、津贴。

发给中国科学院资深院士和中国工程院资深院士每人每年1万元的资深院士津贴免予征收个人所得税。

(4)福利费、抚恤金、救济金。这里所说的福利费,是指根据国家有关规定,从企业、事业单位、国家机关、社会团体提留的福利费或者工会经费中支付给个人的生活补助费;所说的救济金,是指国家民政部门支付给个人的生活困难补助费。

(5)保险赔款。

(6)军人的转业费、复员费。

(7)按照国家统一规定发给干部、职工的安家费、退职费、退休工资、离休工资、离休生活补助费。

(8)依照我国有关法律规定应予免税的各国驻华使馆、领事馆的外交代表、领事官员和其他人员的所得。

上述所得,是指依照《中华人民共和国外交特权与豁免条例》和《中华人民共和国领事特权与豁免条例》规定免税的所得。

(9)中国政府参加的国际公约以及签订的协议中规定免税的所得。

(10)对乡、镇(含乡、镇)以上人民政府或经县(含县)以上人民政府主管部门批准成立的有机构、有章程的见义勇为基金或者类似性质组织,奖励见义勇为者的奖金或奖品,经主管税务机关核准,免征个人所得税。

(11)企业和个人按照省级以上人民政府规定的比例提取并缴付的住房公积金、医疗保险金、基本养老保险金、失业保险金,不计入个人当期的工资、薪金收入,免予征收个人所得税;超过规定的比例缴付的部分,计征个人所得税。

个人领取原提存的住房公积金、医疗保险金、基本养老保险金时,免予征收个人所得税。

(12)对个人取得的教育储蓄存款利息所得以及国务院财政部门确定的其他专项储蓄存款或者储蓄性专项基金存款的利息所得,免征个人所得税。

(13)储蓄机构内从事代扣代缴工作的办税人员取得的扣缴利息税手续费所得,免征个人所得税。

(14)生育妇女按照县级以上人民政府根据国家有关规定制定的生育保险办法,取得的生育津贴、生育医疗费或其他属于生育保险性质的津贴、补贴,免征个人所得税。

(15)对延长离休、退休年龄的高级专家从其劳动人事关系所在单位取得的,单位按国家有关规定向职工统一发放的工资、薪金、奖金、津贴、补贴等收入,视同离休、退休工资,免征个人所得税;从其劳动人事关系所在单位之外的其他地方取得的培训费、讲课费、顾问费、稿酬等各种收入,依法计征个人所得税。

延长离休退休年龄的高级专家是指:

①享受国家发放的政府特殊津贴的专家、学者。

②中国科学院、中国工程院院士。

(16)个人通过扣缴单位统一向灾区的捐赠,由扣缴单位凭政府机关或非营利组织开具的汇总接受捐赠凭据、扣缴单位记载的个人捐赠明细表等,由扣缴单位在代扣代缴税款时,依法据实扣除。

扣缴单位在向税务机关进行个人所得税全员全额扣缴申报时,应一并报送由政府机关或非营利组织开具的汇总接受捐赠凭据(复印件)、所在单位每个纳税人的捐赠总额和当期扣除的捐赠额。

(17)外籍个人以非现金形式或实报实销形式取得的住房补贴、伙食补贴、搬迁费、洗衣费。

(18)外籍个人按合理标准取得的境内、外出差补贴。

(19)外籍个人取得的探亲费、语言训练费、子女教育费等,经当地税务机关审核批准为合理的部分。可以免征个人所得税优惠的探亲费,仅限于外籍个人在我国的受雇地与其家庭所在地(包括配偶或父母居住地)之间搭乘交通工具,且每年不超过两次的费用。

(20)个人举报、协查各种违法、犯罪行为而获得的奖金。

(21)个人办理代扣代缴税款手续,按规定取得的扣缴手续费。

(22)个人转让自用达五年以上并且是唯一的家庭居住用房取得的所得。

(23)外籍个人从外商投资企业取得的股息、红利所得。

(24)凡符合下列条件之一的外籍专家取得的工资、薪金所得可免征个人所得税:

①根据世界银行专项贷款协议由世界银行直接派往我国工作的外国专家。

②联合国组织直接派往我国工作的专家。

③为联合国援助项目来华工作的专家。

④援助国派往我国专为该国无偿援助项目工作的专家。

⑤根据两国政府签订文化交流项目来华工作两年以内的文教专家,其工资、薪金所得由该国负担。

⑥根据我国大专院校国际交流项目来华工作两年以内的文教专家,其工资、薪金所得由该国负担。

⑦通过民间科研协定来华工作的专家,其工资、薪金所得由该国政府机构负担。

(25)股权分置改革中非流通股股东通过对价方式向流通股股东支付的股份、现金等收入,暂免征收流通股股东应缴纳的个人所得税。

(26)对被拆迁人按照国家有关城镇房屋拆迁管理办法规定的标准取得的拆迁补偿款,免征个人所得税。

(27)个人取得单张有奖发票奖金不超过800元(含800元)的,暂免征收个人所得税;个人取得单张有奖发票奖金所得超过800元的,应全额按照《个人所得税法》规定的偶然所得项目征收个人所得税。

(28)自 2006 年 6 月 1 日起,对保险营销员佣金中的展业成本,免征个人所得税;对佣金中的劳务报酬部分,扣除实际缴纳的营业税及其附加后,依照税法有关规定计算征收个人所得税。保险营销员的佣金由展业成本和劳务报酬构成,所谓展业成本即营销费。根据目前保险营销员展业的实际情况,佣金中展业成本的比例暂定为 40%。

(29)第二届高等学校教学名师奖奖金,免予征收个人所得税;第二届高等学校教学名师奖获奖人数为 100 人,每人奖金 2 万元。

(30)经国务院财政部门批准免税的所得。

2.减征个人所得税的优惠

根据《个人所得税法》及其实施条例规定,有下列情形之一的,经批准可以减征个人所得税:

(1)残疾、孤老人员和烈属的所得。

(2)因严重自然灾害造成重大损失的。

(3)稿酬所得,按 20% 税率计算的应纳税额减征 30%。

(4)个人将其所得通过中国境内的社会团体、国家机关向教育事业、其他社会公益事业以及遭受严重自然灾害地区、贫困地区的捐赠,捐赠额未超过纳税人申报的应纳税所得额 30% 的部分,可以从其应纳税所得额中扣除。

(5)其他经国务院财政部门批准减税的情形。

3.非居民纳税人的减免税优惠

(1)《中华人民共和国个人所得税法实施条例》(以下简称《个人所得税法实施条例》)规定,在中国境内无住所,但是居住一年以上五年以下的个人,其来源于中国境外的所得,经主管税务机关批准,可以只就由中国境内公司、企业以及其他经济组织或者个人支付的部分缴纳个人所得税;居住超过五年的个人从第六年起,应当就其来源于中国境内外的全部所得缴纳个人所得税。

1995 年 9 月 16 日,财政部、国家税务总局又发出通知,对执行上述规定时五年期限的计算问题作了明确规定:

①关于五年期限的具体计算:个人在中国境内居住满五年,是指个人在中国境内连续居住满五年,即在连续五年中的每一纳税年度内均居住满一年。

②关于个人在中国境内居住满五年以后纳税义务的确定:个人在中国境内居住满五年后,从第六年起的以后年度中,凡在境内居住满一年的应当就其来源于境内、境外的所得申报纳税;凡在境内居住不满一年的,则仅就该年内来源于境内的所得申报纳税。如该个人在第六年起以后的某一纳税年度内在境内居住不足 90 天,可以按《个人所得税法实施条例》第七条的规定确定纳税义务,并从再次居住满一年的年度起重新计算五年期限。

③关于计算五年期限的起始日期:个人在中国境内居住满五年的时间,自 1994 年 1 月 1 日起开始计算。

(2)对在中国境内无住所,但在一个纳税年度中在中国境内居住不超过 90 日的纳税人的减免税优惠。

《个人所得税法实施条例》规定:在中国境内无住所,但是在一个纳税年度中在中国境内连续或者累计居住不超过 90 日的个人,其来源于中国境内的所得,由境外雇主支付并且不由该雇主在中国境内的机构、场所负担的部分,免予缴纳个人所得税。

9.2.2　利用税收优惠政策筹划个人所得税

1.通过转化为非居民纳税人享受税收优惠政策

我国个人所得税法将个人所得税的纳税人分为两类:一类为居民纳税人,即在中国境内有住所或者无住所而在境内居住满一年的个人,居民纳税人从中国境内和境外取得的所得,都应当依照税法规定缴纳个人所得税;另一类为非居民纳税人,即在中国境内无住所又不居住或者无住所而在境内居住不满一年的个人,非居民纳税人从中国境内取得的所得,应当依照税法规定缴纳个人所得税,从中国境外取得的所得,不需要在中国纳税。

在中国境内有住所的个人,是指因户籍、家庭、经济利益关系而在中国境内习惯性居住的个人。习惯性居住,是判定纳税是居民或非居民的一个法律意义上的标准,不是指实际居住或在某一个特定时期内的居住地。如因学习、工作、探亲、旅游等而在中国境外居住的,在其原因消除之后,必须回到中国境内居住的个人,则中国即为该纳税人习惯性居住地。

在境内居住满一年,是指在一个纳税年度中在中国境内居住365日。临时离境的,不扣减日数。临时离境,是指在一个纳税年度中一次不超过30日或者多次累计不超过90日的离境。个人所得税法的纳税年度,自公历1月1日起至12月31日止。

需要特别指出的是,上述期限的判断都以一个纳税年度为准,如果某纳税人一次离境超过30天,但分跨两个纳税年度,而且在任何一个纳税年度都没有达到30天,则该纳税人的该次离境在两个纳税年度都只能属于临时离境。同样,一个纳税人连续在中国境内居住365天,甚至更长时间,如果该期限是分跨两个纳税年度的,而且在任何一个纳税年度都没有达到居住365天的标准,则该纳税人在上述两个纳税年度中都不构成中国税法的居民纳税人。

关于居民纳税人和非居民纳税人,我国税法还规定了一定的优惠政策。根据《个人所得税法实施条例》第六条、第七条的规定,在中国境内无住所,但是居住一年以上五年以下的个人,其来源于中国境外的所得,经主管税务机关批准,可以只就由中国境内公司、企业以及其他经济组织或者个人支付的部分缴纳个人所得税;居住超过五年的个人,从第六年起,应当就其来源于中国境外的全部所得缴纳个人所得税。在中国境内无住所,但是在一个纳税年度中在中国境内连续或者累计居住不超过90日的个人,其来源于中国境内的所得,由境外雇主支付并且不由该雇主在中国境内的机构、场所负担的部分,免予缴纳个人所得税。

居民纳税人和非居民纳税人承担不同的纳税义务,根据法律规定的居民纳税人的判断标准合理安排在某国的居住时间,就可以避免成为该国的居民纳税人,从而避免无限纳税义务。

【案例 9-1】　约翰先生是美国籍公民,准备到中国居住一年半,计划于2007年1月1日来中国,于2008年6月30日回国。请判断约翰先生是否构成中国税法居民,并提出税收筹划方案。

根据我国个人所得税法的规定,约翰先生在2007年度就构成了中国的税法居民。为了避免成为中国税法居民,约翰先生事先咨询了税务师,并根据其建议,于2007年2月

10 日来中国,于 2008 年 7 月 10 日回国。这样,虽然约翰先生仍然在中国居住了一年半时间,但由于其跨越两个纳税年度,而且均没有居住满一年,因此,并不构成中国税法居民。

【案例 9-2】 约翰逊先生 2002 年 1 月 20 日来北京,一直居住到 2008 年 12 月 5 日,之后回国,并于 2009 年 1 月 1 日再次来北京,一直居住到 2012 年 5 月 30 日,之后回国。请判断约翰先生是否构成中国税法居民,并提出税收筹划方案。

根据我国税法的规定,离境不超过 30 天的属于临时离境,不扣减天数,因此,2008 年年底约翰逊先生的离境属于临时离境,不扣减天数,即视为没有离境,这样,从 2003 年度至 2011 年度,约翰逊先生均构成中国税法居民,而且,自 2008 年度起,约翰逊先生就不能享受《个人所得税法实施条例》第六条所规定的优惠政策。

如果约翰逊先生事先咨询税务师,并接受其建议进行税收筹划,则可以适当调整其离境时间,比如,从 2008 年 11 月 30 日离境,这样,2008 年度约翰逊先生离境就超过 30 天了(12 月有 31 天),不属于临时离境,可以扣减天数,这样,2008 年度,约翰逊先生就是非居民纳税人。

【案例 9-3】 史密斯先生是美国一家跨国公司的经理,同时兼任该公司在中国的分支机构的负责人,他在中国境内没有住所。史密斯先生主要居住时间在美国,2008 年度,只在 3 月 25 日至 4 月 5 日,以及 8 月 30 日至 9 月 3 日来华两次,2008 年年底,史密斯先生领取了 2008 年 12 个月的奖金 12 万美元。史密斯先生有多少所得需要在中国纳税?并提出税收筹划方案。

根据规定,在中国境内无住所的个人在担任境外企业职务的同时,兼任该外国企业在华机构的职务,但并不实际或并不经常到华履行该在华机构职务,对其一次取得的数月奖金中属于全月未在华工作的月份奖金,依照劳动发生地原则,可不作为来源于中国境内的奖金收入计算纳税;对其取得的有到华工作天数的各月份奖金,应全额依照规定的方法计算纳税,不再按该月份实际在华天数划分计算应纳税额。根据这里规定的劳动发生地原则,史密斯先生有 4 个月份来中国居住,即 3 月、4 月、8 月和 9 月,因此,其中属于 4 个月的奖金属于来源于中国的所得,即 4 万美元。

假设史密斯先生事先咨询税务师,并接受其建议进行税收筹划,则可以将其来中国的时间稍做修改,即 3 月 20 日至 3 月 31 日来中国,9 月 1 日至 9 月 4 日来中国,这样,史密斯先生在中国居住的时间没有改变,但是,其年终发放的工资就只有两个月属于来源于中国的所得,即只有 2 万美元所得属于来源于中国的所得。

9.3 利用税法制度设计筹划个人所得税

9.3.1 承包经营、承租经营的税收筹划

根据《国家税务总局关于个人对企事业单位实行承包经营、承租经营取得所得征税问题的通知》(国税发〔1994〕179 号)的规定,企业实行个人承包、承租经营后,如果工商登记仍为企业的,不管其分配方式如何,均应先按照企业所得税的有关规定缴纳企业所得税。承包经营、承租经营者按照承包、承租经营合同(协议)规定取得的所得,依照个人所

得税法的有关规定缴纳个人所得税,具体为:

①承包、承租人对企业经营成果不拥有所有权,仅是按合同(协议)的规定取得一定所得的,其所得按工资、薪金所得项目征税,适用 3‰~45‰ 的七级超额累进税率。

②承包、承租人按合同(协议)的规定只向发包、出租方缴纳一定费用后,企业经营成果归其所有的,承包、承租人取得的所得,按对企事业单位的承包经营、承租经营所得项目,适用 5‰~35‰ 的五级超额累进税率征税。

企业实行个人承包、承租经营后,如工商登记改变为个体工商户的,应依照个体工商户的生产、经营所得项目计征个人所得税,不再征收企业所得税。企业实行承包经营、承租经营后,不能提供完整、准确的纳税资料,正确计算应纳税所得额的,由主管税务机关核定其应纳税所得额,并依据《税收征收管理法》的有关规定,自行确定征收方式。由于不同的企业形式将采取不同的征税方法,因此,纳税人可以充分利用这些规定,通过企业形式的变换来避免重复征税,最大限度地减轻税收负担。

【案例 9-4】 赵先生承包一具有法人资格的集体企业,承包合同约定:承包以后,该企业性质不变,赵先生每年向集体上缴承包费 100 000 元,其余利润归赵先生所有。2012 年度,该企业的应纳税所得额为 200 000 元。请计算赵先生应当缴纳多少个人所得税?并提出税收筹划方案。

根据税法规定,该企业工商登记仍为企业,因此,应当首先缴纳企业所得税:200 000 ×25‰ = 50 000(元),税后利润为:200 000 - 50 000 = 150 000(元),扣除上缴承包费以后,赵先生获得承包收入为:150 000 - 100 000 = 50 000(元),应纳个人所得税税额为:(50 000 - 3 500×12)×5‰ = 400(元),赵先生获得税后利润为:50 000 - 400 = 49 600(元)。

假设赵先生事先进行税收筹划,承包以后,将企业登记为个体工商户,其经营成果不变,那么,该个体工商户不用缴纳企业所得税。赵先生获得税前所得为:200 000 - 100 000 = 100 000(元),按照个体工商户生产经营所得应纳税额为:(100 000 - 3 500×12)×20‰ - 3 750 = 7 850(元),赵先生获得税后利润:100 000 - 7 850 = 92 150(元)。

通过税收筹划,可以多获得利润:92 150 - 49 600 = 42 550(元),效果是非常明显的。当然,由于企业性质不同,其获得利润的能力可能会有所差异,企业如果登记为个体工商户,获利能力可能会减弱,因为它没有法人资格,但是,如果企业的总收入没有较大下降,这种税收筹划仍然具有一定的价值。

9.3.2 通过转化所得项目进行筹划

1. 通过转化所得形式来降低税率

我国个人所得税实行分类所得税制,即把个人的各种所得分成 11 类,分别规定不同的征收方式、税基、税率。因此,相同数量的所得,如果所属的税目不同,则要承担不同的税收负担。这样,纳税人就可以利用不同所得项目税收负担的不同,将某种类型的所得转换成其他类型的所得,以此来降低自己的税收负担。例如,可以将劳务报酬所得转化成个体工商户生产经营所得,也可以在工资、薪金所得和劳务报酬所得以及个体工商户生产经营所得之间进行互相转换来进行税收筹划。

个人由于担任董事职务所取得的董事费收入分为两种情形:个人担任公司董事、监事,且不在公司任职、受雇的情形,属于劳务报酬性质,按劳务报酬所得项目征税;个人在公司(包括关联公司)任职、受雇,同时兼任董事、监事的,应将董事费、监事费与个人工资收入合并,统一按工资、薪金所得项目缴纳个人所得税。

工资、薪金所得是属于非独立个人劳务活动,即在机关、团体、学校、部队、企事业单位及其他组织中任职、受雇而得到的报酬;劳务报酬所得则是个人独立从事各种技艺、提供各项劳务取得的报酬。两者的主要区别在于,前者存在雇用与被雇用关系,后者则不存在这种关系。

【案例 9-5】 王先生在业余时间为一家公司提供装潢设计服务,每月获得劳务报酬 5 000 元。为了获得这 5 000 元的劳务报酬,王先生每月需要支付往返车费 200 元,材料费 1 000 元。在 2012 年度,王先生需要缴纳个人所得税税额为:5 000×(1-20%)×20%×12=9 600(元)。本案例如何进行税收筹划?

王先生成立一家个人独资企业,专门为该公司提供装潢服务。由于其他条件不变,王先生每月仍需要支付往返车费 200 元,材料费 1 000 元,王先生可以获得 5 000 元收入。根据个人独资企业投资者个人所得税计算的原则,王先生 2012 年度的总收入为:5 000×12=60 000(元),总成本为:(200+1 000)×12=14 400(元)。王先生作为投资者,其个人费用可以扣除 24 000 元。这样,2012 年度,该个人独资企业的应纳税所得额:60 000-14 400-24 000=21 600(元)。应纳所得税额为:21 600×10%-750=1 410(元)。通过税收筹划,王先生减少应纳所得税额为:9 600-1 410=8 190(元)。

【案例 9-6】 刘先生创办一家个人独资企业,刘先生的妻子以员工的身份每月领取工资 3 900 元。2012 年度,企业总收入为 200 000 元,各项可以扣除的成本、费用、损失为 114 400 元。2012 年度刘先生夫妇一共需要缴纳多少个人所得税?本案例如何进行税收筹划?

刘先生的妻子需要缴纳个人所得税:(3 900-3 500)×3%×12=144(元)。刘先生 2012 年度的应纳税所得额为:200 000-114 400-3 500×12=43 600(元)。应纳所得税额为:43 600×20%-3 750=4 970(元)。刘先生夫妇合计缴纳个人所得税:144+4 970=5 114(元)。

刘先生可以通过将工资、薪金所得转化为个体工商户生产经营所得的方式来进行税收筹划。刘先生将该个人独资企业变为合伙企业,刘先生的妻子作为该合伙企业的合伙人之一,二人分别占 50% 的份额。假设其他条件不变,这样,该个人独资企业在 2012 年度的总收入仍然为 200 000 元。各项可以扣除的成本、费用、损失变为(减少了刘先生妻子的工资开支):114 400-3 900×12=67 600(元)。2012 年度,该合伙企业的纯收入为:200 000-67 600=132 400(元)。由于刘先生夫妇二人分别占 50% 的份额,每人可以分得 66 200 元的利润,这样,二人应当缴纳个人所得税额为:[(66 200-42 000)×10%-750]×2=3 340(元)。

通过税收筹划,刘先生夫妇二人减少应纳所得税额为:5 114-3 340=1 774(元)。

2. 平均多次所得的税收筹划

个人所得税中的工资、薪金所得采用的是超额累进税率,税基越大,所适用的税率越高,因此,如果纳税人每月的收入有高有低,而且相差比较大,则可以考虑采取平均每月工资的方法来降低每月的收入额,这样,每次纳税所适用的税率就会降低,从而降低了所缴纳的税款。现实生活中,为鼓励员工努力工作,采取基本工资加提成方式发放报酬的单位越来越多,另外还有些行业月份之间的营业额和收入额均不同,如果按照工作量来发放报酬,也会导致每月所发放工资多少不等,因此,这种平均多次所得进行税收筹划的方式,其适用范围会越来越广。

【案例 9-7】 某公司采取基本工资加奖金提成的方式为公司员工发放报酬。该公司某员工 2011 年全年每月工资如表 9-1 所示(单位:元):

表 9-1

月份	1	2	3	4	5	6	7	8	9	10	11	12
工资	4 700	2 800	2 480	5 600	7 500	11 800	2 200	3 200	6 800	4 800	2 700	2 800

请计算该员工 2011 年度全年应当缴纳的个人所得税,并提出税收筹划方案。

该员工 2011 年度应纳税额为:$(4\ 700-3\ 500)\times3\%+[(5\ 600-3\ 500)\times10\%-105]+[(7\ 500-3\ 500)\times10\%-105]+[(11\ 800-3\ 500)\times20\%-555]+[(6\ 800-3\ 500)\times10\%-105]+(4\ 800-3\ 500)\times3\%=1\ 805$(元)。

如果该公司年初首先估计该员工 2011 年度每月的平均工资(可以按照 2010 年度实际发放的工资来估计),假设为 3 800 元,最后一个月再根据该员工的实际应得工资予以多退少补。在本案例中,如果每月发放 4 500 元工资,则最后一个月发 7 880 元工资。经过税收筹划,该员工 2011 年度应纳税额为:$[(4\ 500-3\ 500)\times3\%\times11+[(7\ 880-3\ 500)\times20\%-555]=651$(元)

经过税收筹划,该员工 2011 年度少缴个人所得税:$1\ 805-651=1\ 154$(元)。如果该企业有 100 名员工,经过这种税收筹划,该企业的员工一年少缴个人所得税 115 400 元,对员工来讲是一笔相当可观的相对收入。

3. 个人独资企业分立,降低累进税率

自 2000 年 1 月 1 日起,为了避免重复征税,个人独资企业和合伙企业停止征收企业所得税,对投资人比照个体工商户征收个人所得税。个体工商户所得税采用五级超额累进税率,最低一级税率为 5%,最高一级税率为 35%,应纳税所得额越高,适用的税率就越高,纳税人的平均税负就越高。因此,当个人独资企业拥有多项具有相对独立性的经营业务时,可以采用分立个人独资企业的方式创办多家个人独资企业,这样就可以降低每个企业的应纳税所得额,从而降低所适用的税率,并降低整体的税收负担。

对合伙企业的合伙人征收个人所得税也是比照个体工商户所得采用五级超额累进税率,一次获得的所得越多,所适用的税率就越高,因此,通过增加合伙企业的合伙人,就可以将合伙企业的所得分散,从而适用较低的税率,减轻合伙企业的税收负担。需要强调的是,增加的合伙人必须是真实的合伙人,也就是说,合伙人必须真正出资了(包括用其他方式出资,如知识产权或者实物),而不能单纯为了减轻合伙企业的税收负担而增加许多假的合伙人(合伙人并不存在,只是企业在申报个人所得税时虚报合伙人,或者将他人作为合伙人,但实际上与该他人约定,他们只是名义合伙人,并不参与企业收益的分配),因为雇用合伙人,企业的行为有可能被认定为避税,甚至被认定为偷税。

个人独资企业和合伙企业(以下简称企业)每一纳税年度的收入总额扣除成本、费用以及损失后的余额,作为投资者个人的生产经营所得,比照个人所得税法的"个体工商户的生产经营所得应税项目,适用5‰～35％的五级超额累进税率,计算征收个人所得税。

【案例9-8】 刘先生在《中华人民共和国个人独资企业法》出台以后创办了一家个人独资企业,该个人独资企业经营范围主要是销售商品和加工、修理两项业务,刘先生负责销售商品业务,刘先生的妻子负责加工、修理业务。在2012年度,该个人独资企业取得销售纯收入50 000元(扣除成本、费用、损失和税金),取得加工、修理纯收入30 000元(扣除成本、费用、损失和税金)。该独资企业2012年度应纳所得税额为:80 000×30％－9 750＝14 250(元)。该个人独资企业如何进行税收筹划?(为简化计算过程,不考虑投资者的工资和生计扣除)

刘先生可以通过分立个人独资企业的方式来进行税收筹划,设立两个个人独资企业,一个为刘先生名下,专营销售业务,由刘先生负责管理;一个为刘先生妻子名下,专营加工、修理业务,由其妻子负责管理。假设该企业2012年度经营收入不变,则该两个个人独资企业2012年度应纳所得税额为:50 000×20％－3 750＋30 000×10％－750＝8 500(元)。经过税收筹划,该家庭所创办的企业2012年度少纳个人所得税:14 250－8 500＝5 750(元)。减轻税负(少纳所得税额除以原应纳所得税额)达40.35％。

【案例9-9】 张先生与其妻子出资100 000元创办一家合伙企业,二人分别拥有50％的份额。该企业在2012年度获得纯收益100 000元。该夫妻二人需要缴纳个人所得税额为:(50 000×20％－3 750)×2＝12 500(元)。本案例如何进行税收筹划?(为简化计算过程,不考虑投资者的工资和生计扣除)

张先生可以通过增加合伙人,降低累进税率的方式进行税收筹划,可以将其女儿和女婿、儿子和儿媳(或者其他关系亲密之人)全部作为合伙企业的合伙人。张先生夫妇出资6万元,女儿和女婿出资2万元,儿子和儿媳出资2万元。假设仍然获得纯收益10万元,根据出资,张先生夫妇分别获得3万元收益,其他四人分别获得1万元收益。该企业实际承担的个人所得税额为:(30 000×10％－750)×2＋10 000×5％×4＝6 500(元)。经过税收筹划,该合伙企业2012年度实际缴纳的个人所得税降低:12 500－6 500＝6 000(元)。

9.3.3 应税项目转化的筹划方法

1.转换应税所得性质的税收筹划

我国现行个人所得税的类型是分类所得税制,即把个人的各种所得分成以下11类:

(1)工资、薪金所得。
(2)个体工商户的生产、经营所得。
(3)对企事业单位的承包经营、承租经营所得。
(4)劳务报酬所得。
(5)稿酬所得。
(6)特许权使用费所得。
(7)利息、股息、红利所得。
(8)财产租赁所得。
(9)财产转让所得。

(10)偶然所得。

(11)经国务院财政部门确定征税的其他所得。

上述各项所得分别适用不同的征收方式、税基、税率。因此，相同数量的所得，如果所属的税目不同，则要承担不同的税收负担。我国现行工资、薪金所得适用的是七级超额累进税率，最低一级税率为3％，最高一级税率为45％，而劳务报酬所得适用的是20％的比例税率，因此，如果所得的数额不是很高，采用工资、薪金所得的税率计算的数额较低，以下【案例9-10】就是运用这一原理，将劳务报酬所得变为工资、薪金所得。如果工资、薪金所得的数额较高，其平均税率有可能超过20％，这时，将工资、薪金所得转化为劳务报酬所得就是有利的，【案例9-11】就是运用这一原理而保持劳务报酬所得形式的。

但是，这种转化并不是任意的，国家税务总局对如何判定工资、薪金所得和劳务报酬所得有专门规定，1994年3月31日国家税务总局发布的《征收个人所得税若干问题的规定》(国税发〔1994〕89号)对此做了解释：工资、薪金所得是属于非独立个人劳务活动，即在机关、团体、学校、部队、企事业单位及其他组织中任职、受雇而得到的报酬；劳务报酬所得则是个人独立从事各种技艺、提供各项劳务取得的报酬。两者的主要区别在于，前者存在雇用与被雇用关系，后者则不存在这种关系。一般来讲，对于那些长期为某单位提供劳务的，可以考虑转化为雇用关系。比如，高校的老师或者研究生到校外兼职讲课或者做其他工作，都可以考虑按照工资、薪金所得予以申报纳税。

【案例9-10】 王先生2012年3月从单位获得工资3 400元，同时，他又到另外一家外资公司做兼职工作，合同约定兼职工作期限为1年，每月收入为2 000元。合同没有约定王先生和外资公司的关系，外资公司以劳务报酬的形式为王先生代扣代缴个人所得税。请计算王先生每月应纳税额，并提出税收筹划方案。

王先生取得的劳务报酬每月应纳税额为：$(2\,000-800)\times20\%=240$（元）。同时，王先生所在单位以工资、薪金所得的形式为王先生代扣代缴个人所得税。由于王先生工资收入低于3 500元，因此，每月应纳税额为0。这样，王先生每月总共纳税240元。

王先生经过询问税务师，根据其建议，修改其与外资公司的合同，使二者成为雇用关系。由于王先生在两处获得工资、薪金所得，因此，他必须自己申报缴纳个人所得税。每月应纳税额为：$(3\,400+2\,000-3\,500)\times10\%-105=85$（元）。经过税收筹划，王先生每月少缴个人所得税：$240-85=135$（元）。

【案例9-11】 赵先生2012年4月从单位获得工资51 200元，同时，他在另外一家公司做兼职法律顾问，每月获得收入25 000元。该公司以工资、薪金的形式为赵先生代扣代缴个人所得税。请计算赵先生每月应纳税额，并提出税收筹划方案。

赵先生在两处取得工资、薪金所得，应当合并缴纳个人所得税，而且应当自行纳税申报。应纳税额为：$(51\,200+25\,000-3\,500)\times40\%-13\,505=15\,575$（元）。

赵先生可以考虑将其与另外一家公司的关系变成劳务关系，这样，该公司就可以按照劳务报酬的方式为赵先生代扣代缴个人所得税。就该劳务报酬，赵先生每月应纳税额为：$25\,000\times(1-20\%)\times20\%=4\,000$（元）。就工资、薪金，赵先生每月应纳税额为：$(51\,200-3\,500)\times30\%-2\,755=11\,555$（元）。赵先生本月总共应当缴纳个人所得税为：$4\,000+11\,555=15\,555$（元）。减轻税收负担：$15575-15\,555=20$（元）。

2. 有限责任公司与个人独资企业、合伙企业的互换

根据现行的税收政策,具有法人资格的企业需要缴纳 25% 的企业所得税,个人股东从法人企业取得的税后利润需要缴纳 20% 的个人所得税。不具有法人资格的个人独资企业和合伙企业不需要缴纳企业所得税,投资者就其从个人独资企业和合伙企业中取得的利润按照个体工商户生产经营所得缴纳个人所得税。

由于不同企业类型所缴纳的所得税是不同的,具有法人资格的企业,如有限责任公司和股份有限公司缴纳企业所得税;而不具有法人资格的个人独资企业和合伙企业则不需要缴纳企业所得税,只需要其投资者缴纳个人所得税。目前,个人独资企业和合伙企业的投资者适用 5%～35% 的五级超额累进税率,而法人企业则缴纳 25% 的企业所得税,因此,通过有限责任公司与个人独资企业或者合伙企业之间的互相转换可以实现税收负担的降低。

个体工商户的生产、经营所得,以每一纳税年度的收入总额,扣除成本、费用以及损失后的余额,为应纳税所得额,适用 5%～35% 的五级超额累进税率。

个体工商户的生产、经营所得,是指:

(1)个体工商户从事工业、手工业、建筑业、交通运输业、商业、饮食业、服务业、修理业以及其他行业生产、经营取得的所得。

(2)个人经政府有关部门批准,取得执照,从事办学、医疗、咨询以及其他有偿服务活动取得的所得。

(3)其他个人从事个体工商业生产、经营取得的所得。

(4)上述个体工商户和个人取得的与生产、经营有关的各项应纳税所得。

成本、费用,是指纳税人从事生产、经营所发生的各项直接支出和分配计入成本的间接费用以及销售费用、管理费用、财务费用。损失,是指纳税人在生产、经营过程中发生的各项营业外支出。从事生产、经营的纳税人未提供完整、准确的纳税资料,不能正确计算应纳税所得额的,由主管税务机关核定其应纳税所得额。

个体工商户可以实行查账征收和核定征收两种征收方式。查账征收是由纳税人依法自行申报,经主管税务机关审核后填开纳税缴款书,再由纳税人自行到指定银行缴纳税款的一种征收方式。此种征收方式适用于财务会计制度健全、会计核算真实准确、且能够正确计算应纳税额和依法纳税的纳税人,目前应用最为普遍。核定征收,是指当不能以纳税人的账簿为基础计算其应纳税额时,由税务机关采用特定方法确定其应纳税收入或应纳税额,纳税人据以缴纳税款的一种征收方式。具体包括以下三种具体形式:

(1)查定征收:税务机关对纳税人的生产经营情况进行查实,进而核定其应纳税额的一种征收方式。这种征收方式适用于生产经营规模较小,财务会计制度不健全,账册不齐全的小型企业和个体工商户。

(2)查验征收:税务机关到纳税人的生产经营场所进行实地查验,进而确定其应纳税额的一种征收方式。这种征收方式适用于财务会计制度不健全,生产经营不固定的纳税人。

(3)定期定额征收:税务机关根据纳税人的生产经营情况,按期核定应纳税额并定期征收税款的一种征收方式。这种征收方式主要适用于难以查清其真实收入,账册不健全的个体工商户。

【案例 9-12】 某有限责任公司有 5 位股东,分别占 20% 的股份。2012 年度,该有限责任公司的纯收入(即应纳税所得额)为 100 万元,应当缴纳企业所得税 25 万元。假设每位股东每月从公司领取工资 3 500 元,税后利润全部分配,请计算每位股东所获得的税后利润,并提出税收筹划方案。

该有限责任公司的税后利润为:100−25＝75(万元)。每位股东可以分得税后利润:75÷5＝15(万元)。根据《个人所得税法》的规定,股息所得需要缴纳 20% 的所得税。每位股东需要缴纳个人所得税:15×20%＝3(万元)。每位股东可以获得税后利润:15−3＝12(万元)。如果考虑工资,则每位股东从该公司实际取得收入:120 000＋3 500×12＝162 000(元)。整个分配过程共缴纳所得税:25＋3×5＝40(万元)。

为了减轻税收负担,可以将该有限责任公司的性质转变为合伙企业,由于合伙企业应纳税所得额的计算与有限责任公司应纳税所得额的计算基本相同,合伙人工资可以以生计费的形式按 3 500 元/人·月从应纳税所得额中扣除,因此,该合伙企业的应纳税所得额仍然是 100 万元,每位合伙人应当分得利润 20 万元。5 位合伙人应当缴纳个人所得税额为:[(200 000−42 000)×35%−14 750]×5＝202 750(元)。通过税收筹划,减轻税收负担:400 000−202 750＝197 250(元)。

9.3.4　费用扣除方面的筹划方法

1. 降低名义工资来增加其他收入

个人独资企业和合伙企业为其员工进行税收筹划,增加其税后收入本身也会对企业的发展产生积极的影响。工资、薪金所得的个人所得税有免征额的规定,当企业员工的工资、薪金所得超过这一免征额时,企业可以考虑通过降低员工的名义工资来增加其他收入的方式进行税收筹划。增加其他收入的方式很多,如增加各种不计入工资、薪金的补贴,提供免费午餐、工作服、日常办公用品等,也可以通过报销员工的路费、餐饮费、通信费等方式来实现。

【案例 9-13】 北京某个人独资企业有员工 10 人,2012 年度总收入为 800 000 元,除工资以外,可以扣除的成本、费用、税金和损失为 200 000 元。人均工资(包括计入工资的奖金、补贴等)为 3 900 元/月,本案例如何进行税收筹划?(为简化计算,不考虑员工缴纳的"三险一金")

根据个人所得税法的规定,人均需要缴纳个人所得税:(3 900−3 500)×3%＝12(元/月)。该公司每年所代扣代缴的个人所得税为:12×12×10＝1 440(元)。员工每月税后工资为 3 888 元。同时,由于个人独资企业支付的合理工资可以税前扣除,因此 420 000 元可以税前扣除,该个人独资企业的应纳税所得额为:800 000−200 000−420 000−42 000＝138 000(元)。应纳税额为:138 000×35%−14 750＝33 550(元)。假设该企业不存在无法进行税前扣除的支出,则该企业的投资者实际税后所得为:800 000−200 000−420 000−42 000−33 550＝104 450(元)。

为了减轻企业员工和企业本身的税收负担,该公司可以通过降低名义工资的方式进行税收筹划。将员工的工资降低到 3 500 元/月,同时,每月为员工报销 400 元的票据,包括通信费、交通费、餐费、印刷费等,并将这些发票分别打入公司的各种费用支出之中。对于员工个人来讲,每月仍可以获得收入 3 900 元,而且避免缴纳个人所得税,实际增加了员工的收入。假设员工报销的费用都可以进行税前扣除(由于各项费用支出具有一定的限额,因此可能会有一些费用无法全部扣除,但只要根据企业的实际生产经营情况进行调整,基本上都可以实际扣除),则该企业的应纳税所得额以及应纳税额仍然保持不变。

通过税收筹划,职工每人每月节税 12 元,相当于企业给每位员工涨了工资,但企业并未增加任何开支。

2.增加费用扣除的税收筹划

我国实行分类所得税制,很多所得的扣除标准都是固定的。根据个人所得税法相关规定,工资、薪金所得,以每月收入额减除费用 3 500 元后的余额,为应纳税所得额;个体工商户的生产、经营所得,以每一纳税年度的收入总额,减除成本、费用以及损失后的余额,为应纳税所得额;对企事业单位的承包经营、承租经营所得,以每一纳税年度的收入总额,减除必要费用后的余额,为应纳税所得额;劳务报酬所得、稿酬所得、特许权使用费所得、财产租赁所得,每次收入不超过 4 000 元的,减除费用 800 元;4 000 元以上的,减除20% 的费用,其余额为应纳税所得额;财产转让所得,以转让财产的收入额减除财产原值和合理费用后的余额,为应纳税所得额。除了这些法定的扣除标准以外,纳税人为取得该项所得所额外付出的费用是不能扣除的。

【案例 9-14】 某学者与某出版社签订一份出版合同,由出版社支付该学者 200 000元的稿费,该学者通过考察写出一本以考察结果为依据的专著。该考察所需费用为50 000 元,费用由该学者负担。请计算出版社在支付稿费时应当代扣代缴的个人所得税,并提出税收筹划方案。

出版社在支付稿费时应当代扣代缴个人所得税为:200 000×(1−20%)×20%×(1−30%)=22 400(元)。

如果该学者事先咨询税务师,进行下面的税收筹划,即由出版社负担该学者的考察费用 50 000 元,出版社最终支付稿费 150 000 元。对于出版社而言,所支付的费用是相同的,而且都可以作为成本和费用予以税前扣除。该学者实际获得的报酬也没有发生变化,但是,该学者实际缴纳的个人所得税为:150 000×(1−20%)×20%×(1−30%)=16 800(元)。通过税收筹划,该学者少缴个人所得税为:22 400−16 800=5 600(元)。

【案例 9-15】 某大学教授应邀去外地讲学,邀请单位支付讲学报酬 50 000 元,路费、住宿费和餐饮费由该教授自理。该教授花费路费、住宿费和餐饮费共 10 000 元。请计算邀请单位在支付 50 000 元报酬时应当代扣代缴的个人所得税,并提出税收筹划方案。

邀请单位在支付 50 000 元报酬时应当代扣代缴个人所得税额为:50 000×(1−20%)×30%−2 000=10 000(元)。该教授所获得的税后纯收入为:50 000−10 000−10 000=30 000(元)。如果该教授事先咨询税务师,并进行税收筹划,可以和邀请单位商定,路费、住宿费和餐饮费由邀请单位负担,共 10 000 元,邀请单位支付讲学报酬为40 000 元。这样,该教授所应当缴纳的个人所得税为:40 000×(1−20%)×30%−2 000=7 600(元)。该教授所获得的税后所得为:40 000−7 600=32 400(元)。经过税收筹划,该教授多获得纯收入(少缴纳个人所得税):32 400−30 000=2 400(元)。

3.恰当选择捐赠方式的税收筹划

国家为了鼓励个人为公益事业进行捐赠,采取了捐赠所得税前扣除的优惠政策,税法规定,个人将其所得对教育事业和其他公益事业捐赠的部分,按照国务院有关规定从应纳税所得中扣除；没有对捐赠的方式予以具体规定。所说的个人将其所得对教育事业和其他公益事业的捐赠，是指个人将其所得通过中国境内的社会团体、国家机关向教育和其他社会公益事业以及遭受严重自然灾害地区、贫困地区的捐赠。捐赠额未超过纳税人申报的应纳税所得额30％的部分，可以从其应纳税所得额中扣除。

纳税人只有按照税法的明确规定，即通过有资格接受公益捐赠的社会主体进行公益性捐赠，而且捐赠的数额应当在法律允许扣除的范围之内。如果纳税人没有通过法定中介机构进行捐赠，或者超过了捐赠的限额，该捐赠就不能享受税前扣除，或者部分捐赠不能享受税前扣除，也就加大了纳税人的税收负担。当然，对于那些不存在捐赠扣除的公益性捐赠，可以不考虑扣除限额的问题。如果一次公益性捐赠数额较大，超过了法律允许的扣除限额，可以将该笔捐赠分为两份，分别在两个纳税年度进行捐赠。

经民政部门批准成立的非营利的公益性社会团体和基金会，凡符合有关规定条件，并经财政税务部门确认后，纳税人通过其用于公益救济性的捐赠，可按现行税收法律法规及相关政策规定，准予在计算缴纳企业和个人所得税时在所得税税前扣除。经国务院民政部门批准成立的非营利的公益性社会团体和基金会，其捐赠税前扣除资格由财政部和国家税务总局进行确认；经省级人民政府民政部门批准成立的非营利的公益性社会团体和基金会，其捐赠税前扣除资格由省级财税部门进行确认，并报财政部和国家税务总局备案。接受公益救济性捐赠的国家机关是指县及县以上人民政府及其组成部门。

【案例 9-16】 孙先生是一家个人独资企业的老板，2012 年度的应纳税所得额为 1 000 000 元。为了支持贫困地区的义务教育事业，孙先生准备亲自到贫困地区捐资 200 000 元兴建教学楼。本案例如何进行税收筹划？

由于孙先生没有通过我国境内的社会团体、国家机关进行捐赠，而是直接将资金捐赠给该小学，因此，该 200 000 元捐赠不能从应纳税所得额中扣除，2012 年度，孙先生应当缴纳个人所得税为：1 000 000×35％－6 750＝343 250（元）。

如果孙先生事先进行税收筹划，按照税法规定的通过我国境内的社会团体、国家机关向该小学捐赠，根据《财政部、国家税务总局关于教育税收政策的通知》(财税〔2004〕39 号)的规定，纳税人通过中国境内非营利的社会团体、国家机关向教育事业的捐赠，准予在企业所得税和个人所得税前全额扣除。孙先生可以将其捐赠的 200 000 元在计算个人所得税前全额扣除。2012 年度孙先生应当缴纳的个人所得税额为：(1 000 000－200 000)×35％－6 750＝273 250（元）。通过税收筹划，孙先生少缴了个人所得税：343 250－273 250＝70 000（元）。减轻税负达 20.4％。

9.3.5 计算方法方面的筹划方法

1.年终奖金发放的税收筹划

根据《国家税务总局关于调整个人取得全年一次性奖金等计算征收个人所得税方法问题的通知》(国税发〔2005〕9 号)的规定，全年一次性奖金是指行政机关、企事业单位等扣缴义务人根据其全年经济效益和对雇员全年工作业绩的综合考核情况，向雇员发放的一次性奖金。上述一次性奖金也包括年终加薪、实行年薪制和绩效工资办法的单位根据考核情况兑现的年薪和绩效工资。

纳税人取得全年一次性奖金，单独作为一个月工资、薪金所得计算纳税，并按以下计

税办法,由扣缴义务人发放时代扣代缴:

(1)先将雇员当月内取得的全年一次性奖金,除以12个月,按其商数确定适用税率和速算扣除数。如果在发放全年一次性奖金的当月,雇员当月工资、薪金所得低于税法规定的费用扣除额,应将全年一次性奖金减除"雇员当月工资、薪金所得与费用扣除额的差额"后的余额,按上述办法确定全年一次性奖金的适用税率和速算扣除数。

(2)将雇员个人当月内取得的全年一次性奖金,按上述第(1)项确定的适用税率和速算扣除数计算征税,计算公式如下:

①如果雇员当月工资、薪金所得高于(或等于)税法规定的费用扣除额的,适用公式为

应纳税额＝雇员当月取得全年一次性奖金×适用税率－速算扣除数

②如果雇员当月工资、薪金所得低于税法规定的费用扣除额的,适用公式为

应纳税额＝(雇员当月取得全年一次性奖金－雇员当月工资、薪金所得与费用扣除额的差额)×适用税率－速算扣除数

在一个纳税年度内,对每一个纳税人,该计税办法只允许采用一次。实行年薪制和绩效工资的单位,个人取得年终兑现的年薪和绩效工资按前述规定执行。雇员取得除全年一次性奖金以外的其他各种名目奖金,如半年奖、季度奖、加班奖、先进奖、考勤奖,一律与当月工资、薪金收入合并,按税法规定缴纳个人所得税。对无住所个人取得上述各种名目奖金的,如果该个人当月在我国境内没有纳税义务,或者该个人由于出入境原因导致当月在我国工作时间不满一个月的,仍按照《国家税务总局关于在我国境内无住所的个人取得奖金征税问题的通知》(国税发〔1996〕183号)计算纳税。具体计算方法如下:对上述个人取得的奖金,可单独作为一个月的工资、薪金所得计算纳税。由于对每月的工资、薪金所得计税时已按月扣除了费用,因此,对上述奖金不再减除费用,全额作为应纳税所得额直接按适用税率计算应纳税款。上述个人应在取得奖金月份的次月7日内申报纳税。

纳税人可以利用相关规定,恰当选择奖金的发放方法,以减轻税收负担。

【案例9-17】　2012年度某实行年薪制的个人年薪为180 000元,每月依法可扣除的基本养老保险费、基本医疗保险费、失业保险费和住房公积金共计为1 000元,假定其个人所得税的纳税方案是每月按平均额发放。请计算其全年应当缴纳的个人所得税,并提出税收筹划方案。

根据上述纳税方案,该个人月均所得额为:180 000÷12＝15 000(元),月均应纳税所得额:15 000－3 500－1 000＝10 500(元)(适用25%的税率),月均应纳个人所得税:10 500×25%－1 005＝1 620(元),则全年需缴纳个人所得税:1 620×12＝19 440(元)。

该个人可以考虑如下方案:

甲方案:每月先发放部分只适用3%的薪金,其余部分年末一次性发放。这样,月所得额为:3 500＋3 500＋1 500＝8 500(元),全年工资、薪金所得应纳个人所得税:1 500×3%×12＝540(元),年终一次性奖励部分:180 000－8 500×12＝78 000(元),78 000÷12＝6 500(元)(适用20%的税率),应纳个人所得税:78 000×20%－555＝15 045(元)。则全年需缴纳个人所得税:540＋15 045＝15 585(元)。这种方案降低了纳税人的税收负担,但是否是最优方案呢?

再考虑乙方案:每月先发放部分只适用10%的薪金,其余部分年末一次发放。这样,

该个人月所得额为：3 500＋3 500＋4 500＝11 500(元)，全年工资、薪金所得应纳个人所得税：(4 500×10％－105)×12＝4 140(元)，年终一次性奖励部分：180 000－11 500×12＝42 000(元)，42 000÷12＝3 500(元)(适用 10％ 的税率)，应纳个人所得税：42 000×10％－105＝4 095(元)。则全年需缴纳个人所得税：4 140＋4 095＝8 235(元)。乙方案税负低于原案例中的税负，并且比甲方案的税收负担有所降低。是否是最优方案，需要进一步测算。

再考虑丙方案：每月先发放部分只适用 20％ 的薪金，其余部分年末一次发放。这样，该个人的月所得额为：3 500＋1 000＋9 000＝13 500(元)，全年应纳个人所得税：(9 000×20％－555)×12＝14 940(元)，年终一次性奖励部分：180 000－13 500×12＝18 000(元)，18 000÷12＝1 500(元)(适用 3％的税率)，18 000×3％＝540(元)。则全年需缴纳个人所得税 14 940＋540＝15 480(元)。比案例中的纳税方案减轻税收负担：19 440－15 480＝3 960(元)。

通过比较各方案的应纳税额可知，应选择乙方案。

【案例 9-18】 2012 年度某企业员工刘某每月基本工资为 5 000 元，年末确定刘某的奖金为 54 000 元。刘某选择按月平均发放奖金的方式，即每月发放奖金 4 500 元。请计算刘某全年应当缴纳的个人所得税，并提出税收筹划方案。

根据刘某选择的纳税方案，月应纳税所得额：5 000＋4 500－3 500＝6 000 (元)(适用税率为 20％)，月应纳所得税额为：6 000×20％－555＝645(元)，全年应纳所得税额为：645×12＝7 740(元)，记该方案为第一方案。

刘某可以考虑如下纳税方案：

第二方案：年中 7 月份发放一次半年奖金 10 000 元，年末再发放全年一次性奖金 44 000。除 7 月份以外，各月应纳税所得额为：5 000－3 500＝1 500(元)(适用税率为 3％)，除 7 月份以外，各月应纳税所得额为：1 500×3％＝45(元)。7 月份应纳税所得额为：5 000＋10 000－3 500＝11 500(元)(适用税率为 25％)，7 月份应纳税所得额为：11 500×25％－1 005＝1 870(元)。年终奖金各月平均：44 000÷12＝3 666(元)(适用税率为 10％)，年终奖金应纳所得税额为：44 000×10％－105＝4 295(元)。刘某全年应纳所得税额为：45×11＋1 870＋4 295＝6 660(元)。该纳税方案的税收负担低于刘某自己选择的纳税方案：7 740－6 660＝1 080(元)。本方案可取。

第三方案：年终一次性发放奖金 54 000 元。每月应纳税所得额为：5 000－3 500＝1 500(元)(适用税率为 3％)，每月应纳税所得额为：1 500×3％＝45(元)。年终奖金各月平均：54 000÷12＝4 500(元)(适用税率为 10％)，年终奖金应纳所得税额为：54 000×10％－105＝5 295(元)。刘某全年应纳所得税额为：45×12＋5 295＝5 835(元)。该纳税方案的税收负担低于刘某自己选择的纳税方案：7 740－5 835＝1 905(元)。本方案可取。

第四方案：每月随同工资一起发放奖金 2 700 元，剩余的 18 000 元作为年终奖金一次性发放。每月应纳税所得额为：5 000＋2 700－3 500＝4 200(元)(适用税率为 10％)，每月应纳税所得额为：4 200×10％－105＝315(元)。年终奖金 18 000÷12＝1 500(元)(适用税率为 3％)，年终奖金应纳所得税额为：18 000×3％＝540(元)。刘某全年应纳所得税额为：315×12＋540＝4 320(元)。该纳税方案的税收负担低于刘某自己选择的纳税方案：7 740－4 320＝3 420(元)。本方案是上述四种方案中税负最轻的一种，是最佳的纳税方案。该方案之所以税负最轻，是因为在该方案中，18 000元的奖金适用了比较低的税率。

2. 工资、奖金结合进行税收筹划

纳税人可以把工资和奖金结合起来进行发放，以最大限度地降低纳税人所承担的个人所得税。

当纳税人一次性发放较高的奖金时，可以考虑将部分奖金作为当月的工资予以发放，这样可以降低奖金所适用的税率，减轻税收负担。

【案例9-19】 某公司员工张某预计2012年度的每月工资为8 400元(不包括可以税前扣除的"三险一金")，全年工资100 800元。按照税法规定每月应当缴纳个人所得税：(8 400−3 500)×20%−555＝425(元)。全年应当缴纳个人所得税：425×12＝5 100(元)。请对张某设计一个最佳纳税方案。

若张某选择每月发放工资8 000元，年终一次发放奖金4 800元。张某合计工资总额为：8 000×12+4 800＝100 800(元)，工资总额没有发生变化。每月工资应当缴纳个人所得税为：(8 000−3 500)×10%−105＝345(元)，全年工资缴纳个人所得税为：345×12＝4 140(元)。年终奖金为：4 800÷12＝200(元)(适用3%的税率)，年终奖金应当缴纳个人所得税为：4 800×3%＝144(元)。张某合计缴纳个人所得税：4 140+144＝4 284(元)。由此，可减轻税收负担：5 100−4 284＝816(元)。

若张某选择年终奖适用最低的税率3%，则由于年终奖适用3%税率的最高额为1 500×12＝18 000(元)，张某可将年终奖定为18 000元。年工资总额为100 800−18 000＝82 800(元)，月工资＝82 800/12＝6 900(元)。月工资薪金所得应纳所得税额＝(6 900−3 500)×10%−105＝235(元)，年工资薪金所得应纳所得税＝235×12＝2 820，年终奖18 000元，18 000/12＝1 500(元)，适用税率3%，年终奖应纳个人所得税额＝18 000×3%＝540(元)，年应纳税合计＝2 820+540＝3 360(元)。该方案比原方案的纳税负担要轻，也要优于上一方案，是最优方案。

【案例9-20】 2012年度北京某公司年终发放奖金，其中该公司的总经理刘某获得奖金110 000元，该公司的副总经理张某获得奖金108 000元，发放奖金当月，两人的工资均为10 000元(不包括可以税前扣除的"三险一金")。请分别计算刘某和张某该月的税后所得，并提出税收筹划方案。

首先计算刘某年终奖金应当适用的税率。年终奖各月平均为：110 000÷12＝9 166.67(元)，应当适用25%的税率。该笔奖金应当缴纳个人所得税：110 000×25%−1 005＝26 495(元)。该月工资、薪金应当缴纳个人所得税：(10 000−3 500)×20%−555＝745(元)。该月合计缴纳个人所得税：26 495+745＝27 240(元)。刘某该月税后所得为：110 000+10 000−27 240＝92 760(元)。

再计算张某年终奖金应当适用的税率。年终奖各月平均为：108 000÷12＝9 000(元)，应当适用20%的税率。该笔奖金应当缴纳个人所得税：108 000×20%−555＝21 045(元)。该月工资、薪金应当缴纳个人所得税：(10 000−3 500)×20%−55＝745(元)。该月合计缴纳个人所得税：21 045+745＝21 790(元)。张某该月税后所得为：108 000+10 000−21 790＝96 210(元)。

由此可见，刘某虽然获得的奖金数额超过了张某，但其税后所得却比张某少了3 450

元。导致这一奇怪现象的主要原因是刘某的年终奖金适用的税率过高。税收筹划的方法就是将刘某的部分奖金作为工资与当月工资一起发放,即刘某年终奖金调整为108 000元,另外2 000元计入当月工资,这样,刘某的税前所得没有发生变化。其年终奖金应当缴纳个人所得税为21 045元(同张某一样),该月工资、薪金应当缴纳个人所得税:(12 000−3 500)×20%−555=1 145(元)。该月合计缴纳个人所得税:21 045+1 145=22 190(元)。刘某该月税后所得为:110 000+10 000−22 190=97 810(元)。由此,可减轻税收负担:776 350−711 650=64 700(元)。该公司的张某所承担的已经是最低的税收负担。

当然,上述纳税方法并不是最佳的。可通过逐步测算年终奖适用不同税率情况下各方案的纳税情况选择税负最低的方案。以刘某为例,假设年终奖108 000方案为第一方案,由上述分析可知,应纳个人所得税总额为22 190元,税后所得为97 810元。若第二方案中刘某选择年终奖为54 000元,则年终奖适用的税率为10%,年终奖应纳个人所得税=54 000×10%−105=5 295(元),当月工资为10 000+110 000−54 000=66 000,(66 000−3 500)×35%−5 505=16 370(元),应纳个人所得税总额为5 295+16 370=21 665(元),税后所得为10 000+110 000−21 665=98 335(元),通过比较可以看出,第二方案税负低于第一方案,为最优方案。

3.个人房屋赠与个人所得税的税收筹划

根据《财政部、国家税务总局关于个人无偿受赠房屋有关个人所得税问题的通知》(财税〔2009〕78号)的规定,以下情形的房屋产权无偿赠与,对当事双方不征收个人所得税:

(1)房屋产权所有人将房屋产权无偿赠与配偶、父母、子女、祖父母、外祖父母、孙子女、外孙子女、兄弟姐妹。

(2)房屋产权所有人将房屋产权无偿赠与对其承担直接抚养或者赡养义务的抚养人或者赡养人。

(3)房屋产权所有人死亡,依法取得房屋产权的法定继承人、遗嘱继承人或者受遗赠人。

【案例9-21】 张先生准备将一套房屋赠与李先生,该套房屋是张先生于2000年花费80万元购买的,目前的市场价格为120万元。张先生和李先生只是朋友关系,如何完成上述赠与行为才能最佳的节税效果?

方案一:直接赠与房屋。李先生应当缴纳契税:1 200 000×3%=36 000(元);应当缴纳个人所得税:(1 200 000−36 000)×20%=232 800(元);合计纳税:36 000+232 800=268 800(元)。

方案二:赠与李先生终身居住权,并立下公证遗嘱,张先生去世以后将房屋遗赠给李先生。此时,李先生不需要缴纳任何税款,节税额为268 800元。

练习题

一、单项选择题

1.财产转让所得中可扣除( )来计算应纳税所得额。

A. 定额扣除 800 元　　　　　　　　B. 定额扣除 800 元或定率扣除 20％

C. 财产原值　　　　　　　　　　　D. 财产原值和合理费用

2. 下列各项所得中,适用于减征规定的是(　　　)。

A. 个体工商户的生产经营所得　　　B. 劳务报酬所得

C. 稿酬所得　　　　　　　　　　　D. 偶然所得

3. 所谓"劳务报酬所得一次收入畸高的"是指(　　　)

A. 个人一次取得的劳务报酬所得超过 2 万元

B. 个人一次取得的劳务报酬所得超过 5 万元

C. 个人一次取得的劳务报酬的应纳税所得额超过 2 万元

D. 个人一次取得的劳务报酬的应纳税所得额超过 5 万元

4. 稿酬所得适用 20％ 的比例税率,并按应纳税额减征(　　　)

A. 10％　　　　　B. 20％　　　　　C. 30％　　　　　D. 40％

5. 个人进行公益救济性的捐赠时,计算个人所得税时可扣除(　　　)

A. 应纳收入的 3％

B. 应纳收入的 30％

C. 限额扣除,最多可扣除不超过纳税人申报的应纳税所得额的 30％

D. 可完全扣除

6. 稿酬所得(4 000 元以内)计算应纳个人所得税时的实际税率为(　　　)

A. 30％　　　　　B. 24％　　　　　C. 20％　　　　　D. 14％

7. 根据个人所得税法律制度的规定,下列各项中,属于工资、薪金所得项目的是(　　　)。

A. 年终加薪　　　B. 托儿补助费　　　C. 差旅费津贴　　　D. 独生子女补贴

8. 个人对企事业单位的承包、承租经营所得,在计算其应纳税所得额时要扣除必要费用,其必要费用是指(　　　)。

A. 按月减除 3 500 元的生计费　　　B. 承包者的工资

C. 企业所得税　　　　　　　　　　D. 上交的承包费

9. 下列各项中,应按"个体工商户生产、经营所得"项目征税的是(　　　)。

A. 个人因从事彩票代销业务而取得的所得

B. 个人独资企业对外投资取得的股息所得

C. 私营企业的个人投资者以企业资本金为本人购买的汽车

D. 出租汽车经营单位对出租车驾驶员采取单车承包或承租方式运营,出租车驾驶员从事客货营运取得的收入

10. 采用超额累进税率征收的税种是(　　　)。

A. 资源税　　　　　B. 土地增值税　　　　C. 个人所得税　　　　D. 企业所得税

二、多项选择题

1. 根据个人所得税法及其实施条例的规定,可以免征个人所得税的奖金有(　　　)。

A. 购物抽奖所获奖金

B. 省级政府颁发的科技奖奖金

C. 省级电台有奖竞猜所获奖金

D. 举报偷税行为所获奖金

2. 下列个人所得应按工资、薪金所得项目征税的有（　　）。

　　A. 企业高管人员在行使认购权时的行权价低于购买日市场价之间的差额

　　B. 公司职工取得的用于购买企业国有股权的劳动分红

　　C. 内部退养的个人从办理内部退养手续至法定退休年龄之间从原单位取得的收入

　　D. 企业为员工支付各项免税之外的保险金

3. 下列项目中以一个月为一次扣除费用，计算应纳税所得额的有（　　）。

　　A. 财产租赁所得

　　B. 在杂志上连载小说稿酬所得

　　C. 年金所得

　　D. 某乐手每天在饭店演奏的所得

4. 下列各项中，应按照财产转让所得项目计征个人所得税的有（　　）。

　　A. 个人销售无偿受赠不动产的所得

　　B. 职工将改制中取得的量化资产转让

　　C. 员工将行权后的股票再转让时获得的高于购买日公平市场价的差额

　　D. 股份制企业为个人股东购买住房而支出的款项

5. 各项所得中，属于个人所得税免税项目的是（　　）。

　　A. 离退休人员取得的工资

　　B. 个人取得的国债利息收入

　　C. 外籍个人以现金形式取得的住房补贴

　　D. 外籍个人以实报实销形式取得的伙食补贴

三、判断题

1. 两个或两个以上的纳税人共同取得的同一项收入，可对每人分得的收入分别扣除费用，计算各自应纳税额。（　　）

2. 个人所得通过非营利组织捐赠给农村义务教育可在纳税时全额扣除。（　　）

四、案例分析

刘先生是一位知名撰稿人，年收入预计在 60 万元左右。在与报社合作方式上有以下三种方式可供选择：调入报社；兼职专栏作家；自由撰稿人。

请分析刘先生采取哪种筹划方式最合算。

第10章 企业所得税筹划

课程内容

利用税收优惠政策筹划企业所得税,利用税法制度设计筹划企业所得税。

基本要求

一、熟悉企业所得税各项税收优惠政策;熟悉企业所得税税收制度设计差异及税收筹划空间。

二、掌握如何利用税收优惠筹划企业所得税;掌握利用税收制度设计筹划企业所得税的具体路径,比如选择企业组织形式进行税收筹划,设立分支机构进行税收筹划,利用亏损进行税收筹划,利用利润转移进行税收筹划,选择利润分配时间进行税收筹划等。

10.1 企业所得税筹划概述

企业所得税是对我国境内的企业和其他取得收入的组织的生产经营所得和其他所得征收的所得税。现行企业所得税以应纳税所得额为计税依据,在日常的各项生产经营活动中,在合法的前提下,企业可以充分享受税收优惠、利用企业所得税法的制度设计进行充分的税前扣除、选择合适的所得税会计政策等尽量减小应纳税所得额,从而充分减轻纳税人税收负担,增加税后收益,获得更大的经济利益。

10.2 利用税收优惠政策筹划企业所得税

10.2.1 企业所得税税收优惠政策

税收优惠,是指国家运用税收政策在税收法律、行政法规中规定对某一部分特定企业和课税对象给予减轻或免除税收负担的一种措施。税法规定的企业所得税的税收优惠方式包括免税、减税、加计扣除、加速折旧、减计收入、税额抵免等。

1. 免征与减征优惠

企业的下列所得,可以免征、减征企业所得税。企业如果从事国家限制和禁止发展的项目,不得享受企业所得税优惠。

①从事农、林、牧、渔业项目的所得

企业从事农、林、牧、渔业项目的所得,包括免征和减征两部分。

A. 企业从事下列项目的所得,免征企业所得税。

a. 蔬菜、谷物、薯类、油料、豆类、棉花、麻类、糖料、水果、坚果的种植。

b. 农作物新品种的选育。

c. 中药材的种植。

d. 林木的培育和种植。

e. 牲畜、家禽的饲养。

f. 林产品的采集。

g. 灌溉、农产品初加工、兽医、农技推广、农机作业和维修等农、林、牧、渔服务业项目。

h. 远洋捕捞。

B. 企业从事下列项目的所得,减半征收企业所得税。

a. 花卉、茶以及其他饮料作物和香料作物的种植。

b. 海水养殖、内陆养殖。

②从事国家重点扶持的公共基础设施项目投资经营的所得

企业所得税法所称国家重点扶持的公共基础设施项目,是指《公共基础设施项目企业所得税优惠目录》规定的港口码头、机场、铁路、公路、电力、水利等项目。

企业从事国家重点扶持的公共基础设施项目投资经营的所得,自项目取得第一笔生产经营收入所属纳税年度起,第一年至第三年免征企业所得税,第4年至第6年减半征收企业所得税。

企业承包经营、承包建设和内部自建自用上面规定的项目,不得享受上面规定的企业所得税优惠。

③从事符合条件的环境保护、节能节水项目的所得

环境保护、节能节水项目的所得,自项目取得第一笔生产经营收入所属纳税年度起,第一年至第三年免征企业所得税,第四年至第六年减半征收企业所得税。

符合条件的环境保护、节能节水项目,包括公共污水处理、公共垃圾处理、沼气综合开发利用、节能减排技术改造、海水淡化等。

但是以上规定享受减免税优惠的项目,在减免税期限内转让的,受让方自受让之日起,可以在剩余期限内享受规定的减免税优惠;减免税期限届满后转让的,受让方不得就该项目重复享受减免税优惠。

④符合条件的技术转让所得

A. 企业所得税法所称符合条件的技术转让所得免征、减征企业所得税,是指一个纳税年度内,居民企业转让技术所有权所得不超过500万元的部分,免征企业所得税;超过500万元的部分,减半征收企业所得税。

B. 技术转让的范围,包括居民企业转让专利技术、计算机软件、著作权、集成电路布图设计权、植物新品种、生物医药新品种,以及财政部和国家税务总局确定的其他技术。

C. 技术转让应签订技术转让合同。其中,境内的技术转让须经省级以上(含省级)科技部门认定登记,跨境的技术转让须经省级以上(含省级)商务部门认定登记,涉及财政经费支持生产技术的转让,须省级以上(含省级)科技部门审批。

2. 高新技术企业优惠

①国家需要重点扶持的高新技术企业减按 15% 的税率征收企业所得税。国家需要重点扶持的高新技术企业,是指拥有核心自主知识产权,并同时符合下列 6 方面条件的企业:

A. 拥有核心自主知识产权,是指在中国境内(不含港、澳、台地区)注册的企业,近三年内通过自主研发、受让、受赠、并购等方式,或通过五年以上的独占许可方式,对其主要产品(服务)的核心技术拥有自主知识产权。

B. 产品(服务)属于《国家重点支持的高新技术领域》规定的范围。

C. 研究开发费用占销售收入的比例不低于规定比例,是指企业为获得科学技术(不包括人文、社会科学)新知识,创造性运用科学技术新知识,或实质性改进技术、产品(服务)而持续进行了研究开发活动,且近三个会计年度的研究开发费用总额占销售收入总额的比例符合如下要求:

A. 最近一年销售收入小于 5 000 万元的企业,比例不低于 6%。

B. 最近一年销售收入在 5 000 万元至 20 000 万元的企业,比例不低于 4%。

C. 最近一年销售收入在 20 000 万元以上的企业,比例不低于 3%。

其中,企业在中国境内发生的研究开发费用总额占全部研究开发费用总额的比例不低于 60%。企业注册成立时间不足 3 年的,按实际经营年限计算。

D. 高新技术产品(服务)收入占企业总收入的比例不低于规定比例,是指高新技术产品(服务)收入占企业当年总收入的 60% 以上。

E. 科技人员占企业职工总数的比例不低于规定比例,是指具有大学专科以上学历的科技人员占企业当年职工总数的 30% 以上,其中研发人员占企业当年职工总数的 10% 以上。

F. 高新技术企业认定管理办法规定的其他条件。《国家重点支持的高新技术领域》和高新技术企业认定管理办法由国务院科技、财政、税务主管部门等国务院有关部门制定,报国务院批准后公布施行。

②经济特区和上海浦东新区新设立高新技术企业过渡性税收优惠:

A. 对经济特区和上海浦东新区内在 2008 年 1 月 1 日(含)之后完成登记注册的国家需要重点扶持的高新技术企业(以下简称新设高新技术企业),在经济特区和上海浦东新区内取得的所得,自取得第一笔生产经营收入所属纳税年度起,第一年至第二年免征企业所得税,第三年至第五年按照 25% 的法定税率减半征收企业所得税。

国家需要重点扶持的高新技术企业,是指拥有核心自主知识产权,同时符合《中华人民共和国企业所得税法实施条例》(以下简称《企业所得税法实施条例》)第九十三条规定的条件,并按照《高新技术企业认定管理办法》认定的高新技术企业。

B. 经济特区和上海浦东新区内新设高新技术企业同时在经济特区和上海浦东新区以外的地区从事生产经营的,应当单独计算其在经济特区和上海浦东新区内取得的所得,并合理分摊企业的期间费用;没有单独计算的,不得享受企业所得税优惠。

C. 经济特区和上海浦东新区内新设高新技术企业在按照相关规定享受过渡性税收优惠期间,由于复审或抽查不合格而不再具有高新技术企业资格的,从其不再具有高新技术企业资格年度起,停止享受过渡性税收优惠;以后再次被认定为高新技术企业的,不得继续享受或者重新享受过渡性税收优惠。

3. 小型微利企业优惠

小型微利企业减按 20% 的税率征收企业所得税。小型微利企业的条件如下：

①工业企业，年度应纳税所得额不超过 30 万元，从业人数不超过 100 人，资产总额不超过 3 000 万元。

②其他企业，年度应纳税所得额不超过 30 万元，从业人数不超过 80 人，资产总额不超过 1 000 万元。

上述"从业人数"按企业全年平均从业人数计算，"资产总额"按企业年初和年末的资产总额平均计算。

小型微利企业，是指企业的全部生产经营活动产生的所得均负有我国企业所得税纳税义务的企业。仅就来源于我国所得负有我国纳税义务的非居民企业，不适用上述规定。

4. 加计扣除优惠

加计扣除优惠包括以下两项内容：

(1) 研究开发费

研究开发费，是指企业为开发新技术、新产品、新工艺发生的研究开发费用，未形成无形资产计入当期损益的，在按照规定据实扣除的基础上，按照研究开发费用的 50% 加计扣除；形成无形资产的，按照无形资产成本的 150% 摊销。

从 2008 年 1 月 1 日起，可以加计扣除的研究开发费按下列相关规定执行：

A. 研究开发费，是指从事规定范围内的研究开发活动发生的相关费用。研究开发活动是指企业为获得科学与技术（不包括人文、社会科学）新知识，创造性运用科学技术新知识，或实质性改进技术、工艺、产品（服务）而持续进行的具有明确目标的研究开发活动。

创造性运用科学技术新知识，或实质性改进技术、工艺、产品（服务），是指企业通过研究开发活动在技术、工艺、产品（服务）方面的创新取得了有价值的成果，对本地区（省、自治区、直辖市或计划单列市）相关行业的技术、工艺领先具有推动作用，不包括企业产品（服务）的常规性升级或对公开的科研成果直接应用等活动（如直接采用公开的新工艺、材料、装置、产品、服务或知识等）。

B. 企业从事《国家重点支持的高新技术领域》和国家发展和改革委员会等部门公布的《当前优先发展的高技术产业化重点领域指南（2007 年度）》规定项目的研究开发活动，其在一个纳税年度中实际发生的下列费用支出，允许在计算应纳税所得额时按照规定实行加计扣除。

a. 新产品设计费、新工艺规程制定费以及与研发活动直接相关的技术图书资料费、资料翻译费。

b. 从事研发活动直接消耗的材料、燃料和动力费用。

c. 在职直接从事研发活动人员的工资、薪金、奖金、津贴、补贴。

d. 专门用于研发活动的仪器、设备的折旧费或租赁费。

e. 专门用于研发活动的软件、专利权、非专利技术等无形资产的摊销费用。

f. 专门用于中间试验和产品试制的模具、工艺装备开发及制造费。

g. 勘探开发技术的现场试验费。

h. 研发成果的论证、评审、验收费用。

C. 对企业共同合作开发的项目,凡符合上述条件的,由合作各方就自身承担的研发费用分别按照规定计算加计扣除。

D. 对企业委托给外单位进行开发的研发费用,凡符合上述条件的,由委托方按照规定计算加计扣除,受托方不得再进行加计扣除。对委托开发的项目,受托方应向委托方提供该研发项目的费用支出明细情况。否则,该委托开发项目的费用支出不得实行加计扣除。

E. 企业根据财务会计核算和研发项目的实际情况,对发生的研发费用进行收益化或资本化处理的,可按下述规定计算加计扣除。

a. 研发费用计入当期损益未形成无形资产的,允许再按其当年研发费用实际发生额的 50%,直接抵扣当年的应纳税所得额。

b. 研发费用形成无形资产的,按照该无形资产成本的 150% 在税前摊销。除法律另有规定外,摊销年限不得低于 10 年。

F. 法律、行政法规和国家税务总局规定不允许企业所得税前扣除的费用和支出项目,均不允许计入研究开发费用。

G. 企业未设立专门的研发机构或企业研发机构同时承担生产经营任务的,应对研发费用和生产经营费用分开进行核算,准确、合理地计算各项研究开发费用支出,对划分不清的,不得实行加计扣除。

H. 企业必须对研究开发费用实行专账管理,同时必须按照《企业研究开发费用税前扣除管理办法(试行)》(国税发〔2008〕116 号)附表的规定项目,准确归集填写年度可加计扣除的各项研究开发费用实际发生金额。企业应于年度汇算清缴所得税申报时向主管税务机关报送本办法规定的相应资料。申报的研究开发费用不真实或者资料不齐全的,不得享受研究开发费用加计扣除,主管税务机关有权对企业申报的结果进行合理调整。

企业在一个纳税年度内进行多个研究开发活动的,应按照不同开发项目分别归集可加计扣除的研究开发费用额。

I. 企业申请研究开发费加计扣除时,应向主管税务机关报送如下资料:

a. 自主、委托、合作研究开发项目计划书和研究开发费预算。

b. 自主、委托、合作研究开发专门机构或项目组的编制情况和专业人员名单。

c. 自主、委托、合作研究开发项目当年研究开发费用发生情况归集表。

d. 企业总经理办公会或董事会关于自主、委托、合作研究开发项目立项的决议文件。

e. 委托、合作研究开发项目的合同或协议。

f. 研究开发项目的效用情况说明、研究成果报告等资料。

J. 企业实际发生的研究开发费,在年度中间预缴所得税时,允许据实计算扣除,在年度终了进行所得税年度申报和汇算清缴时,再依照本办法的规定计算加计扣除。

K. 主管税务机关对企业申报的研究开发项目有异议的,可要求企业提供政府科技部门的鉴定意见书。

L. 企业研究开发费各项目的实际发生额归集不准确、汇总额计算不准确的,主管税务机关有权调整其税前扣除额或加计扣除额。

M. 企业集团研究开发费用按下列规定处理:

a. 企业集团根据生产经营和科技开发的实际情况,对技术要求高、投资数额大,需要由集团公司进行集中开发的研究开发项目,其实际发生的研究开发费,可以按照合理的分摊方法在受益集团成员公司间进行分摊。

b.企业集团采取合理分摊研究开发费的,企业集团应提供集中研究开发项目的协议或合同,该协议或合同应明确规定参与各方在该研究开发项目中的权利和义务、费用分摊方法等内容。如不提供协议或合同,研究开发费不得加计扣除。

c.企业集团采取合理分摊研究开发费的,企业集团集中研究开发项目实际发生的研究开发费,应当按照权利和义务、费用支出和收益分享一致的原则,合理确定研究开发费用的分摊方法。

d.企业集团采取合理分摊研究开发费的,企业集团母公司负责编制集中研究开发项目的立项书、研究开发费用预算表、决算表和决算分摊表。

e.税企双方对企业集团集中研究开发费的分摊方法和金额有争议的,如企业集团成员公司设在不同省、自治区、直辖市和计划单列市的,企业按照国家税务总局的裁决意见扣除实际分摊的研究开发费;企业集团成员公司在同一省、自治区、直辖市和计划单列市的,企业按照省税务机关的裁决意见扣除实际分摊的研究开发费。

（2）企业安置残疾人员所支付的工资

企业安置残疾人员所支付工资费用的加计扣除,是指企业安置残疾人员的,在按照支付给残疾职工工资据实扣除的基础上,按照支付给残疾职工工资的100%加计扣除。残疾人员的范围适用《中华人民共和国残疾人保障法》的有关规定。企业安置国家鼓励安置的其他就业人员所支付的工资的加计扣除办法,由国务院另行规定。

5.创投企业优惠

创投企业从事国家需要重点扶持和鼓励的创业投资,可以按投资额的一定比例抵扣应纳税所得额。

创投企业优惠,是指创业投资企业采取股权投资方式投资于未上市的中小高新技术企业两年以上的,可以按照其投资额的70%在股权持有满两年的当年抵扣该创业投资企业的应纳税所得额,当年不足抵扣的,可以在以后纳税年度结转抵扣。

6.加速折旧优惠

企业的固定资产由于技术进步等原因,确需加速折旧的,可以缩短折旧年限或者采取加速折旧的方法。可采用以上折旧方法的固定资产是指:

①由于技术进步,产品更新换代较快的固定资产。

②常年处于强震动、高腐蚀状态的固定资产。

采取缩短折旧年限方法的,最低折旧年限不得低于规定折旧年限的60%;采取加速折旧方法的,可以采取双倍余额递减法或者年数总和法。

7.减计收入优惠

减计收入优惠,是企业综合利用资源,生产符合国家产业政策规定的产品所取得的收入,可以在计算应纳税所得额时减计收入。

综合利用资源,是指企业以《资源综合利用企业所得税优惠目录》规定的资源作为主要原材料,生产国家非限制和禁止并符合国家和行业相关标准的产品取得的收入,减按90%计入收入总额。

上述所称原材料占生产产品材料的比例不得低于《资源综合利用企业所得税优惠目

录》规定的标准。

8. 税额抵免优惠

税额抵免，是指企业购置并实际使用《环境保护专用设备企业所得税优惠目录》、《节能节水专用设备企业所得税优惠目录》和《安全生产专用设备企业所得税优惠目录》规定的环境保护、节能节水、安全生产等专用设备的，该专用设备的投资额的10％可以从企业当年的应纳税额中抵免；当年不足抵免的，可以在以后五个纳税年度结转抵免。

享受前款规定的企业所得税优惠的企业，应当实际购置并自身实际投入使用前款规定的专用设备；企业购置上述专用设备在五年内转让、出租的，应当停止享受企业所得税优惠，并补缴已经抵免的企业所得税税款。转让的受让方可以按照该专用设备投资额的10％抵免当年企业所得税应纳税额；当年应纳税额不足抵免的，可以在以后五个纳税年度结转抵免。

企业所得税优惠目录，由国务院财政、税务主管部门同国务院有关部门制定，报国务院批准后公布施行。

企业同时从事适用不同企业所得税待遇的项目的，其优惠项目应当单独计算所得，并合理分摊企业的期间费用；没有单独计算的，不得享受企业所得税优惠。

自2009年1月1日起，增值税一般纳税人购进固定资产发生的进项税额可从其销项税额中抵扣。如增值税进项税额允许抵扣，其专用设备投资额不再包括增值税进项税额；如增值税进项税额不允许抵扣，其专用设备投资额应为增值税专用发票上注明的价税合计金额。企业购买专用设备取得普通发票的，其专用设备投资额为普通发票上注明的金额。

9. 民族自治地方的优惠

民族自治地方的自治机关对本民族自治地方的企业应缴纳的企业所得税中属于地方分享的部分，可以决定减征或者免征。自治州、自治县决定减征或者免征的，须报省、自治区、直辖市人民政府批准。

企业所得税法所称民族自治地方，是指依照《中华人民共和国民族区域自治法》的规定，实行民族区域自治的自治区、自治州、自治县。

10. 非居民企业优惠

非居民企业减按10％的税率征收企业所得税。这里的非居民企业，是指在中国境内未设立机构、场所的，或者虽设立机构、场所但取得的所得与其所设机构、场所没有实际联系的企业。该类非居民企业取得下列所得免征企业所得税：

①外国政府向中国政府提供贷款取得的利息所得。

②国际金融组织向中国政府和居民企业提供优惠贷款取得的利息所得。

③经国务院批准的其他所得。

11. 关于鼓励软件产业和集成电路产业发展的优惠政策

①软件生产企业实行增值税即征即退政策所退还的税款，由企业用于研究开发软件产品和扩大再生产，不作为企业所得税应税收入，不予征收企业所得税。

②我国境内新办软件生产企业经认定后，自获利年度起，第一年和第二年免征企业所得税，第三年至第五年减半征收企业所得税。

③国家规划布局内的重点软件生产企业，如当年未享受免税优惠的，减按10％的税

率征收企业所得税。

④软件生产企业的职工培训费用，可按实际发生额在计算应纳税所得额时扣除。

⑤企事业单位购进软件，凡符合固定资产或无形资产确认条件的，可以按照固定资产或无形资产进行核算，经主管税务机关核准，其折旧或摊销年限可以适当缩短，最短可为2年。

⑥集成电路设计企业视同软件企业，享受上述软件企业的有关企业所得税优惠政策。

⑦集成电路生产企业的生产性设备，经主管税务机关核准，其折旧年限可以适当缩短，最短可为3年。

⑧投资额超过80亿元人民币或集成电路线宽小于0.25微米的集成电路生产企业，可以减按15%的税率缴纳企业所得税，其中，经营期在15年以上的，从开始获利的年度起，第一年至第五年免征企业所得税，第六年至第十年减半征收企业所得税。

⑨对生产线宽小于0.8微米（含）集成电路产品的生产企业，经认定后，自获利年度起，第一年和第二年免征企业所得税，第三年至第五年减半征收企业所得税。

已经享受自获利年度起企业所得税"两免三减半"政策的企业，不再重复执行本条规定。

12.西部大开发税收优惠

（1）适用范围

本政策的适用范围包括重庆市、四川省、贵州省、云南省、西藏自治区、陕西省、甘肃省、宁夏回族自治区、青海省、新疆维吾尔自治区、新疆生产建设兵团、内蒙古自治区和广西壮族自治区（上述地区统称西部地区）。湖南省湘西土家族苗族自治州、湖北省恩施土家族苗族自治州、吉林省延边朝鲜族自治州，可以比照西部地区的税收优惠政策执行。

（2）具体内容

①对设在西部地区国家鼓励类产业的内资企业，在2001～2010年期间，减按15%的税率征收企业所得税。

国家鼓励类产业的内资企业是指以《当前国有重点鼓励发展的产业、产品和技术目录（2000年修订）》中规定的产业项目为主营业务，其主营业务收入占企业总收入70%以上的企业。收入达到比例的，实行企业自行申请，税务机关审核的管理办法。经税务机关审核确认后，企业方可减按15%税率缴纳企业所得税。企业未按规定提出申请或未经税务机关审核确认的，不得享受上述税收优惠政策。

②经省级人民政府批准。民族自治地方的内资企业可以定期减征或免征企业所得税；凡减免税款涉及中央收入100万元（含100万元）以上的，需报国家税务总局批准。

③对在西部地区新办交通、电力、水利、邮政、广播电视企业，上述项目业务收入占企业总收入70%以上的，可以享受企业所得税如下优惠政策：内资企业自开始生产经营之日起，第一年至第二年免征企业所得税，第三年至第五年减半征收企业所得税。

新办交通企业，是指投资新办从事公路、铁路、航空、港口、码头运营和管道运输的企业。新办电力企业，是指投资新办从事电力运营的企业。新办水利企业，是指投资新办从事江河湖泊综合治理、防洪除涝、灌溉、供水、水资源保护、水力发电、水土保持、河道疏浚、河海堤防建设等开发水利、防治水害的企业。新办邮政企业，是指投资新办从事邮政运营的企业。新办广播电视企业，是指投资新办从事广播电视运营的企业。

上述企业同时符合本规定条件的,第三年至第五年减半征收所得时,按 15％所得税税率计算出应纳所得税额后减半执行。

上述所称企业,是指投资主体自建、运营上述项目的企业,单纯承揽上述项目建设的施工企业不得享受两年免征、三年减半征收企业所得税的政策。

(3)对实行汇总(合并)纳税企业,应当将西部地区的成员企业与西部地区以外的成员企业分开,分别汇总(合并)申报纳税、分别适用所得税税率。

10.2.2　利用税收优惠筹划企业所得税

1.恰当选择享受优惠政策的起始年度进行税收筹划

根据现行的税收政策,企业所得税按纳税年度计算。纳税年度自公历 1 月 1 日起至 12 月 31 日止。企业在一个纳税年度中间开业,或者终止经营活动,使该纳税年度的实际经营期不足 12 个月的,应当以其实际经营期为一个纳税年度。

企业所得税的一些定期优惠政策是从企业取得生产经营所得的年度开始计算的,如果企业从年度中间甚至年底开始生产经营,该年度将作为企业享受税收优惠政策的第一年。由于该年度的生产经营所得非常少,因此,企业是否享受减免税政策意义并不是很大。因此,企业应当恰当选择享受税收优惠的第一个年度,适当提前或者推迟进行生产经营活动的日期。

企业从事国家重点扶持的公共基础设施项目的投资经营的所得,自项目取得第一笔生产经营收入所属纳税年度起,第一年至第三年免征企业所得税,第四年至第六年减半征收企业所得税。企业从事符合条件的环境保护、节能节水项目的所得,自项目取得第一笔生产经营收入所属纳税年度起,第一年至第三年免征企业所得税,第四年至第六年减半征收企业所得税。

对经济特区和上海浦东新区内在 2008 年 1 月 1 日(含)之后完成登记注册的国家需要重点扶持的高新技术企业,在经济特区和上海浦东新区内取得的所得,自取得第一笔生产经营收入所属纳税年度起,第一年至第二年免征企业所得税,第三年至第五年按照 25％ 的法定税率减半征收企业所得税。经济特区和上海浦东新区内新设高新技术企业同时在经济特区和上海浦东新区以外的地区从事生产经营的,应当单独计算其在经济特区和上海浦东新区内取得的所得,并合理分摊企业的期间费用;没有单独计算的,不得享受企业所得税优惠。经济特区和上海浦东新区内新设高新技术企业在按照相关规定享受过渡性税收优惠期间,由于复审或抽查不合格而不再具有高新技术企业资格的,从其不再具有高新技术企业资格年度起,停止享受过渡性税收优惠;以后再次被认定为高新技术企业的,不得继续享受或者重新享受过渡性税收优惠。

【案例 10-1】　某公司根据《企业所得税法实施条例》第八十七条的规定,可以享受自项目取得第一笔生产经营收入的纳税年度起,第一年至第三年免征企业所得税,第四年至第六年减半征收企业所得税的优惠政策。该公司原计划于 2009 年 11 月份开始生产经营,当年预计会有亏损,2010 年度至 2015 年度,每年预计应纳税所得额分别为 100 万元、500 万元、800 万元、1 000 万元、1 500 万元和 2 000 万元。请计算从 2009 年度到 2015 年度,该公司应当缴纳的企业所得税,并提出税收筹划方案。

该企业从 2009 年度开始生产经营,应当计算享受税收优惠的期限。该公司 2009 年度至 2011 年度可以享受免税待遇,不需要缴纳企业所得税。2012 年度至 2014 年度可以享受减半征税的待遇,因此,需要缴纳企业所得税:(800+1 000+1 500)×25%×50%=412.5(万元)。2015 年度不享受税收优惠,需要缴纳企业所得税:2 000×25%=500(万元)。因此,该企业 2009 年度至 2015 年度合计需要缴纳企业所得税:412.5+500=912.5(万元)。如果该企业将生产经营日期推迟到 2010 年 1 月 1 日,这样,2010 年度就是该企业享受税收优惠的第一年,2010 年度至 2012 年度,该企业可以享受免税待遇,不需要缴纳企业所得税。2013 年度至 2015 年度,该企业可以享受减半征收企业所得税的优惠待遇,需要缴纳企业所得税:(1 000+1 500+2 000)×25%×50%=562.5(万元)。经过税收筹划,减轻税收负担:912.5-562.5=350(万元)。

2. 利用国债利息免税的优惠政策进行税收筹划

根据现行的企业所得税政策,企业的下列收入为免税收入:

①国债利息收入。

②符合条件的居民企业之间的股息、红利等权益性投资收益。

③在中国境内设立机构、场所的非居民企业从居民企业取得与该机构、场所有实际联系的股息、红利等权益性投资收益。

④符合条件的非营利性组织的收入。

国债利息收入,是指企业持有国务院财政部门发行的国债取得的利息收入。

免税收入是不需要纳税的收入,因此,企业在条件许可的情况下应当尽可能多地获得免税收入。当然,获得免税收入都是需要一定条件的,企业只有满足税法所规定的条件才能享受免税待遇。例如,国债利息免税,当企业选择国债或者其他债券进行投资时,就应当将免税作为一个重要的因素予以考虑。再例如,直接投资的股息所得免税,与此相关的是,企业的股权转让所得要纳税。因此,当企业进行股权转让时尽量将该股权所代表的未分配股息分配以后再转让。

【案例 10-2】 某公司拥有 100 万元闲置资金,准备用于获得利息。假设五年期国债年利率为 4%,银行五年期定期存款年利率为 4%,向其他企业贷款五年期年利率为 6%。请为该公司进行税收筹划。

①如果购买国债,年利息为:100×4%=4(万元),税后利息为 4 万元。

②如果存入银行,年利息为:100×4%=4(万元),税后利息为 4-4×25%=3(万元)。

③如果借给企业,年利息为:100×6%=6(万元),应缴纳的营业税为:6×5%=0.3(万元),税后利息为:(6-0.3)×(1-25%)=4.275(万元)。

从税后利息来看,存入银行的利息最小,不足取,购买国债的利息高于储蓄利息但低于借给企业的利息,但由于购买国债风险较小,借给企业风险较大,该公司应当在充分考虑借给该企业的风险以后确定是否选择借给企业。

3. 利用小型微利企业和高新技术企业低税率优惠政策进行税收筹划

根据我国现行的企业所得税政策,符合条件的小型微利企业,减按 20% 的税率征收企业所得税。国家需要重点扶持的高新技术企业,减按 15% 的税率征收企业所得税。自 2010 年 1 月 1 日至 2010 年 12 月 31 日,对年应纳税所得额低于 3 万元(含 3 万元)的小型微利企业,其所得减按 50% 计入应纳税所得额,按 20% 的税率缴纳企业所得税。

符合条件的小型微利企业,是指从事国家非限制和禁止行业,并符合下列条件的企业:

①工业企业,年度应纳税所得额不超过30万元,从业人数不超过100人,资产总额不超过3 000万元。

②其他企业,年度应纳税所得额不超过30万元,从业人数不超过80人,资产总额不超过1 000万元。

如果企业规模超过了上述标准,但企业各个机构之间可以相对独立地开展业务,则可以考虑采取分立企业的方式来享受小型微利企业的税收优惠政策。

利用小型微利企业以及高新技术企业的低税率优惠是进行税收筹划的重要方法。由于享受上述低税率优惠政策都有严格的条件限制,例如,小型微利企业的规模比较小,不是所有的企业都能够享受,高新技术企业的条件限制也非常严格,大部分企业都很难将自身改造成高新技术企业,通过税收筹划可以在一定程度上解决上述难题。企业可以通过设立子公司或者将部分分支机构转变为子公司来享受小型微利企业的低税率优惠。如果企业自身难以改造成高新技术企业,可以考虑重新设立一个属于高新技术企业的子公司或者将某一分支机构改造成高新技术企业。

【案例10-3】 某公司在外地设立一分公司,该分公司第一年盈利10万元,第二年盈利20万元,第三年盈利30万元。由于分公司没有独立法人资格,需要与总公司合并纳税。假设,该公司三年全部盈利。该分公司三年实际上缴纳了企业所得税:(10+20+30)×25%=15(万元)。请针对此情况提出税收筹划方案。

假设该公司在设立分支机构之前进行了税收筹划,认为该分支机构在前两年可以盈利,且盈利额不会太大,符合《企业所得税法》小型微利企业的标准,因此,设立了子公司。由于小型子公司和分公司形式的差异对于生产经营活动不会产生较大影响,因此我们假设该子公司三年盈利水平与分公司相似,这样,子公司三年所缴纳的企业所得税为:(10+20+30)×20%=12(万元)。通过税收筹划节约税款:15-12=3(万元)。如果该子公司每年盈利30万元,则可以节约税款4.5万元。设立子公司的成本相对高一些,但只要成本之差小于节约的所得税额,这一税收筹划就是有价值的。

【案例10-4】 某运输公司共有10个运输车队,每个运输车队有员工70人,资产总额为800万元,每个车队年均盈利30万元,整个运输公司年盈利300万元。请对该运输公司提出税收筹划方案。

该运输公司可以将10个运输车队分别注册为独立的子公司,这样,每个子公司都符合小型微利企业的标准,可以享受20%的优惠税率。如果不进行税收筹划,该运输公司需要缴纳企业所得税:300×25%=75(万元)。税收筹划后,该运输公司需要缴纳企业所得税:30×20%×10=60(万元)。减轻税收负担:75-60=15(万元)。如果该运输公司在五年内均保持该盈利水平,则可以减轻税收负担:15×5=75(万元)。如果某车队的盈利能力超过了30万元,则该运输公司可以考虑设立更多子公司,从而继续享受小型微利企业的税收优惠政策。

4. 投资时选择可以享受税收优惠的产业

税收筹划强调整体性,往往从投资开始就要进行相应的筹划。投资决策中的税收筹划往往是税收筹划的第一步。投资决策是一个涉及面非常广的概念,从企业的设立到企业运营的整个过程都涉及投资决策的问题。投资决策中需要考虑的因素非常广泛,其中任何一个因素都有可能对投资决策的最终效果产生影响甚至是决定性的影响,因此,投资决策是企业以及个人的一项非常慎重的活动。

企业或者个人进行投资,首先需要选择的就是投资的产业。投资产业的选择需要考虑众多因素,仅就税收因素而言,国家对于不同产业的政策并不是一视同仁的,而是有所偏爱的。有些产业是国家重点扶持的,而有些产业则是国家限制发展甚至禁止发展的。国家对产业进行扶持或限制的主要手段之一就是税收政策。在税收政策中,最重要的是所得税政策,因为所得税是直接税,一般不能转嫁,国家减免所得税,其利益就直接归企业或个人所有。流转税由于是间接税,税负可以转嫁,国家一般不采取间接税的优惠措施,但由于流转税影响产品的成本,减免流转税同样可以刺激相关产业的发展,因此,也有个别流转税优惠措施。

目前,国家通过减免所得税的方式来扶持的产业主要包括以下几个方面:

(1)高新技术产业。

(2)农业。

(3)公共基础建设产业。

具体优惠政策见10.2.1。

【案例10-5】 某企业准备投资于中药材的种植或者香料作物的种植,预计种植中药材前三年每年投资100万元,第四年至第六年每年投资150万元。前三年没有任何收入,第四年至第六年分别获得毛收入250万元、300万元和300万元(已扣除各项流转税)。以后每年投资额约500万元,纯收入可以保持在300万元。如果投资于香料作物,前六年的状况与种植中药材基本相当,以后每年纯收入可以保持在340万元。该企业应当选择哪项业务进行投资?

如果该企业投资于中药材,则前六年总投资为:$100×3+150×3=750$(万元),毛收入为:$250+300+300=850$(万元),纯收入为100万元。由于投资于中药材的所得可以免税,因此,该企业第六年的税后纯收入为100万元,以后每年的税后纯收入为300万元。

如果该企业投资于香料作物,前六年总投资为:$100×3+150×3=750$(万元),毛收入为:$250+300+300=850$(万元),纯收入为100万元。由于投资于香料作物的所得可以减半征收企业所得税,因此,该企业第六年的税后纯收入为:$100-100×25\%×50\%=87.5$(万元),以后每年的税后纯收入为:$340-340×25\%×50\%=297.5$(万元)。低于中药材的税后收入,因此,如果企业条件相同,该企业应当投资于中药材。

5. 投资区域的税收筹划

投资的区域也是投资决策中需要考虑的一个重要因素,不同地区设立企业所享受的税收政策以及其他方面的政策是不同的。税收政策的不同也就相当于设立企业的税收成本是不同的,在进行投资决策的过程中应当将税收成本作为重要因素予以考虑。目前地区性的税收优惠政策主要包括经济特区和西部地区。

【案例10-6】 某企业原计划在广州设立一高新技术企业,该企业预计年盈利1 000万元。经过市场调研,该企业设在广州和深圳对于企业的盈利能力没有实质影响,该企业在深圳预计年盈利900万元。请对该企业的投资计划提出税收筹划方案。

该企业可以在深圳设立高新技术企业,因为高新技术企业在经济特区内取得的所得,可以享受下列税收优惠政策:自取得第一笔生产经营收入所属纳税年度起,第一年至第二年免征企业所得税,第三年至第五年按照25％的法定税率减半征收企业所得税。按照该企业年盈利1 000万元计算,设在广州,该企业五年需要缴纳企业所得税:1 000×25％×5＝1 250(万元),税后利润为:1 000×5－1 250＝3 750(万元)。如果设在深圳,该企业五年需要缴纳企业所得税:900×25％×50％×3＝337.5(万元),税后利润为:900×5－337.5＝4 162.5(万元)。故应当设立在深圳。通过税收筹划增加税后利润:4 162.5－3 750＝412.5(万元)。

6. 投资项目的税收筹划

根据10.2.1企业所得税税收优惠政策的介绍,企业从事以下项目投资,可享相应优惠:

(1)企业从事符合条件的环境保护、节能节水项目的所得可以免征、减征企业所得税。

(2)企业开发新技术、新产品、新工艺发生的研究开发费可以在计算应纳税所得额时加计扣除。

(3)企业综合利用资源,生产符合国家产业政策规定的产品所取得的收入,可以在计算应纳税所得额时减计收入。

(4)企业购置用于环境保护、节能节水、安全生产等专用设备的投资额,可以按一定比例实行税额抵免。

企业可以充分利用上述税收优惠政策,选择投资项目,进行税收筹划。

【案例10-7】 某企业符合小型微利企业的从业人数和资产总额标准,但预计年应纳税所得额会达到45万元。该企业如何进行税收筹划?

该企业可以进行一项新产品的研发,投入研发资金10万元,该10万元研发费用可以直接计入当期成本,同时可以加计扣除50％的费用,也就是可以在当期扣除15万元的成本,这样,该企业的应纳税所得额就变成30万元。可以享受小型微利企业的低税率优惠政策。如果该企业不进行该税收筹划,需要缴纳企业所得税:45×25％＝11.25(万元),经过税收筹划,需要缴纳企业所得税:30×20％＝6(万元)。减轻税收负担:11.25－6＝5.25(万元)。

7. 招聘国家鼓励人员进行税收筹划

由于企业雇用国家鼓励安置的残疾人员可以享受工资支出加计扣除100％的优惠政策,因此,如果企业的部分生产经营活动可以通过残疾人员来完成,则可以通过雇用残疾人员来进行税收筹划。

根据《中华人民共和国残疾人保障法》第二条的规定,残疾人是指在心理、生理、人体结构上,某种组织、功能丧失或者不正常,全部或者部分丧失以正常方式从事某种活动能力的人。残疾人包括视力残疾、听力残疾、言语残疾、肢体残疾、智力残疾、精神残疾、多重残疾和其他残疾的人。残疾标准由国务院规定。一般而言,残疾人员包括经认定的视力、听力、言语、肢体、智力和精神残疾人员。从程序的角度来讲,残疾人员必须持有中华人民共和国残疾人证或者中华人民共和国残疾军人证(1至8级)。

8. 分公司与子公司灵活转化以充分利用税收优惠政策

根据现行企业所得税法中有关免征、减征企业所得税的优惠政策,一些项目是免征或减征的。企业在投资以及生产经营过程中应当充分利用减免税优惠政策,这是一种重要的税收筹划手段。在利用上述税收优惠政策的过程中也应当进行税收筹划,例如,对于享受定期减免税优惠的企业而言,应当尽量增加享受减免税期间的所得,而减少正常纳税期间的所得。从支出的角度而言,企业在享受减免税期间应当尽量减少开支,而在正常纳税期间则应当尽量增加开支。

【案例 10-8】 某公司投资 1 000 万元,设立一子公司。该子公司从事符合条件的环境保护、节能节水项目,可以享受自项目取得第一笔生产经营收入的纳税年度起,第一年至第三年免征企业所得税,第四年至第六年减半征收企业所得税的税收优惠待遇。由于设立初期需要大量投资和研究开发费用,该子公司第一年亏损 500 万元,第二年亏损 200 万元,第三年亏损 100 万元,第四年盈利 200 万元,第五年盈利 400 万元,第六年盈利 600 万元。《企业所得税法》第十八条规定:企业纳税年度发生的亏损,准予向以后年度结转,用以后年度的所得弥补,但结转年限最长不得超过五年。因此,该公司前三年发生的亏损可以在五年内予以弥补。弥补亏损后,该子公司第四年、第五年应纳税所得额均为 0,第六年应纳税所得额为 400 万元。由于该子公司可以享受减半征税的优惠,因此,该企业六年应纳企业所得税额为:$400 \times 25\% \times 50\% = 50$(万元)。请针对该公司情况提出税收筹划方案。

假设该公司在设立分支机构之前进行税收筹划,预计到分支机构在设立前几年会发生较大亏损,而企业在第四年以后则有可能开始盈利,该公司就可以先设立分公司。设立分公司的费用相对设立子公司还要低一些。无论是设立子公司,还是设立分公司,企业在设立初期所需要的投资和开发费用是大体相当的,在生产经营方面也不会有大的差异。因此,我们可以假设,该分公司前三年的状况与上述子公司的状况一致,即分别亏损 500 万元、200 万元和 100 万元,但从第四年起,该公司将这一分公司组建为子公司,组建过程中会发生一些费用,但费用远远低于新设立一家子公司的费用。由于这一分支机构在生产、经营等方面都是连续的,只是在性质上发生了变更,因此,可以假设这一变更不会对这一分支机构的生产经营构成较大影响,那么,这一子公司前三年的盈利状况大约就分别为 200 万元、400 万元和 600 万元。

通过这一税收筹划,我们可以计算该分支机构所实际负担的企业所得税额。前三年,该分支机构是分公司,其亏损可以抵免总公司的应税所得,我们假设总公司的盈利远远高于子公司的亏损,那么,三年期间,分支机构为总公司节约企业所得税额为:$(500 + 200 + 100) \times 25\% = 200$(万元)。后三年,由于前三年的所得可以免征企业所得税,因此,该子公司应纳企业所得税额为 0。如果把分支机构和总公司视为一个整体的话,后一种方案比前一种方案为企业整体节约所得税额为:$200 + 50 = 250$(万元)。前面已经指出,后一种方案在变更过程中会涉及一些费用,但只要这些费用低于通过税收筹划所节约的所得税额,税收筹划就是有利的。

9. 通过免税企业合并进行税收筹划

企业对外投资,既可以设立分支机构,也可以向其他企业贷款或者进行股权投资,同时,还可以考虑通过合并或者兼并进行投资。合并是指两个或两个以上的企业,依据法律规定或合同约定,合并为一个企业的法律行为。合并可以采取吸收合并和新设合并两种形式。吸收合并是指两个以上的企业合并时,其中一个企业吸收了其他企业而存续(对此类企业以下简称存续企业),被吸收的企业解散。新设合并是指两个以上企业并为一个新企业,合并各方解散。兼并是指一个企业购买其他企业的产权,使其他企业失去法人资格或改变法人实体的一种行为。合并、兼并,一般不需经清算程序。企业合并、兼并时,合并或兼并各方的债权、债务由合并、兼并后的企业或者新设的企业承继。

企业重组同时符合下列条件的,适用特殊性税务处理规定:①有合理的商业目的,且不以减少、免除或者推迟缴纳税款为主要目的。②被收购、合并或分立部分的资产或股权比例符合规定的比例。③企业重组后的连续 12 个月内不改变重组资产原来的实质性经营活动。④重组交易对价中涉及股权支付金额符合规定比例。⑤企业重组中取得股权支付的原主要股东,在重组后连续 12 个月内,不得转让所取得的股权。

企业股东在该企业合并发生时取得的股权支付金额不低于其交易支付总额的 85%,以及同一控制下且不需要支付对价的企业合并,可以选择按以下规定处理:①合并企业接受被合并企业资产和负债的计税基础,以被合并企业的原有计税基础确定。②被合并企业合并前的相关所得税事项由合并企业承继。③可由合并企业弥补的被合并企业亏损的限额=被合并企业净资产公允价值×截至合并业务发生当年年末国家发行的最长期限的国债利率。④被合并企业股东取得合并企业股权的计税基础,以其原持有的被合并企业股权的计税基础确定。

因此,企业在兼并亏损企业或者与亏损企业合并时,应当尽量满足特殊企业重组的条件,从而能够选择按照特殊企业重组进行税务处理。

当然,企业在选择投资方式时,还有很多因素需要考虑,如投资的风险、被投资企业的发展前景、被投资领域的发展前景,但是税收因素应该是一个重要的因素。恰当选择税收筹划方法,不仅可以获得同样有利的发展前景,而且可以为企业获得一笔可观的税收利益。

【案例 10-9】 甲公司与乙公司合并为新的甲公司,乙公司注销。甲公司向乙公司的股东——丙公司支付 8 000 万元现金,乙公司所有资产的计税基础为 6 000 万元,公允价值为 8 000 万元。请计算该企业合并的税收负担并提出筹划方案。

在上述交易中,乙公司需要进行清算,应当缴纳企业所得税:(8 000－6 000)×25%＝500(万元)。丙公司从乙公司剩余资产中取得的股息部分可以免税,取得的投资所得部分需要缴纳 25% 的企业所得税。假设丙公司取得投资所得部分为 1 000 万元,则丙公司需要缴纳企业所得税:1 000×25%＝250(万元)。整个交易的税收负担为:500＋250＝750(万元)。

如果甲公司用自己的股权来收购乙公司的资产,即丙公司成为新甲公司的股东,则乙公司和丙公司不需要缴纳任何税款,即使将来丙公司再将该股权转让给甲公司或者其他企业,也能取得延期纳税的利益(因印花税数额较小,对于节税方案不产生影响,本方案不予考虑)。

10.3　利用税收制度设计筹划企业所得税

10.3.1　通过选择企业组织形式进行税收筹划

根据现行的个人所得税和企业所得税政策,个人独资企业和合伙企业不征收企业所得税,仅对投资者个人征收个人所得税。公司需要缴纳企业所得税,投资者个人从公司获得股息时还需要缴纳个人所得税。由于个人投资公司需要缴纳两次所得税,因此,对于个人投资者准备设立小型企业而言,最好设立个人独资企业或者合伙企业,设立公司的税收负担比较重。

【案例10-10】 李先生准备设立一个企业,预计该企业年盈利50万元,李先生原计划创办一家有限责任公司,公司的税后利润全部分配给股东。请对此提出税收筹划方案。

如果设立有限责任公司,该公司应缴纳企业所得税:$50 \times 25\% = 12.5$(万元)。税后利润为:$50 - 12.5 = 37.5$(万元)。如果税后利润全部分配,李先生需要缴纳个人所得税:$37.5 \times 20\% = 7.5$(万元),获得税后利润:$37.5 - 7.5 = 30$(万元)。李先生可以考虑设立个人独资企业,该企业本身不需要缴纳所得税,李先生需要缴纳个人所得税:$50 \times 35\% - 0.675 = 16.825$(万元),税后纯利润为:$50 - 16.825 = 33.175$(万元)。通过税收筹划,李先生多获得纯利润:$33.175 - 30 = 3.175$(万元)。

10.3.2 设立分支机构中的税收筹划

企业设立分支机构主要有两种组织形式可供选择:一是分公司;二是子公司(严格来讲,子公司不属于分支机构,下文把全资子公司视为分支机构)。两种不同的组织形式在所得税处理方式上是不同的。分公司不具有独立的法人资格,不能独立承担民事责任,在法律上与总公司视为同一主体。因此,在纳税方面,也是同总公司作为一个纳税主体,将其成本、损失和所得并入总公司共同纳税。而子公司具有独立的法人资格,可以独立承担民事责任,在法律上与总公司视为两个主体。因此,在纳税方面,也是同总公司相分离,作为一个独立的纳税主体承担纳税义务。其成本、损失和所得全部独立核算,独立缴纳企业所得税和其他各项税收。

两种组织形式在法律地位上的不同导致了两种分支机构在税收方面各有利弊,分公司由于可以和总公司合并纳税,因此,分支机构的损失可以抵消总公司的所得,从而降低公司整体的应纳税所得额,子公司则不享有这种优势。但子公司可以享受法律以及当地政府所规定的各种税收优惠政策,如减免企业所得税。因此,企业如何选择分支机构的形式需要综合考虑分支机构的盈利能力,尽量在分支机构亏损期间采取分公司形式,而在分支机构盈利期间采取子公司形式。

一般来讲,分支机构在设立初期需要大量投资,一般处于亏损状态,而经过一定时间的发展以后则一般处于盈利状态。因此,一般在设立分支机构初期采取分公司形式,而在分支机构盈利以后转而采取子公司的形式。当然,这仅是一般情况,并不是绝对的。在某些情况下,企业本身所适用的税率与准备设立的分支机构所适用的税率不同时,企业对其分支机构选择分公司还是子公司的形式差别很大。一般来讲,如果本企业所适用的税率高于分支机构所适用的税率,则选择子公司形式比较有利,反之,则选择分公司形式比较有利。

【案例10-11】 某公司准备设立一分支机构,原计划设立全资子公司。预计该子公司从2008年度至2011年度的应纳税所得额分别为:-100万元、-50万元、100万元、200万元。该子公司四年分别缴纳企业所得税为:0万元、0万元、0万元、37.5万元。请对此提出税收筹划。

由于该子公司前期亏损、后期盈利,因此,可以考虑该公司先设立分公司,第三年再将分公司转变为子公司。由于分公司和全资子公司的盈利能力大体相当,可以认为该公司形式的变化不会影响该公司的盈利能力。因此,该分公司在 2008 年度和 2009 年度将分别亏损 100 万元和 50 万元,上述亏损可以弥补总公司的应纳税所得额。由此,总公司在 2008 年度和 2009 年度将分别少纳企业所得税 25 万元和 12.5 万元。从第三年开始,该分公司变为子公司,需要独立纳税。2010 年度和 2011 年度,该子公司应纳所得税额分别为 25 万元、50 万元。从 2008 年度到 2011 年度,该分支机构无论是作为子公司还是作为分公司,纳税总额是相同的,都是 37.5 万元,但设立分公司可以在 2008 年度和 2009 年度弥补亏损,而设立子公司只能等到 2010 年度和 2011 年度再弥补亏损。设立分公司,使得该公司提前两年弥补了亏损,相当于获得了 25 万元的两年期无息贷款和 12.5 万元的两年期无息贷款,其所节省的利息就是该税收筹划的收益。

10.3.3　利用亏损结转进行税收筹划

根据《企业所得税法》第十八条的规定,企业纳税年度发生的亏损,准予向以后年度结转,用以后年度的所得弥补,但结转年限最长不得超过五年。弥补亏损期限,是指纳税人某一纳税年度发生亏损,准予用以后年度的应纳税所得弥补,一年弥补不足的,可以逐年连续弥补,弥补期最长不得超过五年,五年内不论是盈利还是亏损,都作为实际弥补年限计算。这一规定为纳税人进行税收筹划提供了空间,纳税人可以通过对本企业投资和收益的控制来充分利用亏损结转的规定,将能够弥补的亏损尽量弥补。

这里有两种方法可以采用:一是,如果某年度发生了亏损,企业应当尽量使得邻近的纳税年度获得较多的收益,也就是尽可能早地将亏损予以弥补;二是,如果企业已经没有需要弥补的亏损或者企业刚刚组建,而亏损在最近几年又是不可避免的,那么,应该尽量先安排企业亏损,然后再安排企业盈利。

需要注意的是,企业的年度亏损额,是指按照税法规定的方法计算出来的,而不能利用多算成本和多列工资、招待费、其他支出等手段虚报亏损。根据《国家税务总局关于企业虚报亏损如何处理的通知》的规定,企业多报亏损会造成以后年度少缴所得税,与企业少申报应纳税所得额性质相同。税务机关在对申报亏损的企业进行纳税检查时,如发现企业多列扣除项目或少计应纳税所得额,从而多申报亏损,可视同查出同等金额的应纳税所得额。对此,除调减其亏损额外,税务机关可根据 25％的法定税率(2008 年 1 月 1 日之前按照 33％的税率计算),计算出相应的应纳所得税额,并视其情节,根据《税收征收管理法》的有关规定进行处理。因此,企业必须正确地计算申报亏损,才能通过税收筹划获得合法利益,否则,为了亏损结转而虚报亏损有可能导致触犯税法而受到法律的惩处。

【案例 10-12】　某企业 2003 年度发生年度亏损 100 万元,假设该企业 2003～2009 年各纳税年度应纳税所得额如表 10-1 所示。请计算该企业 2009 年度应当缴纳的企业所得税,并提出筹划方案。

表 10-1　　　　　2003～2009 年各纳税年度应纳税所得额　　　　　单位:万元

年度	2003	2004	2005	2006	2007	2008	2009
应纳税所得额	−100	10	10	20	30	10	60

根据税法关于亏损结转的规定,该企业 2003 年的 100 万元亏损,可分别用 2004～2008 年的 10 万元、10 万元、20 万元、30 万元和 10 万元来弥补,由于 2004 年到 2005 年的总计应纳税所得额为 80 万元,低于 2003 年度的亏损。这样,从 2003 年到 2008 年,该企业都不需要缴纳企业所得税。在 2009 年度,该年度的应纳税所得额只能弥补五年以内的亏损,也就是说,不能弥补 2003 年度的亏损。由于 2004 年以来该企业一直没有亏损,因此,2009 年度应当缴纳企业所得税:$60 \times 25\% = 15$(万元)。

从该企业各年度的应纳税所得额来看,该企业的生产经营一直是朝好的方向发展,2008 年度之所以应纳税所得额比较少,可能主要因为增加了投资,或者增加了各项费用的支出,或者进行了公益捐赠等。由于 2003 年度仍有未弥补完的亏损,因此,如果企业能够在 2008 年度进行税收筹划,压缩成本和支出,尽量增加企业的收入,将 2008 年度应纳税所得额提高到 30 万元,同时,2008 年度压缩的成本和支出可以在 2009 年度予以开支,这样,2008 年度的应纳税所得额为 30 万元,2009 年度的应纳税所得额为 40 万元。

根据税法亏损弥补的相关规定,该企业在 2008 年度的应纳税所得额可以用来弥补 2003 年度的亏损,而 2009 年度的应纳税所得额则要全部计算缴纳企业所得税。这样,该企业在 2009 年度应当缴纳企业所得税:$40 \times 25\% = 10$(万元)。减少企业所得税应纳税额:$15 - 10 = 5$(万元)。减轻税收负担 33.33%。

【案例 10-13】 A 企业 2××3 年度应纳税所得额为 40 万元,在此之前没有需要弥补的亏损,2××4 年度亏损 40 万元,2××5 年度亏损 30 万元,2××6 年度亏损 20 万元,2××7 年度应纳税所得额为 10 万元(尚未弥补以前年度亏损,下同),2××8 年度应纳税所得额为 20 万元,2××9 年度应纳税所得额为 30 万元。企业所得税税率 25%,请计算该企业 2××3～2××9 年度每年应当缴纳的企业所得税,并提出税收筹划方案。

该企业 2××3 年度应纳税所得额为 40 万元,由于以前年度没有需要弥补的亏损,因此 2××3 年度的应纳所得税额为:$40 \times 25\% = 10$(万元)。2××4～2××6 年度亏损,不需要缴纳企业所得税。2××7 年度应纳税所得额为 10 万元,弥补以前年度亏损后没有余额,不需要缴纳企业所得税。2××8 年度应纳税所得额为 20 万元,此时,前五年尚有 80 万元亏损没有弥补,因此,2××8 年度仍不需要缴纳企业所得税。2××9 年度应纳税所得额为 30 万元,此时,前五年尚有 60 万元亏损没有弥补,因此,2××9 年度也不需要缴纳企业所得税。

该企业 2××3～2××9 年度一共需要缴纳企业所得税为:$40 \times 25\% = 10$(万元)。该企业的特征是先盈利后亏损,这种状况就会导致企业在以后年度的亏损不可能用以前年度的盈利来弥补。而企业能否盈利在很大程度上都是可以预测的,因此,如果企业已经预测到某些年度会发生无法避免的亏损,那么,就尽量将盈利放在亏损年度以后。本案中该企业可以在 2××3 年度多开支 40 万元的投资,也就是将 2××4 年度的部分开支提前进行,而将某些收入放在 2××4 年度来实现。这样,该企业 2××3 年度的应纳税所得额就变为 0。2××4 年度由于减少了开支,增加了收入,总额为 40 万元,2××4 年度的亏损变为 0。以后年度的生产经营状况不变。该企业在 2××5～2××8 年度同样不需要缴纳企业所得税,2××9 年度弥补亏损以后剩余 10 万元应纳税所得额,需要缴纳企业所得税:$10 \times 25\% = 2.5$(万元)。通过税收筹划,该企业减少应纳所得税额 $10 - 2.5 = 7.5$(万元)。

10.3.4　利用利润转移进行税收筹划

对于既有适用 25％税率也有适用 20％税率以及适用 15％税率的企业集团而言，可以适当将适用 25％税率的企业的收入转移到适用 20％税率或者 15％税率的企业中，从而适当降低企业集团的所得税负担。

【案例 10-14】　某企业集团下属甲、乙两个企业，其中，甲企业适用 25％的企业所得税税率，乙企业属于需要国家扶持的高新技术企业，适用 15％的企业所得税税率。2009年度，甲企业的应纳税所得额为 8 000 万元，乙企业的应纳税所得额为 9 000 万元。请计算甲、乙两个企业以及该企业集团在 2009 年度分别应当缴纳的企业所得税税款，并提出税收筹划方案。

甲企业 2009 年度应当缴纳企业所得税：8 000×25％＝2 000（万元）。乙企业 2009 年度应当缴纳企业所得税：9 000×15％＝1 350（万元）。该企业集团合计缴纳企业所得税：2 000＋1 350＝3 350（万元）。

由于甲企业的企业所得税税率高于乙企业的企业所得税税率，因此可以考虑将甲企业的部分收入转移到乙企业。假设该企业集团通过税收筹划将甲企业的应纳税所得额降低到 7 000 万元，乙企业的应纳税所得额相应增加为 1 亿元，则甲企业 2009 年度应当缴纳企业所得税：7 000×25％＝1 750（万元），乙企业 2009 年度应当缴纳企业所得税：10 000×15％＝1 500（万元），该企业集团 2009 年度合计缴纳企业所得税：1 750＋1 500＝3 250（万元）。由此可见，通过税收筹划，该企业集团可以少缴企业所得税：3 350－3 250＝100（万元）。

10.3.5　通过选择利润分配时间进行税收筹划

【案例 10-15】　甲公司是乙公司的全资子公司。2008 年年初，乙公司累计未弥补亏损为 800 万元。2008 年 6 月，甲公司决定向乙公司分配利润 900 万元。2008 年，在不考虑甲公司分配的利润以及以前年度亏损的情况下，乙公司自身应纳税所得额为 0。2009年，乙公司实现盈利 800 万元。请计算乙公司两个纳税年度分别缴纳的企业所得税，并提出税收筹划方案。

乙公司 2008 年年底的累计未弥补亏损为 800 万元，甲公司向乙公司分配的 900 万元利润应当首先用于弥补该亏损，弥补亏损后的所得为 100 万元。根据税法规定，该 100 万元不需要缴纳企业所得税。因此，2008 年度，乙公司的应纳税额为 0。2009 年度，乙公司应当缴纳企业所得税：800×25％＝200（万元）。两个纳税年度，乙公司一共缴纳企业所得税 200 万元。

为减轻税收负担，甲公司可以推迟分配利润的时间，即在 2009 年向乙公司分配利润。这样，乙公司在 2009 年年初，累计未弥补亏损仍然为 800 万元（假设这些亏损都发生在五年以内）。2009 年度，乙公司盈利的 800 万元，首先用于弥补亏损，剩余所得为 0。乙公司从甲公司获得的 900 万元利润可以不用缴纳企业所得税。两个纳税年度，乙公司一共缴纳企业所得税 0。由此，可减轻税收负担 200 万元。

10.3.6　投资回收方式中的税收筹划

根据现行个人所得税政策,个人从投资公司获得的股息要缴纳 20% 的个人所得税。根据现行企业所得税政策,企业从其投资的公司中获得的股息不需要纳税。如果个人投资者从公司取得的股息仍然用于投资,则可以考虑以成立公司的方式来减轻税收负担。成立公司以后可以将各类股息汇总到该公司,由于此时公司并不需要缴纳企业所得税,该公司就可以将免税所得用于各项投资。而如果由个人取得该股息,则应当首先缴纳 20% 的个人所得税,税后利润才能用于投资,这样就大大增加了投资的税收成本。

【案例 10-16】　李先生拥有甲公司 40% 的股份,每年可以从该公司获得 500 万元的股息,根据我国现行个人所得税政策,李先生每年需要缴纳 100 万元的个人所得税。李先生所获得的股息全部用于股票投资或者直接投资于其他企业。李先生应当如何进行税收筹划?

李先生可以用该股权以及部分现金投资设立一个个人公司——乙公司,由乙公司持有甲公司 40% 的股权,这样,乙公司每年从甲公司获得的 500 万元股息就不需要缴纳企业所得税。李先生原定的用股息投资于股票或者其他的投资计划可以由乙公司来进行,乙公司投资于其他企业所获得的股息同样不需要缴纳企业所得税,这样就免除了李先生每次获得股息所得所应当承担的个人所得税纳税义务。

10.3.7　融资决策与税收筹划

融资决策是任何企业都需要面临的问题,也是企业生存和发展的关键问题之一。融资决策需要考虑众多因素,税收因素是其中之一。利用不同融资方式、不同融资条件对税收的影响,精心设计企业融资项目,以实现企业税后利润或者股东收益最大化,是税收筹划的任务和目的。

融资在企业的生产经营过程中占据着非常重要的地位,融资是企业一系列生产经营活动的前提条件,融资决策的优劣直接影响到企业生产经营的业绩。融资作为一项相对独立的企业活动,其对经营收益的影响主要是借助于因资本结构变动产生的杠杆作用进行的。资本结构是企业长期债务资本与权益资本之间的比例构成关系。企业在融资过程中应当考虑以下几方面:

(1)融资活动对于企业资本结构的影响。

(2)资本结构的变动对于税收成本和企业利润的影响。

(3)融资方式的选择在优化资本结构和减轻税负方面对于企业和所有者税后利润最大化的影响。

在市场经济体制下,企业的融资渠道主要包括从金融机构借款、从非金融机构借款、发行债券、发行股票、融资租赁、企业自我积累和企业内部集资等。不同融资方式的税法待遇及其所造成的不同税收负担为税收筹划创造了空间。

企业各种融资渠道大致可以划分为负债和资本金两种方式。两种融资方式在税法上的待遇是不同的,《企业所得税法》第八条规定:企业实际发生的与取得收入有关的、合理的支出,包括成本、费用、税金、损失和其他支出,准予在计算应纳税所得额时扣除。纳税人在生产、经营期间,向金融机构借款的利息支出,按照实际发生数扣除;向非金融机构借款的利息支出,不高于按照金融机构同类、同期贷款利率计算的数额以内的部分,准予扣除。通过负债的方式融资,负债的成本——借款利息可以在税前扣除,从而减轻了企业的税收负担。《企业所得税法》第十条规定:在计算应纳税所得额时,向投资者支付的股息、红利等权益性投资收益款项不得扣除。

由此可见,企业通过增加资本金的方式进行融资所支付的股息或者红利是不能在税前扣除的,因此,仅仅从节税的角度来讲,负债融资方式比权益融资方式更优。但由于各种融资方式还会涉及其他一些融资成本,因此,不能仅仅从税收负担角度来考虑各种融资成本的优劣。下面我们分别分析以下几种最常见的融资方式的各种成本。

(1)发行债券越来越成为大公司融资的主要方案。债券是经济主体为筹集资金而发行的,用以记载和反映债权债务关系的有价证券。由企业发行的债券成为企业债券或公司债券。发行债券的筹资方式,由于筹资对象广、市场大,比较容易寻找降低融资成本、提高整体收益的方法;另外,由于债券的持有者人数众多,有利于企业利润的平均分担,避免利润过分集中所带来的较重税收负担。

(2)向金融机构借款也是企业较常使用的融资方式,由于这种方式只涉及企业和金融机构两个主体,因此,如果二者存在一定的关联关系,就可以通过利润的平均分摊来减轻税收负担。当然,这种方式需要控制在合理的范围之内,否则有可能受到关联企业转移定价的规制。但绝大多数企业和金融机构之间是不存在关联关系的,因此很难利用关联关系来取得税收上的利息。但由于借款利息可以在税前扣除,因此,在税收待遇上这一融资方式比企业自我积累资金的方式要优越。

(3)企业以自我积累的方式进行筹资,所需要的时间比较长,因而无法满足绝大多数企业的生产经营的需要。另外,从税收的角度来看,自我积累的资金由于不属于负债,因此,也不存在利息抵扣所得额的问题,无法享受税法上的优惠待遇。再加上资金的占用和使用融为一体,企业所承担的风险也比较高。

(4)发行股票仅仅属于上市公司融资的选择方案之一,非上市公司没有权利选择这一融资方式,因此,其适用范围相对比较狭窄。发行股票所支付的股息与红利是在税后利润中进行的,因此,无法像债券利息或借款利息那样享受抵扣所得额的税收优惠待遇。而且发行股票融资的成本相对来讲也比较高,并非绝大多数企业所能选择的融资方案。当然,发行股票融资也有众多优点,比如,发行股票不用偿还本金,没有债务压力。成功发行股票对于企业来讲也是一次非常好的宣传自己的机会,往往会给企业带来其他方面的诸多好处。

一般来讲,企业以自我积累方式筹资所承受的税收负担要重于向金融机构借款所承受的税收负担;贷款融资所承受的税收负担要重于企业间拆借所承受的税收负担;企业间借贷的税收负担要重于企业内部集资的税收负担。

另外,企业还可以通过联合经营来进行税收筹划,即以一个主体厂为中心,与有一定生产设备基础的若干企业联合经营。比如由主体厂提供原材料,成员厂加工零配件,再卖给主体厂,主体厂组装完成产品并负责销售。这样可以充分利用成员厂的场地、劳动力、设备和资源进行规模生产,提高效率,另外适当利用各成员厂之间的关联关系,可以减轻整体的税收负担。世界性的大公司都是通过这种全球经营的方式来获得最佳的经营效益的。国内企业也可以适当借鉴这种联合经营的方式。

【案例10-17】 甲公司计划投资100万元用于一项新产品的生产,在专业人员的指导下制订了三个方案。假设公司的资本结构如表10-2所示。三个方案的债务利率均为10%,企业所得税税率为25%。那么,其权益资本投资利润率如表10-2。

表 10-2　　　　　　　　　　甲公司资本结构方案

方案	方案 A	方案 B	方案 C
债务资本∶权益资本	0∶100	20∶80	60∶40

表 10-3　　　　　　　　　　甲公司权益资本投资利润率

方案	方案 A	方案 B	方案 C
债务资本∶权益资本	0∶100	20∶80	60∶40
息税前利润(万元)	30	30	30
利率(%)	10	10	10
税前利润(万元)	30	28	24
企业所得税额(税率25%)	7.5	7	6
税后利润(万元)	22.5	21	18
权益资本利润率(%)	22.5	26.25	45

由 A、B、C 三种方案的对比可以看出,在息税前利润和贷款利率不变的条件下,随着企业负债比例的提高,权益资本的收益率在不断增加。通过比较不同资本结构带来的权益资本利润率的不同,选择融资所要采取的融资组合,实现股东收益最大化。我们可以选择方案 C 作为该公司投资该项目的融资方案。

10.3.8　企业债务重组的税收筹划

【案例10-18】 甲公司欠乙公司8 000万元债务,甲公司和乙公司准备签署一项债务重组协议:甲公司用计税基础为7 000万元、公允价值为8 000万元的不动产抵偿乙公司的债务。在该交易中,甲公司和乙公司应当分别缴纳多少税款?应当如何进行税收筹划?

在该交易中,甲公司需要缴纳营业税及其附加:8 000×5.5%＝440(万元)。甲公司需要缴纳企业所得税:(8 000－7 000－440)×25%＝140(万元)。乙公司需要缴纳契税:8 000×3%＝240(万元)。两个公司合计纳税:440＋140＋240＝820(万元)。

如果乙公司将其债权转化为股权并且遵守特殊债务重组的其他条件,则甲公司和乙公司不需要缴纳任何税款,即使将来乙公司再将该股权转让给甲公司或者其他企业,也只需要缴纳企业所得税,不需要缴纳营业税及其附加和契税(因印花税数额较小,对于节税方案不产生影响,本方案不予考虑)。

10.3.9　利用固定资产加速折旧进行税收筹划

《企业所得税法》第十一条规定:在计算应纳税所得额时,企业按照规定计算的固定资产折旧,准予扣除。固定资产,是指企业为生产产品、提供劳务、出租或者经营管理而持有的、使用时间超过一年的非货币性资产,包括房屋、建筑物、机器、机械、运输工具以及其他与生产经营活动有关的设备、器具、工具等。固定资产按照直线法计算的折旧,准予扣除。企业应当自固定资产投入使用月份的次月起计算折旧;停止使用的固定资产,应当自停止使用月份的次月起停止计算折旧。企业应当根据固定资产的性质和使用情况,合理确定固定资产的预计净残值。固定资产的预计净残值一经确定,不得变更。

除国务院财政、税务主管部门另有规定外,固定资产计算折旧的最低年限如下:

(1)房屋、建筑物,为20年。

(2)飞机、火车、轮船、机器、机械和其他生产设备,为十年。

(3)与生产经营活动有关的器具、工具、家具等,为五年。

(4)飞机、火车、轮船以外的运输工具,为四年。

(5)电子设备,为三年。

可以采取缩短折旧年限或者采取加速折旧方法的固定资产,包括:

(1)由于技术进步,产品更新换代较快的固定资产。

(2)常年处于强震动、高腐蚀状态的固定资产。

企业拥有并使用的固定资产符合上述规定的,可按以下情况分别处理:

(1)企业过去没有使用过与该项固定资产功能相同或类似的固定资产,但有充分的证据证明该固定资产的预计使用年限短于《企业所得税法实施条例》规定的计算折旧最低年限的,企业可根据该固定资产的预计使用年限和相关规定,对该固定资产采取缩短折旧年限或者加速折旧的方法。

(2)企业在原有固定资产未达到《企业所得税法实施条例》规定的最低折旧年限前,使用功能相同或类似的新固定资产替代旧固定资产的,企业可根据原有固定资产的实际使用年限和相关规定,对新替代的固定资产采取缩短折旧年限或者加速折旧的方法。

企业采取缩短折旧年限方法的,对其购置的新固定资产,最低折旧年限不得低于《企业所得税法实施条例》第六十条规定的折旧年限的60%;若为购置已使用过的固定资产,其最低折旧年限不得低于《企业所得税法实施条例》规定的最低折旧年限减去已使用年限后剩余年限的60%。最低折旧年限一经确定,一般不得变更。

企业拥有并使用符合上述规定条件的固定资产采取加速折旧方法的,可以采用双倍余额递减法或者年数总和法。加速折旧方法一经确定,一般不得变更。

双倍余额递减法,是指在不考虑固定资产预计净残值的情况下,根据每期期初固定资产原值减去累计折旧后的金额和双倍的直线法折旧率计算固定资产折旧的一种方法。应用这种方法计算折旧额时,由于每年年初固定资产净值没有减去预计净残值,所以在计算固定资产折旧额时,应在其折旧年限到期前的两年期间,将固定资产净值减去预计净残值后的余额平均摊销。计算公式如下:

$$年折旧率 = 2 \div 预计使用寿命(年) \times 100\%$$

$$月折旧率 = 年折旧率 \div 12$$

$$月折旧额 = 月初固定资产账面净值 \times 月折旧率$$

年数总和法,又称年限合计法,是指将固定资产的原值减去预计净残值后的余额,乘以一个以固定资产尚可使用年限为分子、以预计使用寿命的年数总和为分母的逐年递减的分数计算每年的折旧额。计算公式如下:

年折旧率＝尚可使用年限÷预计使用寿命的年数总和×100%

月折旧率＝年折旧率÷12

月折旧额＝(固定资产原值－预计净残值)×月折旧率

企业确需对固定资产采取缩短折旧年限或者加速折旧方法的,应在取得该固定资产后一个月内,向其企业所得税主管税务机关(以下简称主管税务机关)备案,并报送以下资料:

(1)固定资产的功能、预计使用年限短于《企业所得税法实施条例》规定计算折旧的最低年限的理由、证明资料及有关情况的说明。

(2)被替代的旧固定资产的功能、使用及处置等情况的说明。

(3)固定资产加速折旧拟采用的方法和折旧额的说明。

(4)主管税务机关要求报送的其他资料。

主管税务机关应在企业所得税年度纳税评估时,对企业采取加速折旧的固定资产的使用环境及状况进行实地核查。对不符合加速折旧规定条件的,主管税务机关有权要求企业停止该项固定资产加速折旧。

无论采用哪种折旧提取方法,对于某一特定固定资产而言,企业所提取的折旧总额是相同的,同一固定资产所抵扣的应纳税所得额由此所抵扣的所得税额也是相同的,所不同的只是企业在固定资产使用年限内每年所抵扣的应纳税所得额是不同的,由此导致每年所抵扣的所得税额也是不同的。在具备采取固定资产加速折旧条件的情况下,企业应当尽量选择固定资产的加速折旧,具体方法的选择可以根据企业实际情况在法律允许的三种方法中任选一种。

【案例10-19】 某机械制造厂新购进一台大型机器设备,原值为400 000元,预计残值率为3%,经税务机关核定,该设备的折旧年限为五年。请比较各种不同折旧方法的异同,并提出税收筹划方案。

四种方法比较如下:

(1)直线法

年折旧率＝(1－3%)÷5＝19.4%

月折旧率＝19.4%÷12＝1.617%

预计净残值＝400 000×3%＝12 000(元)

每年折旧额＝(400 000－12 000)÷5＝77 600(元)

或者每年折旧额＝400 000×19.4%＝77 600(元)

(2)缩短折旧年限

该设备最短的折旧年限为正常折旧年限的60%,即三年。

年折旧率＝(1－3%)÷3≈32.33%

月折旧率＝32.33%÷12≈2.69%

预计净残值＝400 000×3%＝12 000(元)

每年折旧额＝(400 000－12 000)÷3≈129 333(元)

或者每年折旧额＝400 000×(1－3%)÷3＝129 333(元)

(3)双倍余额递减法

年折旧率＝(2÷5)×100%＝40%

采用双倍余额递减法,每年提取折旧额见表10-4。

表 10-4

年份	折旧率(%)	年折旧额(元)	账面净值(元)
第一年	40	16 000	24 000
第二年	40	96 000	144 000
第三年	40	576 000	86 400
第四年	50	37 200	49 200
第五年	50	37 200	12 000

(4)年数总和法

年折旧率=尚可使用年数÷预计使用年限的年数总和。

无论采用哪种折旧提取方法,对于某一特定固定资产而言,企业所提取的折旧总额是相同的,同一固定资产所抵扣的应纳税所得额并由此所抵扣的所得税额也是相同的,所不同的只是企业在固定资产使用年限内每年所抵扣的应纳税所得额,由此导致每年所抵扣的所得税额也是不同的。

10.3.10 固定资产修理中的税收筹划

固定资产的修理费用是企业生产经营过程中经常发生的费用,根据修理程度的不同,企业所得税法规定了不同的扣除政策。根据《企业所得税税前扣除办法》(国家税务总局 2000 年 5 月 16 日发布,国税发〔2000〕84 号)第三十一条的规定,纳税人的固定资产修理支出可在发生当期直接扣除。根据《企业所得税法》第十三条的规定,固定资产的大修理支出应当作为长期待摊费用,按照固定资产尚可使用年限分期摊销。固定资产的大修理支出有两个标准:

(1)修理支出达到取得固定资产时的计税基础50% 以上。

(2)修理后固定资产的使用年限延长两年以上。

如果企业的固定资产修理支出达到了大修理支出的标准,可以通过采取多次修理的方式来获得当期扣除修理费用的税收待遇。

【案例10-20】 某企业 2009 年度准备修理一台价值为 100 万元的设备,修理费用为 55 万元,修理后该固定资产可以延长使用年限三年。该设备的折旧年限为十年,固定资产残值为原值的 5%,已经提取折旧五年(不包括 2009 年)。假设 2009 年 10 月 8 日开始对该设备进行修理,2009 年 11 月 30 日完工。该企业 2009 年度未考虑本设备折旧和修理费的应纳税所得额为 300 万元。请计算该企业应当如何进行摊销,并提出税收筹划方案。

由于本次修理费占该设备原值的 55%,且修理后固定资产的使用年限延长两年以上,属于固定资产大修理支出,不能在所得税前进行当期扣除,而应当按照固定资产尚可使用年限分期摊销。由于该固定资产尚可使用七年,因此,该 55 万元的大修理支出应当每年摊销(55÷7)7.86 万元。该固定资产每年应当提取折旧:100×(1−5%)÷10=9.5(万元)。该企业 2009 年度应纳税所得额为:300−7.86−9.5=282.64(万元),应纳税额为:$282.64 \times 25\% = 70.66$(万元)。假设该企业 2010 年度不考虑本设备折旧的应纳税所得额为 400 万元,则 2010 年度该企业应纳税所得额为:$400 - 7.86 - 9.5 = 382.64$(万元);应该缴纳企业所得税:$382.64 \times 25\% = 95.66$(万元)。

该企业可以将该修理分成两个阶段:第一阶段从 2009 年 10 月 8 日开始修理,至 10 月 31 日修理完毕,支付修理费 25 万元;第二阶段从 2010 年 1 月 4 日开始修理,至 1 月 31 日修理完毕,支付修理费 30 万元。由于上述两次修理均不构成大修理支出,可以在当期扣除。该企业 2009 年度应纳税所得额为:$300 - 9.5 - 25 = 265.5$(万元),应纳税额为:$265.5 \times 25\% = 66.37$(万元)。假设 2010 年度,该企业未考虑本设备折旧和修理费的应纳税所得额为 400 万元,则 2010 年度该企业应纳税所得额为:$400 - 9.5 - 30 = 360.5$(万元),应当缴纳所得税:$360.5 \times 25\% = 90.13$(万元)。

经过税收筹划,2009 年度第二种方案比第一种方案一共少缴企业所得税:$70.66 - 66.37 = 4.29$(万元),2010 年度第二种方案比第一种方案一共少缴企业所得税:$95.66 - 90.13 = 5.53$(万元)。当然,从 2011 年开始,第二种方案将比第一种方案多缴纳企业所得税,即从长远来看,两种方案最终所需要缴纳的企业所得税总额是相同的,但是第二种方案提前获得了修理费的税前扣除,从而相当于为企业提供了一笔无息贷款。

10.3.11 将利息支出转为其他支出进行税收筹划

《企业所得税法》第八条规定:企业实际发生的与取得收入有关的、合理的支出,包括成本、费用、税金、损失和其他支出,准予在计算应纳税所得额时扣除。这里将可以扣除的支出的条件设定为三个:第一,实际发生;第二,与经营活动有关;第三,合理。所谓实际发生,是指该笔支出已经发生,其所有权已经发生转移,企业对该笔支出不再享有所有权。本来应当发生,但是实际上并未发生的支出不能扣除。所谓与经营活动有关的,是指企业发生的支出费用必须与企业获得收入具有关系。也就是说,企业为了获得该收入必须进行该支出,该支出直接增加了企业获得该收入的机会和数额,这种有关是具体的,即与特定的收入相关,而且这里的收入还必须是应当计入应纳税所得额中的收入,仅仅与不征税收入、免税收入相关的支出不能扣除。所谓合理的,一方面是指该支出本身是必要的,是正常的生产经营活动所必需的,而非可有可无,甚至不必要的;另一方面,该支出的数额是合理的,是符合正常生产经营活动惯例的,而不是过分的、不成比例的、明显超额的。

企业在生产经营活动中发生的下列利息支出,准予扣除:

(1)非金融企业向金融企业借款的利息支出、金融企业的各项存款利息支出和同业拆借利息支出、企业经批准发行债券的利息支出。

(2)非金融企业向非金融企业借款的利息支出,不超过按照金融企业同期同类贷款利率计算的数额的部分。

企业向股东或其他与企业有关联关系的自然人借款的利息支出,应根据《企业所得税法》第四十六条及《财政部、国家税务总局关于企业关联方利息支出税前扣除标准有关税收政策问题的通知》(财税〔2008〕121 号)规定的条件,计算企业所得税扣除额。

企业向上述规定以外的内部职工或其他人员借款的利息支出,其借款情况同时符合以下条件的,其利息支出在不超过按照金融企业同期同类贷款利率计算的数额的部分,

根据《企业所得税法》第八条和《企业所得税法实施条例》第二十七条规定,准予扣除:

(1)企业与个人之间的借贷是真实、合法、有效的,并且不具有非法集资目的或其他违反法律、法规的行为。

(2)企业与个人之间签订了借款合同。

当企业支付的利息超过允许扣除的数额时,企业可以将超额的利息转变为其他可以扣除的支出,例如通过工资、奖金、劳务报酬或者转移利润的方式支付利息,从而降低所得税负担。在向自己单位员工借贷资金的情况下,企业可以将部分利息转换为向员工发放的工资支出,从而达到在计算应纳税所得额时予以全部扣除的目的。

【案例10-21】 某企业职工人数为1 000人,人均月工资为1 700元。该企业2008年度向职工集资人均10 000元,年利率为10%,同期同类银行贷款利率为年利率7%。当年度税前会计利润为300 000元(利息支出全部扣除)。由于《企业所得税法》规定,向非金融机构借款的利息支出,不高于按照金融机构同期、同类贷款利率计算的数额以内的部分,准予扣除。因此,超过的部分不能扣除,应当调整应税所得额:1 000×10 000×(10%-7%)=300 000(元)。该企业应当缴纳企业所得税:(300 000+300 000)×25%=150 000(元)。应当代扣代缴个人所得税:10 000×10%×20%×1 000=200 000(元)。请提出该企业的税收筹划方案。

如果进行税收筹划,可以考虑将集资利率降低到7%,这样,每位职工的利息损失为:10 000×(10%-7%)=300(元)。企业可以通过提高工资待遇的方式来弥补职工在利息上受到的损失,即将职工的平均工资提高到2 000元。这样,企业为本次集资所付出的利息与税收筹划前是一样的,职工所实际获得的利息也是一样的。但在这种情况下,企业所支付的集资利息就可以全额扣除了,而人均工资增加到2 000元仍然可以全额扣除,由于职工个人的月工资没有超过《个人所得税法》所规定的扣除额,因此,职工也不需要为此缴纳个人所得税。通过计算可以发现,企业所应当缴纳的企业所得税为:300 000×25%=75 000(元)。节约企业所得税:150 000-75 000=75 000(元)。另外还可以减少企业代扣代缴的个人所得税:1 000×10 000×(10%-7%)×20%=60 000(元)。经过税收筹划,职工的税后利益也提高了。可谓一举两得,企业和职工都获得了税收筹划的利益。

10.3.12　企业捐赠中的税收筹划

企业发生捐赠业务,只有符合条件才能将捐赠支出在应纳税所得额中扣除。《企业所得税法》第九条规定:"企业发生的公益性捐赠支出,在年度利润总额12%以内的部分,准予在计算应纳税所得额时扣除。"因此企业在进行捐赠活动时,要注意符合"公益性捐赠"的条件,也要注意不要超过规定的限额。

公益性捐赠,是指企业通过公益性社会团体或者县级以上人民政府及其部门,用于《中华人民共和国公益事业捐赠法》(以下简称《公益事业捐赠法》)规定的公益事业的捐赠。公益性社会团体,是指同时符合下列条件的基金会、慈善组织等社会团体:

(1)依法登记,具有法人资格。

(2)以发展公益事业为宗旨,且不以营利为目的。

(3)全部资产及其增值为该法人所有。

(4)收益和营运结余主要用于符合该法人设立目的的事业。

(5)终止后的剩余财产不归属任何个人或者营利性组织。

(6)不经营与其设立目的无关的业务。

(7)有健全的财务会计制度。

(8)捐赠者不以任何形式参与社会团体财产的分配。

(9)国务院财政、税务主管部门会同国务院民政部门等登记管理部门规定的其他条件。

在实务操作中,经民政部门批准成立的非营利的公益性社会团体和基金会,凡符合有关规定条件,并经财政、税务部门确认后,纳税人通过其用于公益救济性的捐赠,可按现行税收法律法规及相关政策规定,准予在计算缴纳企业所得税时在所得税税前扣除。经国务院民政部门批准成立的非营利的公益性社会团体和基金会,其捐赠税前扣除资格由财政部和国家税务总局进行确认;经省级人民政府民政部门批准成立的非营利的公益性社会团体和基金会,其捐赠税前扣除资格由省级财政、税务部门进行确认,并报财政部和国家税务总局备案。接受公益救济性捐赠的国家机关是指县级及县级以上人民政府及其组成部门。

公益事业,是指《公益事业捐赠法》规定的下列事项:

(1)救助灾害、救济贫困、扶助残疾人等困难的社会群体和个人的活动。

(2)教育、科学、文化、卫生、体育事业。

(3)环境保护、社会公共设施建设。

(4)促进社会发展和进步的其他社会公共和福利事业。

公益性群众团体,是指同时符合以下条件的群众团体:

(1)符合《企业所得税法实施条例》第五十二条第(一)项至第(八)项规定的条件。

(2)县级以上各级机构编制部门直接管理其机构编制。

(3)对接受捐赠的收入及用捐赠收入进行的支出单独进行核算,且申请前连续三年接受捐赠的总收入中用于公益事业的支出比例不低于70%。

符合上述规定的公益性群众团体,可按以下程序申请公益性捐赠税前扣除资格:

(1)由中央机构编制部门直接管理其机构编制的群众团体,向财政部、国家税务总局提出申请。

(2)由县级以上地方各级机构编制部门直接管理其机构编制的群众团体,向省、自治区、直辖市和计划单列市财政、税务部门提出申请。

(3)对符合条件的公益性群众团体,按照上述管理权限,由财政部、国家税务总局和省、自治区、直辖市、计划单列市财政、税务部门分别每年联合公布名单。名单应当包括继续获得公益性捐赠税前扣除资格和新获得公益性捐赠税前扣除资格的群众团体,企业和个人在名单所属年度内向名单内的群众团体进行的公益性捐赠支出,可以按规定进行税前扣除。

申请公益性捐赠税前扣除资格的群众团体,需报送以下材料:

(1)申请报告。

(2)县级以上各级党委、政府或机构编制部门印发的"三定"规定。

(3)组织章程。

(4)申请前相应年度的受赠资金来源、使用情况,财务报告,公益活动的明细,注册会计师的审计报告或注册税务师的鉴证报告。

公益性群众团体在接受捐赠时,应按照行政管理级次分别使用由财政部或省、自治区、直辖市财政部门印制的公益性捐赠票据或者非税收入一般缴款书收据联,并加盖本单位的印章;对个人索取捐赠票据的,应予以开具。

公益性群众团体接受捐赠的资产价值,按以下原则确认:

(1)接受捐赠的货币性资产,应当按照实际收到的金额计算。

(2)接受捐赠的非货币性资产,应当以其公允价值计算。捐赠方在向公益性群众团体捐赠时,应当提供注明捐赠非货币性资产公允价值的证明。如果不能提供上述证明,公益性群众团体不得向其开具公益性捐赠票据或者非税收入一般缴款书收据联。

对存在以下情形之一的公益性群众团体,应取消其公益性捐赠税前扣除资格:

(1)前三年接受捐赠的总收入中用于公益事业的支出比例低于70%的。

(2)在申请公益性捐赠税前扣除资格时有弄虚作假行为的。

(3)存在逃避缴纳税款行为或为他人逃避缴纳税款提供便利的。

(4)存在违反该组织章程的活动,或者接受的捐赠款项用于组织章程规定用途之外的支出等情况的。

(5)受到行政处罚的。

【案例10-22】 某工业企业2010年度预计可以实现会计利润(假设等于应纳税所得额)1 000万元,企业所得税税率为25%。企业为提高其产品知名度及竞争力,树立良好的社会形象,决定向有关单位捐赠200万元。企业自身提出两套方案,第一套方案:进行非公益性捐赠或不通过我国境内非营利性社会团体、国家机关做公益性捐赠;第二套方案:通过我国境内非营利性社会团体、国家机关进行公益性捐赠,并且在当年全部捐赠。请对上述两套方案进行评析,并提出税收筹划方案。

第一种方案不符合税法规定的公益性捐赠条件,捐赠额不能在税前扣除。该企业2010年度应当缴纳企业所得税:1 000×25%=250(万元)。

第二种方案,捐赠额在法定扣除限额内的部分可以据实扣除,超过的部分不能扣除。企业应纳所得税为:(1 000−1 000×12%)×25%=220(万元)。

为了最大限度地将捐赠支出予以扣除,企业可以将该捐赠分两次进行,2010年年底一次捐赠100万元,2011年度再捐赠100万元。这样,该200万元的捐赠支出同样可以在计算应纳税所得额时予以全部扣除。该税收筹划方案比第二种方案少缴企业所得税:(200−120)×25%=20(万元)。

10.3.13 企业股权投资中的税收筹划

根据《企业所得税法》的规定,企业对外投资期间,投资资产的成本在计算应纳税所得额时不得扣除。投资资产,是指企业对外进行权益性投资和债权性投资形成的资产。企业在转让或者处置投资资产时,投资资产的成本,准予扣除。投资资产按照以下方法确定成本:

(1)通过支付现金方式取得的投资资产,以购买价款为成本。

(2)通过支付现金以外的方式取得的投资资产,以该资产的公允价值和支付的相关税费为成本。

企业转让资产,该项资产的净值,准予在计算应纳税所得额时扣除。资产的净值,是指有关资产、财产的计税基础减除已经按照规定扣除的折旧、折耗、摊销、准备金等后的余额。

根据《企业所得税法》的规定,符合条件的居民企业之间的股息、红利等权益性投资收益是免税收入。符合条件的居民企业之间的股息、红利等权益性投资收益,是指居民企业直接投资于其他居民企业取得的投资收益。上述股息、红利等权益性投资收益,不包括连续持有居民企业公开发行并上市流通的股票不足 12 个月取得的投资收益。

如果企业准备转让股权,而该股权中尚有大量没有分配的利润,此时,就可以通过先分配股息再转让股权的方式来降低转让股权的价格,从而降低股权转让所得,减轻所得税负担。

【案例 10-23】 甲公司于 2008 年 3 月 15 日以银行存款 1 000 万元投资于乙公司,占乙公司(非上市公司)股本总额的 70%,乙公司当年获得净利润 500 万元。乙公司保留盈余不分配。2009 年 9 月,甲公司将其拥有的乙公司 70% 的股权全部转让给丙公司,转让价为 1 210 万元。转让过程中发生的税费为 0.7 万元。甲公司应当如何进行税收筹划?

如果甲公司直接转让该股权,可以获得股权转让所得:1 210－1 000－0.7＝209.3(万元)。应当缴纳企业所得税:209.3×25%＝52.325(万元)。税后纯所得为:209.3－52.325＝156.975(万元)。

如果甲公司先获得分配的利润,然后再转让股权,则可以减轻税收负担。方案如下:2009 年 3 月,乙公司董事会决定将税后利润的 30% 用于分配,甲公司分得利润 105 万元。2009 年 9 月,甲公司将其拥有的乙公司 70% 的股权全部转让给丙公司,转让价为人民币 1 100 万元。转让过程中发生的税费为 0.6 万元。在这种方案下,甲公司获得的 105 万元股息不需要缴纳企业所得税。甲公司获得的股权转让所得为:1 100－1 000－0.6＝99.4(万元),应当缴纳企业所得税:99.4×25%＝24.85(万元)。税后纯所得为:105＋99.4－24.85＝179.55(万元)。通过税收筹划,多获得利润:179.55－156.975＝22.575(万元)。

10.3.14 预缴企业所得税中的税收筹划

《企业所得税法》第五十四条规定:企业所得税分月或者分季预缴。企业应当自月份或者季度终了之日起 15 日内,向税务机关报送预缴企业所得税纳税申报表,预缴税款。企业应当自年度终了之日起五个月内,向税务机关报送年度企业所得税纳税申报表,并汇算清缴,结清应缴应退税款。企业根据上述规定分月或者分季预缴企业所得税时,应当按照月度或者季度的实际利润额预缴;按照月度或者季度的实际利润额预缴有困难的,可以按照上一纳税年度应纳税所得额的月度或者季度平均额预缴,或者按照经税务机关认可的其他方法预缴。预缴方法一经确定,该纳税年度内不得随意变更。

根据税法的上述规定,企业可以通过选择适当的预缴企业所得税办法进行税收筹划。当企业预计当年的应纳税所得额比上一纳税年度低时,可以选择按纳税期限的实际数预缴,当企业预计当年的应纳税所得额比上一纳税年度高时,可以选择按上一年度应纳税所得额的 1/12 或 1/4 的方法分期预缴所得税。

根据国家税务总局的规定,为确保税款足额、及时入库,各级税务机关对纳入当地重点税源管理的企业,原则上应按照实际利润额预缴方法征收企业所得税。各级税务机关根据企业上年度企业所得税预缴和汇算清缴情况,对全年企业所得税预缴税款占企业所得税应缴税款比例明显偏低的,要及时查明原因,调整预缴方法或预缴税额。各级税务机关要处理好企业所得税预缴和汇算清缴税款入库的关系,原则上各地企业所得税年度预缴税款占当年企业所得税入库税款(预缴数+汇算清缴数)应不少于70%。

【案例10-24】 某企业2009年度缴纳企业所得税1 200万元,企业预计2010年度应纳税所得额会有一个比较大的增长,每季度实际的应纳税所得额分别为1 500万元、1 600万元、1 400万元、1 700万元。企业选择按照纳税期限的实际数额来预缴企业所得税。请计算该企业每季度预缴企业所得税的数额,并提出税收筹划方案。

按照25%的企业所得税税率计算,该企业需要在每季度预缴企业所得税分别为375万元、400万元、350万元、425万元。

由于企业2010年度的实际应纳税所得额比2009年度的高,而且也在企业的预料之中,因此,企业可以选择按上一年度应税所得额的1/4的方法按季度分期预缴所得税。这样,该企业在每季度只需要预缴企业所得税300万元。假设银行活期存款利率为1‰,假设每年计算一次利息。则该企业可以获得利息收入:$(375-300) \times 1‰ \times 9 \div 12 + (400-300) \times 1‰ \times 6 \div 12 + (350-300) \times 1‰ \times 3 \div 12 = 1.187\ 5$(万元)。

10.3.15　利用汇率变动趋势进行税收筹划

根据现行的企业所得税政策,企业所得以人民币以外的货币计算的,预缴企业所得税时,应当按照月度或者季度最后一日的人民币汇率中间价,折合成人民币计算应纳税所得额。年度终了汇算清缴时,对已经按照月度或者季度预缴税款的,不再重新折合计算,只就该纳税年度内未缴纳企业所得税的部分,按照纳税年度最后一日的人民币汇率中间价,折合成人民币计算应纳税所得额。

如果纳税人的外汇收入数额不大,或者外汇汇率基本保持不变,利用上述规定进行税收筹划的空间不大。但如果纳税人的外汇收入数额较大并且外汇汇率变化较大,利用上述规定进行税收筹划的空间就比较大。如果预计某月底人民币汇率中间价将提高,则该月的外汇所得应当尽量减少;如果预计某月底人民币汇率中间价将降低,则该月的外汇所得应当尽量增加。如果预计年底人民币汇率中间价将提高,则预缴税款金额与应纳税额的差额应当尽量减少;如果预计年底人民币汇率中间价将降低,则预缴税款金额与应纳税额的差额应当尽量增加。

【案例10-25】 某公司主要从事对美外贸业务,每月都有大量的美元收入。该公司选择按月预缴企业所得税。该公司2008年度1~5月,每月美元收入分别为2 000万美元、1 500万美元、1 500万美元、1 000万美元、1 000万美元。假设每月最后一日美元的人民币汇率中间价分别为:7.523、7.491、7.461、7.431、7.411。请计算该公司每月美元收入应当预缴多少企业所得税并提出税收筹划方案。

该公司1月份应当预缴企业所得税:$2\ 000 \times 7.523 \times 25\% = 3\ 761.5$(万元);2月份应当预缴企业所得税:$1\ 500 \times 7.491 \times 25\% = 2\ 809.1$(万元);3月份应当预缴企业所得税:$1\ 500 \times 7.461 \times 25\% = 2\ 797.9$(万元);4月份应当预缴企业所得税:$1\ 000 \times 7.431 \times 25\% = 1\ 857.8$(万元);5月份应当预缴企业所得税:$1\ 000 \times 7.411 \times 25\% = 1\ 852.8$(万元);合

计预缴企业所得税:3 761.5+2 809.1+2 797.9+1 857.8+1 852.8＝13 079.1(万元)。如果该公司能够预测到美元的人民币汇率中间价会持续降低,则可以适当调整取得收入所在月份。例如,将 2008 年度 1～5 月份的每月美元收入调整为:1 000 万美元、1 000 万美元、1 000 万美元、1 500 万美元、2 500 万美元,收入总额并未发生变化,只是改变了总收入在各月份的分布情况。经过税收筹划,该公司 1 月份应当预缴企业所得税:1 000×7.523×25％＝1 880.8(万元);2 月份应当预缴企业所得税:1 000×7.491×25％＝1 872.8(万元);3 月份应当预缴企业所得税:1 000×7.461×25％＝1 865.3(万元);4 月份应当预缴企业所得税:1 500×7.431×25％＝2 786.6(万元);5 月份应当预缴企业所得税:2 500×7.411×25％＝4 631.9(万元);合计预缴企业所得税:1 880.8+1 872.8+1 865.3+2 786.6+4 631.9＝13 037.4(万元)。经过税收筹划,减轻税收负担:13 079.1－13 037.4＝41.7(万元)。

10.3.16　利用个人接受捐赠免税政策进行税收筹划

根据我国现行的个人所得税政策,个人接受捐赠的财产不需要缴纳个人所得税。根据我国现行的企业所得税政策,企业接受捐赠的财产要缴纳企业所得税。企业以货币形式和非货币形式从各种来源取得的收入,为收入总额,其中包括接受捐赠收入。接受捐赠收入,是指企业接受的来自其他企业、组织或者个人无偿给予的货币性资产、非货币性资产。接受捐赠收入,按照实际收到捐赠资产的日期确认收入的实现。

因此,某主体如果向企业捐赠,则接受捐赠的企业需要缴纳企业所得税,如果捐赠人向企业的股东个人捐赠,则股东个人不需要缴纳个人所得税。股东再将该捐赠款或者捐赠物出资到该企业中,相当于捐赠人直接向企业捐赠。

【案例 10-26】 赵先生生前立了一份遗嘱,将其价值 500 万元的不动产在死亡以后赠与甲公司,甲公司是有限责任公司,有三位股东。赵先生如何进行税务规划可以避免缴纳企业所得税?

按照我国《企业所得税法》的规定,甲公司需要缴纳 25％ 的企业所得税,即:500×25％＝125(万元)。根据我国《个人所得税法》的规定,个人向个人捐赠财产是不需要缴纳个人所得税的。因此,赵先生可以修改遗嘱,将其财产赠与甲公司的三位股东,同时要求三位股东将该不动产作为出资增加甲公司的注册资本,这样,该不动产同样可以转移到甲公司的名下,但在整个过程中都不需要缴纳所得税,也不需要缴纳房产税、契税等其他税。

练习题

一、单项选择题

1.下列各项中,不属于企业所得税纳税人的企业是(　　)。

A.在外国成立但实际管理机构在中国境内的企业

B.在中国境内成立的外商独资企业

C.在中国境内成立的个人独资企业

D.在中国境内未设立机构、场所,但有来源于中国境内所得的企业

2.根据企业所得税法的规定,下列说法不正确的是(　　　)。

A.对在中国境内未设立机构、场所的非居民企业应缴纳的所得税,由纳税人自行申报缴纳

B.对非居民企业在中国境内取得劳务所得应缴纳的所得税,税务机关可以指定劳务费的支付人为扣缴义务人

C.扣缴义务人每次代扣的税款,应当自代扣之日起7日内缴入国库

D.应当扣缴的所得税,扣缴义务人未依法扣缴或者无法履行扣缴义务的,由企业在所得发生地缴纳

3.下列关于企业所得税中所得来源的确定的说法中错误的是(　　　)。

A.不动产转让所得按照不动产所在地确定

B.动产转让所得按照受让动产的企业或者机构、场所所在地确定

C.提供劳务所得按照劳务发生地确定

D.股息所得按照分配所得的企业所在地确定

4.下列项目中,可以免征企业所得税的是(　　　)。

A.非营利组织从事营利性活动取得的收入

B.社会团体按照省级民政、财政部门规定收取的会费

C.学校与外单位联合创办企业的收入

D.非货币性资产抵债的收入

5.下列属于企业所得税的视同销售收入的是(　　　)。

A.房地产企业将开发房产转作办公用途

B.房地产企业将开发房产用于经营酒店

C.某酒厂将产品用于捐赠

D.某工业企业将产品用于管理部门使用

二、多项选择题

1.根据《企业所得税法》规定,下列关于收入确认的说法中,正确的有(　　　)。

A.销售商品采用托收承付方式的,在办妥托收手续时确认收入

B.销售商品采取预收款方式的,在收到款项时确认收入

C.销售商品采用支付手续费方式委托代销的,在收到代销货款时确认收入

D.为特定客户开发软件的收费,应根据开发的完工进度确认收入

2.根据企业所得税法规定,下列保险费可以税前扣除的有(　　　)。

A.企业参加财产保险,按规定缴纳的保险费

B.企业为投资者支付的商业保险费

C.企业为职工支付的商业保险费

D.企业依照有关规定为特殊工种职工支付的人身安全保险费

3.企业取得的下列收入,属于企业所得税免税收入的有(　　　)。

A.国债利息收入

B.金融债券的利息收入

C.居民企业直接投资于其他居民企业取得的投资收益

D.在中国境内设立机构、场所的非居民企业连续持有居民企业公开发行并上市流

通的股票一年以上取得的投资收益

4.下列关于企业所得税的优惠政策中,说法错误的有(　　)。

A.企业购置并实际使用规定的环境保护、节能节水、安全生产等专用设备的,该专用设备的投资额的10%可以从企业当年的应纳税额中抵免

B.创投企业从事国家需要重点扶持和鼓励的创业投资,可以按投资额的70%在投资当年抵扣应纳税所得额

C.企业综合利用资源,生产符合国家产业政策规定的产品所取得的收入,可以在计算应纳税所得额时减计收入10%

D.居民企业从直接或间接持有股权之和达到100%的关联方取得的技术转让所得,可能发生享受技术转让减免企业所得税优惠政策

5.下列关于企业所得税政策的陈述,正确的有(　　)。

A.在中国境内未设立机构、场所的,或者虽设立机构、场所但取得的所得与其所设机构、场所没有实际联系的非居民企业,实际适用10%的税率

B.符合条件的小型微利企业和国家重点扶持的高新技术企业,适用15%税率

C.居民企业直接投资于其他居民企业取得的投资收益,免征所得税

D.西部地区鼓励类产业的内资企业的所得税率为15%

6.现行《企业所得税法》规定的企业所得税的税收优惠方式包括(　　)。

A.加计扣除　　　　B.加速折旧　　　　C.减计收入　　　　D.税额抵免

三、判断题

1.符合规定的业务招待费可以按照发生额的60%在计算应纳税所得额时扣除,但最高不得超过当年销售收入的5%。　　　　　　　　　　　　　　　　　　　　(　　)

四、案例分析

某股份制企业共有普通股400万股,每股10元,没有负债。由于产品市场前景看好,准备扩大经营规模,该公司董事会经过研究,商定以下三个筹资方案:

方案一:发行股票600万股(每股10元),共6 000万元。

方案二:发行股票300万股,债券3 000万元(债券利率为8%)。

方案三:发行债券6 000万元。

该企业使用的企业所得税税率为25%,该企业预计下一年度的资金盈利概率如表10-5所示。

表10-5　　　　　　　　企业下一年度的资金盈利概率表　　　　　　　单位:%

盈利率(%)	10	14	18
概率(%)	30	40	30

企业预期盈利率＝10%×30%＋14%×40%＋18%×30%＝14%

预期盈利＝(400×10＋600×10)×14%＝1 400(万元)

要求:分析企业应采取哪一方案?

附录1 主要税种税率表

1. 消费税税目、税率(税额)表(见附表 1-1)

附表 1-1

税　目	税　率
一、烟	
1. 卷烟	
(1) 甲类卷烟	56％加 0.003 元/支
(2) 乙类卷烟	36％加 0.003 元/支
(3) 批发环节	5％
2. 雪茄烟	36％
3. 烟丝	30％
二、酒及酒精	
1. 白酒	20％加 0.5 元/500 克 (或者 500 毫升)
2. 黄酒	240 元/吨
3. 啤酒	
(1) 甲类啤酒	250 元/吨
(2) 乙类啤酒	220 元/吨
4. 其他酒	10％
5. 酒精	5％
三、化妆品	30％
四、贵重首饰及珠宝玉石	
1. 金银首饰、铂金首饰和钻石及钻石饰品	5％
2. 其他贵重首饰和珠宝玉石	10％
五、鞭炮、焰火	15％
六、成品油	
1. 汽油	
(1) 含铅汽油	1.40 元/升
(2) 无铅汽油	1.00 元/升
2. 柴油	0.80 元/升
3. 航空煤油	0.80 元/升
4. 石脑油	1.00 元/升
5. 溶剂油	1.00 元/升
6. 润滑油	1.00 元/升
7. 燃料油	0.80 元/升
七、汽车轮胎	3％
八、摩托车	
1. 气缸容量(排气量,下同)在 250 毫升(含 250 毫升)以下的	3％
2. 气缸容量在 250 毫升以上的	10％

（续表）

税　目	税　率
九、小汽车	
1.乘用车	
(1)气缸容量(排气量,下同)在 1.0 升(含 1.0 升)以下的	1%
(2)气缸容量在 1.0 升以上至 1.5 升(含 1.5 升)的	3%
(3)气缸容量在 1.5 升以上至 2.0 升(含 2.0 升)的	5%
(4)气缸容量在 2.0 升以上至 2.5 升(含 2.5 升)的	9%
(5)气缸容量在 2.5 升以上至 3.0 升(含 3.0 升)的	12%
(6)气缸容量在 3.0 升以上至 4.0 升(含 4.0 升)的	25%
(7)气缸容量在 4.0 升以上的	40%
2.中轻型商用客车	5%
十、高尔夫球及球具	10%
十一、高档手表	20%
十二、游艇	10%
十三、木制一次性筷子	5%
十四、实木地板	5%

2.印花税税目、税率表(见附表 1-2)

附表 1-2　　　　　　　　印花税税目、税率表

税目	范围	税率	纳税人	说明
1.购销合同	包括供应、预购、采购、购销结合及协作、调剂、补偿、易货等合同	按购销金额 0.3‰贴花	立合同人	
2.加工承揽合同	包括加工、定做、修缮、修理、印刷、广告、测绘、测试等合同	按加工或承揽收入 0.5‰贴花	立合同人	
3.建设工程勘察设计合同	包括勘察、设计合同	按收取费用 0.5‰贴花	立合同人	
4.建筑安装工程承包合同	包括建筑、安装工程承包合同	按承包金额 0.3‰贴花	立合同人	
5.财产租赁合同	包括租赁房屋、船舶、飞机、机动车辆、机械、器具、设备等合同	按租赁金额 1‰贴花。税额不足 1 元按 1 元贴花	立合同人	
6.货物运输合同	包括民用航空运输、铁路运输、海上运输、内河运输、公路运输和联运合同	按运输费用 0.5‰贴花	立合同人	单据作为合同使用的,按合同贴花
7.仓储保管合同	包括仓储、保管合同	按仓储收取的保管费用 1‰贴花	立合同人	仓单或栈单作为合同使用的按合同贴花
8.借款合同	银行及其他金融组织和借款人(不包括银行同业拆借)所签订的借款合同	按借款金额 0.5‰贴花	立合同人	单据作为合同使用的按合同贴花
9.财产保险合同	包括财产、责任、保证、信用等保险合同	按收取的保险费收入 1‰贴花	立合同人	单据作为合同使用的,按合同贴花

（续表）

税目	范围	税率	纳税人	说明
10.技术合同	包括技术开发、转让、咨询、服务等合同	按所记载金额 0.3‰ 贴花	立合同人	
11.产权转移书据	包括财产所有权和版权、商标专用权、专利权、专有技术使用权等转移书据、土地使用权出让合同、土地使用权转让合同、商品房销售合同	按所记载金额 0.5‰ 贴花	立据人	
12.营业账簿	生产、经营用账册	记载资金的账簿。按实收资本和资本公积的合计金额 0.5‰ 贴花。其他账簿按件贴花 5 元	立账簿人	
13.权利、许可证照	包括政府部门发给的房屋产权证、工商营业执照、商标注册证、专利证、土地使用证	按件贴花 5 元	领受人	

3. 个人所得税

（1）工资、薪金所得速算扣除数表（见附表 1-3）

附表 1-3　　工资、薪金所得速算扣除数表

级数	全月应纳税所得额		税率（％）	速算扣除数（元）
	含税级距	不含税级距		
1	不超过 1 500 元的	不超过 1455 元的	3	0
2	超过 1 500 元至 4 500 元的部分	超过 1 455 元至 4 155 元的部分	10	105
3	超过 4 500 元至 9 000 元的部分	超过 4155 元至 7 755 元的部分	20	555
4	超过 9 000 元至 35 000 元的部分	超过 7 755 元至 27 255 元的部分	25	1 005
5	超过 35 000 元至 55 000 元的部分	超过 27 255 元至 41 255 元的部分	30	2 755
6	超过 55 000 元至 80 000 元的部分	超过 41 255 元至 57 505 元的部分	35	5 505
7	超过 80 000 元的部分	超过 57 505 元的部分	45	13 505

（2）个体工商户的生产、经营所得和对企事业单位的承包经营、承租经营所得适用税率表（见附表 1-4）

附表 1-4　个体工商户的生产、经营所得和对企事业单位的承包经营、承租经营所得适用税率表

级数	全年应纳税所得额		税率（％）	速算扣除数（元）
	含税级距	不含税级距		
1	不超过 15 000 元的	不超过 14 250 元的	5	0
2	超过 15 000 元至 30 000 元的部分	超过 14 250 元至 27 750 元的部分	10	750
3	超过 30 000 元至 60 000 元的部分	超过 27 750 元至 51 750 元的部分	20	3 750
4	超过 60 000 元至 100 000 元的部分	超过 51 750 元至 79750 元的部分	30	9 750
5	超过 100 000 元的部分	超过 79 750 元的部分	35	14 750

（3）劳务报酬所得适用的速算扣除数表（见附表 1-5）

附表 1-5　　　　劳务报酬所得适用的速算扣除数表

级　数	每次应纳税所得额	税率（%）	速算扣除数（元）
1	不超过 20 000 元的部分	20	0
2	超过 20 000—50 000 元的部分	30	2 000
3	超过 50 000 元的部分	40	7 000

4. 土地增值税超率累进税率表（见附表 1-6）

附表 1-6　　　　　土地增值税超率累进税率表

级数	增值额与扣除项目金额的比率	税率（%）	速算扣除系数
1	不超过 50% 的部分	30	0
2	超过 50% 至 100% 的部分	40	5
3	超过 100% 至 200% 的部分	50	15
4	超过 200% 的部分	60	35

附录2　练习题参考答案

第1章

一、单项选择题

1. B　2. C　3. B

二、多项选择题

1. ABC　2. ABCD　3. ABCD

三、判断题

1. √　2. ×

四、简答题

略

第2章

一、单项选择题

1. D　2. A　3. B　4. D　5. B　6. D

二、多项选择题

1. ABC　2. BCD　3. AD　4. ABC　5. ABD　6. ACD

三、判断题

1. ×　2. √　3. √　4. √

四、案例分析

1. 答案要点:方案一,子公司要缴纳契税;方案二,属于契税的免税范围,不征契税。

2. 答案要点:建筑公司与学校签订土建及内外装修合同 5 000 万元,学校与设施生产厂家签订 1 000 万元的设施购销合同。

第3章

一、单项选择题

1. C　2. D

二、多项选择题

1. ABC　2. ABCD

三、判断题

1. √　2. ×

四、案例分析

答案要点:纳税人将住宅楼价格定为 600 万元,增值率为 22.45%,不能享受免征土地增值税的税收优惠。如果将增值率控制在 20% 即增值额为 98 万元(490×20%),这时候住宅楼售价为 490＋98＝588(万元),则企业可享受免征土地增值税的税收优惠,在这一方案下,企业销售收入减少 12 万元,但却可以少缴纳土地增值税 33 万元,可增加利润 21 万元。

第 4 章

一、多项选择题

1. BCD 2. AB

二、判断题

1. √ 2. ×

第 5 章

一、单项选择题

1. A 2. A

二、多项选择题

1. AB 2. AB 3. ABC

三、判断题

1. × 2. √

四、案例分析

答案要点:企业现行方案销售给零售商、酒店及消费者的白酒应纳消费税税额＝1 400×1 000×20％＋12×1 000×0.5＝286 000(元)

如果企业设立独立核算的经销部,企业将白酒以销售给批发商的价格先销售给经销部,再由经销部销售给本地的零售商、酒店、消费者等,则企业应缴纳的消费税变为

1 200×1 000×20％＋12×1 000×0.5＝246 000(元)

通过设立独立核算的经销部的方式,企业可节约消费税 40 000 元。

第 6 章

一、单项选择题

1. D 2. D 3. A 4. D 5. C 6. A 7. B

二、多项选择题

1. ABCD 2. ABCD

三、判断题

1. √ 2. × 3. ×

四、案例分析

答案要点:展览公司可分解营业额:在筹备展览时,让客户分别缴费,1 万元交给展馆,由展馆开具发票,1 万元交给展览公司,由展览公司开具发票。这样展馆所缴纳的营业税没有变化,仍然是按照 100 万元的营业额缴纳营业税,但展览公司即可按 100 万元的营业额缴纳营业税,可节约营业税 100×5％＝5(万元)。

第 7 章

一、单项选择题

1. A 2. A 3. B 4. B 5. D 6. C

二、多项选择题

1. ABD 2. ABC 3. BC